·北魏历史文化名人传记丛书·

周智海 ◎ 著

改革家李沖

山西出版传媒集团　北岳文艺出版社
BEIYUE LITERATURE & ART PUBLISHING HOUSE

·太原·

图书在版编目(CIP)数据

改革家李冲 / 周智海著 . —太原：北岳文艺出版
社，2019.10
　　ISBN 978-7-5378-6034-5

　　Ⅰ . ①改… Ⅱ . ①周… Ⅲ . ①传记文学—中国—当代
Ⅳ . ① I25

中国版本图书馆 CIP 数据核字（2019）第 218614 号

改革家李冲

周智海◎著

//

项目负责
孙　茜

责任编辑
刘晓京

封面题字
任　勇

书籍设计
张永文

印装监制
郭　勇

出版发行：山西出版传媒集团·北岳文艺出版社
地　址：山西省太原市并州南路 57 号　邮编：030012
电　话：0351-5628696（发行部）　0351-5628688（总编室）
传　真：0351-5628680
网　址：http://www.bywy.com　E-mail：bywycbs@163.com
经销商：新华书店
印刷装订：山西海德印务有限公司

开　本：787mm×1092mm　　1/16
字　数：308 千字
印　张：22
版　次：2019 年 10 月　第 1 版
印　次：2020 年 9 月　山西第 1 次印刷
书　号：ISBN 978-7-5378-6034-5
定　价：38.00 元

　　周智海，大同市作家协会秘书长，大同市诗词学会会员，大同市书法家协会会员，国家高级导游员，山西省首届金牌导游。

总序

讲好北魏故事　增强文化自信

　　文化是城市之魂。《北魏历史文化名人传记丛书》酝酿于 2017 年习近平总书记视察山西提出融通中华优秀传统文化殷殷嘱托之后，着手于大同市区划调整平城区设立之时，成书于习近平总书记再次视察山西之际，因此，这是贯彻落实习近平总书记视察大同时提出要充分挖掘和利用丰富多彩的历史文化指示的具体举措。

　　岁月磨去了历史的棱角，也拂去了表面的浮尘，从整体上看，历史的脉络更加清晰了，但时光却离我们越来越远。北魏作为一个重要历史时期，鼎盛繁华，人文荟萃，更应多出一些东西来记载那个时代。《北魏历史文化名人传记丛书》应时而作，为我们拉开了在北魏时期影响巨大的十一位历史人物的舞台大幕，开国皇帝道武帝拓跋珪是第一人，是他选择在平城建都，并建设了平城；一统大北方的太武帝拓跋焘、开凿云冈石窟的文成帝拓跋濬、以改革闻名于中外历史的一代明君孝文帝元宏；中国历史上著名女性政治家、太和改制的总设计师文明太后冯氏；富有传奇色彩的平城前期的汉臣崔浩、贯穿五任皇帝的老臣大儒高允、平城后期实力派改革家李冲；还有当年佛教高僧昙曜、道教国师寇谦之、文学家兼地理学家郦道元。每一个人物，都是一部传奇；每一个人物，都是一首赞歌。他们雄才大略，超群绝伦，或总揽朝政、日理万机，或拳拳事君、孜孜奉国，或安邦治国、抚恤百姓，或补偏纠弊、革故鼎新，在王朝兴衰治乱中尽显英雄本色。

故，延续北魏平城珍贵的历史文脉，传承北魏开放、融合、改革之精神，挖掘北魏平城新的时代精神内核，对于推动中华优秀传统文化创造性转化、创新性发展，推动大同经济社会发展，提升居民的文化素养，都有着不可或缺、无从替代的作用。

北魏平城深藏魅力、大气大美，是一座文化之城。文化决定城市发展的本质特征，是城市内在的美。这里是隋唐文化的母体。魏灭北凉后，把传承中原儒家学问的大家族都迁徙到首都平城，在中原严重沦丧的儒家文化，反而在平城形成了河西儒家学问的流脉，扭转了中华文明的发展史。这里是魏碑书法的源泉。它上承汉隶传统，下启唐楷新风，为现代汉字的结体、笔法奠定了坚实的基础。这里是雕塑艺术的典范。它继承了秦汉以来中国的艺术传统，也受到国外特别是古代印度艺术的影响，保存至今的云冈石窟代表了当时中国雕塑艺术的最高水平，是驰名世界的艺术宝库。穿越历史的长河，大同在历史的迷雾中找到了属于自己的文化坐标和精神高地，那就是要深入贯彻习近平总书记视察大同重要讲话精神，进一步从历史深处挖潜力、找空间，下更大力气在挖掘、活化、利用上下功夫，让大同绵延数千年的历史文化迸发更大活力。

北魏平城繁荣鼎盛、汇集八方，是一座开放之城。北魏时期的大都市——平城，以其开放的视野吸引了世界的目光。汉代以来，平城是丝绸之路的重要起点，当时人口百余万，超过同期的古罗马拜占庭和君士坦丁堡，成为沟通中亚和西亚的商贸中心。唐朝以来，平城作为北方的茶马互市之路的一个中转站和集地，是通往蒙古、库伦（今乌兰巴托）、俄罗斯的重要通道，是中原汉族对外开放的窗口。从五胡十六国，甚至是西域各国、南朝等地迁居而来的归顺者和朝拜者，聚集在平城生产生活、贸易建设、繁衍后代，马邦、驼邦终年不绝，往来接送及延住弥月。当前，省委省政府赋予大同建设区域性中心城市和省域副中心城市光荣使命，这就更需要我们深入借鉴孝文帝"深慕华风""去故崇新"的开放理念，努力构建对外开放新格局。

北魏平城兼容并蓄、海纳百川，是一座融合之城。行走在世界文化遗产云冈石窟，这里的佛像或坐或立，或庄严肃穆悲悯苍生，或拈花一笑普度众生；这里的石壁或深或浅，有瑞气千条、兰指含笑的，亦有衣袂飘飘、抱琴飞扬的，一尊尊，一幅幅，卷着穿越时空的红黄蓝绿，挥洒在这一千米刀刻斧凿的曼妙长空里。名扬中外的悬空寺，迄今已有1500多年的历史，是国内现存最早、保存最完好的高空木构摩崖建筑，也是中国仅存的佛、道、儒三教合一的独特寺庙。诗仙李白游览后，在岩壁上写下了"壮观"二个大字，徐霞客游历到此，称之为"天下巨观"。大同古城中一片片历史街区、一条条古老街巷、一座座传统建筑，就像一部史书、一卷档案，记录着城市的沧桑岁月。近年来，我们秉持"一轴双城"的发展理念，不断平衡保护与发展的关系，把传统的记忆放在古城，把现代的作品置于新区，一座饱经历史洗礼的古城，延续着曾经的辉煌，传递着历史的回响；一座充满创造活力的新区，熔铸着时代的精神，塑造着城市的品格。如今的大同就像曲梦幻的交响，在密集的时空内，新旧交织，碰撞出独一无二的色彩。

北魏平城敢为人先、锐意进取，是一座改革之城。无论是孝文帝的改革、太后冯氏的改制，还是李冲的变革，这种顺势而为的巨擘力作，如果没有创新的思维和胆略是难以有所作为的。北魏平城，当年上演的就是一幕各民族文化的融合变革，生产方式、生活方式的融合，最终是夺取政权之后的拓跋鲜卑人，为了实现这种融合，宁可舍弃自己的游牧习俗、马上文化，宁可牺牲自己的语言、服装、姓氏、婚配习俗等等，全部实行汉化，孝文帝率先改掉自己的拓跋皇姓，改拓跋宏为元宏。这种在变革中发展、在发展中创新的魄力是难能可贵的，也为我们提供了一个以开放促改革的成功范例，对探索新时代全面深化改革大同路径极具参考价值。

让平城再续荣光，是我们共同的心声。就像《北魏历史文化名人传记丛书》一个个鲜活的故事，在今天上演，让明天见证。站在新的历史节点，平城区必将乘习总书记视察大同之东风，传承好北魏历史文化、书写好改革发展篇章，在新时代焕发出更加璀璨夺目的光彩。北魏平城，天下大同，一个迎着朝阳的大同，正昂首阔步走向未来。

是为序。

编委会
2020 年 7 月

目录

第 一 章　企喻歌 / 001

　　双鲤 / 003

　　虎符 / 007

　　羊羹 / 013

第 二 章　雨雪霏霏雀劳利 / 021

　　磨笄 / 023

　　庐墓 / 028

　　大傩 / 034

第 三 章　放马大泽中 / 039

　　陉岭 / 041

　　荥泽 / 047

　　信冢 / 053

第 四 章　绿丝何葳蕤 / 059

　　青庐 / 061

　　韩獹 / 066

　　洪炉 / 072

第 五 章　折杨柳 / 079

　　坞堡 / 081

　　犀比 / 088

大赦 / 094

第 六 章　绿蛇衔珠丹 / 103

　　鹿野苑 / 105

　　温泉宫 / 113

　　如浑水 / 118

第 七 章　青台雀　青台雀 / 127

　　蚩蚩钜𫘽 / 129

　　瑟瑟颇黎 / 133

　　凿冰冲冲 / 140

第 八 章　郎著紫袴褶 / 147

　　紫袴褶 / 149

　　朱漆屏 / 154

　　皂幂篱 / 159

第 九 章　华阴山头百丈井 / 171

　　越谣歌 / 173

　　木兰辞 / 180

　　鸳鸯诗 / 187

第 十 章　男儿欲作健 / 197

　　羽翼 / 199

　　雄鹰 / 205

　　沙棘 / 210

第十一章　凉州乐 / 219

　　大明咒 / 221

　　阿干歌 / 226

　　胡旋舞 / 232

第十二章　桃皮觱篥吹陇头 / 239

　　　阿莘来 / 241

　　　昙无谶 / 247

　　　苏合香 / 252

第十三章　侧侧力力 / 257

　　　空中之花 / 259

　　　见日之光 / 265

　　　北门之叹 / 271

第十四章　快马须健儿 / 279

　　　饥民图 / 281

　　　三长制 / 288

　　　太和年 / 295

第十五章　群燕辞归鹄南翔 / 303

　　　黄花生后园 / 305

　　　归来见天子 / 312

　　　我是汉家儿 / 319

李冲大事年表 / 331

第一章　企喻歌

双鲤

太安五年（459）冬，岁在己亥。

大魏六镇之一——怀荒镇。

还未黎明，怀荒的冬天，异常寒冷。镇中的一座庭院内，一间屋子微微亮着灯光，屋中的卧榻之上，躺着一位须发花白、面色惨淡的长者。榻前一侧立有一围屏，遮挡着进入屋内的风，围屏朱红为底，墨线勾描，填以五色，绘着人物、山石……灯火跳动，照亮围屏上的图画。屏风一隅的一幅图上，一个少年赤着上身，卧在冰河之上，冰河在他身下裂开，两条鲤鱼跃出水面，随着灯光的明灭，那鱼身上的金鳞也一闪一闪，仿佛在扭动身子一样。

围屏前面，在地下的氍毹（毛或毛麻混织的地毯，上有花纹图案）之上，一个少年和衣而卧。

榻前，火盆的火将要熄灭，炭火上的水壶里，水尚温热，少年拢拢火，添了几块瑞炭，此炭产于凉国，其炭青色，坚硬如铁，各长尺余。炭甫加入，盆中的火苗立刻腾了起来，照着少年英俊的脸庞。少年面容白皙，剑眉刚毅，有着浓密的睫毛，高挺的鼻梁，炯炯的目光……

榻上的长者，微微睁开眼睛，喉结动了几动。少年赶忙披起衣服，凑到长者面前。

"父亲，思顺（李冲，字思顺）在！"少年俯身轻声说道。

帮父亲掖好脚下的绵衾，少年扶起父亲，为父亲披上旃裘（毡裘，毛制的衣服），服侍父亲靠在隐囊（软性靠垫）之上，转身取来一只陶盏，提起炭盆中的水壶，自壶中倒出水来，放在父亲嘴边，让父亲慢慢喝下。

服侍父亲喝了水，长者似乎些微有了气力，"思顺，那天嘱咐你的事，可曾忘记？"

少年随即应声，"父亲，不曾忘记，孩儿记得！"

长者费力地回头看看枕头，又看看少年，少年会意地点点头。

"哦……"榻上的长者，像是在思索什么，又像是在叹息什么，目光怔怔地出神，嘴里轻声念着什么，少年侧耳细听，是父亲常常叹之咏之的《企喻歌》！

　　　　男儿可怜虫，出门怀死忧。
　　　　尸丧狭谷中，白骨无人收。
　　　　……
　　　　……可怜虫，出门怀死……
　　　　尸丧……中，……无人收。
　　　　……

"父亲，何故又唱这歌？"少年劝慰着长者。长者的目光还是怔怔地，想着什么。顿了一会儿，长者似乎又疲惫了，慢慢闭上眼睛，少年忙将长者扶着躺下，将火盆向榻前移了一移，盆中的火光映照着长者的脸，他的眼中隐隐有泪光。

窗外，天光微微亮了。

榻上的父亲睡去了。少年坐在榻前，胳膊架在榻上，以手支颐，静静地守着父亲。盆中的火这时又燃起来，要将最后一点光热发散出来，少年盯着火光，看着父亲睡得正酣，一阵困意袭来，他打了一个呵欠，也昏昏睡去。

睡梦中父亲又手把手教他学书习字，给他讲天梯山的石窟、大佛，讲姑臧的美景，讲敦煌的神秘，讲凉州的葡萄……

他梦见自己骑着西域的宝马，挎着雕弓，在天梯山下逡巡。

城外的荒野上，突然飙起狂风，这寒气肃杀的边城，在冷清的冬季，越发萧索。风卷起尘土，吹动干枯的树枝，发出尖利的啸声，由阡陌之上呼啸着越过堑壕，越过城墙，奔入城里，穿行在校场，从正在演兵的镇戍兵队列中扬起一片沙尘，军人们的铠甲叶子随之哗啦哗啦响起来，战马的鬃毛也在风中飏起来。这疾风又掠过粮仓、里坊，顺着一条空旷的街衢，朝着一座官邸奔去。那官邸是一所深深的大宅，门头悬着匾额，上书"镇北将军廨署"。

穿过洞开的大门，镇北将军廨署里仆人们正和往常一样，开始新的一天。寒风吹入廨署，更显清冷，每个人都是快步地避着冷风，一位侍女端着熬好的汤药走进长者所在的屋子。

朔风扑打着每扇窗棂，噼啪有声，几番冷飙怒号，一扇窗户唿喇一声被寒风掣开，屋里的人都忙乱起来，有的转身挡在榻前，有的急急跑过来想要关住窗子，榻上的长者吃劲地扭过头来，看着少年，"父亲……孩儿在……"，少年轻轻呼唤着。长者伸出手，指着屏风，少年顺着父亲手指着的方向望去，屏风上是一只斑斓的猛虎，前爪伸出，伏在地上，似要跃起。父亲的手颤抖了几下，便无力地垂了下去，少年赶紧把父亲的手握住。长者看着少年，嘴巴翕张着想要说什么，嗫嗫数声，含糊不清，终究没有说出来，眼睛慢慢闭上了……

"啊！"端着汤药的侍女不禁失声，"当啷"一声，药碗摔落榻前……

散落一地的汤药，无力地腾起最后一丝热气，随即被寒风吹散。由窗外袭来的冷冷的寒气瞬间占据了整个屋子。少年捧着父亲的手，跪在榻前，泪水漫溢出来，滴落在父亲的手上。少年把父亲的手贴近自己的脸，反复摩挲。

片刻，他轻轻放下父亲的手，止住悲泣，擦去脸上的泪痕，站起身来。环顾屋内，只有侍女和家仆秋官，他声音虽不高，但字字清晰沉稳：

"都不要哭了！大人去世，兄长都不在近前，家中之事现在由我主张。二位是大人身边亲近之人，当此之时，不可乱了方寸。怀荒乃国之锁钥，大人去世，军政之权空悬，恐生变故。尔等行事一切如常！大人亡故之事不可轻泄，静等可汗（鲜卑语，皇上）旨意，待家兄回来，若其间发生异动，你我性命难保！"

听到这话，秋官和侍女都吃了一惊，两人互相看看，低头不再言语。

转头，少年对侍女说，"汤药还每日煎好，送至房内。"一旁的侍女止住抽泣，点头答应，赶紧将药碗捡起放回到盘中。

"秋官兄长！"

"主人！"家中的仆人秋官，俯身答话听小主人吩咐。

"将廨署之门关闭，家中人等不得随意出入。各遵职守，听候差遣。此刻，你去叫厍狄旃来，并请胡僧等着。"

"处！"秋官和侍女退出门外。

少年转身，从父亲枕下轻轻抽出一幅图卷，放入榻下。

随后，从父亲身上解下官印，揣入怀中。

这时只听门外有人禀告，少年赶忙转身开门，门外是秋官和厍狄旃，让二人进来之后，少年随即将门关紧。

"厍狄旃，我这里修书一封，你即刻赶往平城，面见长兄。"

随即，少年来到几案前，呵开冻墨，略一思索，挥笔数言，写就书信。又从案旁的书架之上，取出一个木刻的鲤鱼来，鲤鱼自鱼脊一剖为二，开则成双鲤，合则成一鱼。少年将信放入鱼腹之中，合而为一，成一鲤鱼木简，封好，交给厍狄旃。

"此番传书报信，莫让他人知道！出城时留意着些。"

"处！"厍狄旃告别退出。

"主人，现在要秋官做些什么？"

"召集家中仆人都到中庭听令，父亲的屋子任何人不得入内。你跟在我身边，无事不要离开！"

"处！"秋官低声应诺，转身走出屋子去安排。

少年又凝神思虑着什么，少停片刻，出屋，走到院子里。

中庭内，家中眷属及仆人们有些焦急，正交头接耳，议论着什么。少年举目环顾一周，众人安静下来。

"各位，大人尚未痊愈，正在疗疾，今日请来胡僧诵经，只为大人祈福延寿，大人的房间不得惊扰，如有犯者，必严惩之！"众人稍安。少年双手合十向中庭外僧人们施礼，那群来自西域的僧人，缓缓自中庭外鱼贯而入，秋官推开屋门，引至屋内，僧人们列于榻前，开始诵经。

"众人谨言慎行！"中庭里家眷、仆人允诺散去。

一匹周身如炭的快马，扬起鬃毛，像一阵黑色的疾风，载着库狄旄，从镇北将军廨署侧门奋蹄奔出，朝着平城疾驰而去。

虎符

三日之后，库狄旄已趁夜色，回到怀荒。

镇北将军廨署里，焦急等待的少年，才与胡僧一道为父亲诵经超度完毕，刚刚送出胡僧。

秋官轻轻进来，低声向少年通报。

不一会儿，秋官领着库狄旄进来。冬季北国天寒，库狄旄呼出的气息在眉毛上凝成霜花，"主人，已将书信送达，当日李大人便入高令公府中，商议奏报圣上。有李大人回书一封。"

库狄旄自怀中取出双鲤木简，双手交至少年手中。

"一路劳顿，辛苦了！"少年接过双鲤，拱手致谢。看看眼前的库狄旄，两日疾驰，又累又冻，已是满面疲惫。

"秋官，快带库狄旄去进些汤饼（类今之面条），沐浴休息。"

"处！"秋官与库狄旄应诺。

在屋中的书案前，少年打开双鲤木简，展开信笺，兄长熟悉的笔体和简短的安慰之语，让他有片刻放松。已经忙碌数日，读罢书信，少年方才略觉安慰，竟伏在案上睡去。

窗外一道薄薄的阳光，从窗户的罅隙射进来，照在少年浓密的睫毛上，照在他的剑眉上，也照在屏风上。少年睁开眼，那只斑斓的猛虎在日光中，格外明亮耀眼。

少年猛地意识到，父亲临去世时，正是指着屏风上的这只虎，难道，父亲还有未言之事、未竟之愿？

起身，少年在屏风前端详了许久，还是想不出端倪。

这时，秋官轻轻走进来禀告，"勿忸于副将在廨署外求见大人。"

"勿忸于副将？！"

少年思忖片刻，"回他，父亲正在病中，不便见他。"

"主人，若问起镇戍兵军中之事……"

"军中之事？"

少年似乎想到了什么，"镇戍兵军中之事可报书上来，大人稍安时，再做定夺。"

"处！"秋官告退。

"兵事……"少年喃喃自语着，忽然，他想到了什么，少年眼中闪过凌厉的光芒，投向屏风。

"虎符！"

一队车马也在库狄氏离开平城当日，领可汗旨意，自平城宫外出发，往怀荒赶去。车队前方是李冲长兄姑臧侯（北魏爵位）李承（李冲长兄）的车子，中间的是一辆毡围马车，里面坐着中书令（北魏官职。掌机密，赞诏命，记会时事，典作文书）高允，后面还跟着几辆马车，有大长秋卿（皇后所用的官属的负责人，一般由宦官担任）杞道德，以及几位随从。

凛冽的寒风将车上的帘子掀起来，车上的炭盆中，正烧着红红的炭火，从帘子的缝隙间，可以看见车内的长者，须发皆白，炭火映照下，满面红光。

前面的车辆慢慢停了下来，一位中年的男子走下车子，来到长者车前：

"令公，路途遥远，天气又寒冷，我们是否停下来歇息歇息？"

"伯业（李承，字伯业）！傍晚时可赶到驿站否？"

"可到！"李承回答。

"天色不早，就不要停脚了，我们还是赶路才好。"

"处！"

驭马的车夫，啪啪甩起鞭子，马儿咏咏地嘶鸣几声，加快了步伐，几辆车子顶着寒风，朝前方赶去。

廨署内，少年正在急急寻找虎符，自己只是有一次偶然听到父亲说起虎符，但并不知道父亲将这重器存放何处，父亲沉疴缠身，如今撒手西去，也并没有来得及告诉自己。

这虎符的重要，少年明白。虎符一剖为二，皇上与镇戍将军各执其一半，此乃调兵凭证，若遇军情，朝廷官员持其右半，与镇戍将军所持左半对合验证，两半勘合验真，方可调兵。且虎符从来都是各地各有专符，不可擅用。

"这可如何是好？"少年搓搓手，眉头紧皱。

门又被推开了，秋官快步进来，"主人，勿忸于副官带了几位兵弁（低级武官），要晋见大人，听他们嚷嚷，要带一队人出城去。"

"要带军士出城？"

"是的！"看到秋官神色不安，少年说道：

"秋官！不要慌张。我出去见他们。你要听我安排！"

"处！"

少年与秋官耳语几句，秋官点点头。

整整衣服，少年走出屋外，来到廨署的会客之处。

"为何不让我们见李大人？"一见到少年，副官已经高声质问起来。

"思顺有礼了，众位，父亲正在养病，不便见客。"

"我们要出城去！"

"敢问，为何出城？"

勿忸于副官撇嘴一笑，"城外流寇作乱，我们要出城捉拿。"

"哦？不知有多少流寇，又要多少军士出城？"

"流寇狡猾，无法探知其底细，军士六十人出城。"

"好大的胆子！"少年目光如炬，看着副官大声喝道。

副官被这么一喝，也愣住了。嗫嚅着说不出话来。

"军士行动，自有虎符调遣，你身为副官，岂能不知？军士过五十人者，需可汗执符，与大将军所执之符合而无误，方可发令派遣，你如今无虎符之令便调六十人出城，意欲何为？"

"这……"副官一时语塞，答不上话。

少年目光直视副官，此时只见秋官自外面进来，在少年耳边轻声禀报。

少年起身："虎符乃国之重器，无可汗号令，镇戍之军不可轻动，今日大人有恙，不能惊扰，我便不追究你们，流寇之事，大人自有应对。方才接到平城消息，这几日可汗派人来巡查怀荒，将军命各位不得擅离职守，尔等在营中安心训练便是，以应可汗之巡查，如再有此无知之举，定禀告大人，严惩尔等！还不退下！"

副官及众兵弁面面相觑，拱手告退。

见一众兵士退下，少年长长出了一口气，虽然天寒，少年的后颈上已满是汗水。

少年擦擦汗水，带着秋官转身赶回父亲卧室。

回到屋里，秋官的紧张似乎也稍稍消减，他燃起一块香饼，放入博山炉中。复将炉盖盖好。

可是，虎符在哪里呢？看着博山炉，少年苦思不得其解。

博山炉山峦重叠，奇峰耸出，就在峰峦之中，密林之间，神兽出没，虎豹奔走，薰香之烟自峰谷间缓缓升腾而出，仿佛缭绕于山间之云雾，隐隐中，兽奔鸟飞。

坐在案前，少年看着博山炉，突然，他看到，就在山间，有一只伏虎！

那伏虎，前爪略伸，昂首张口长啸。

少年伸出手指，轻轻抚摩，伏虎似乎有些活动，再用手指撬动，那只伏虎竟然被取了下来！细看，伏虎之背脊刻有铭文："皇帝与镇北将军铜虎符"！

虎符！虎符找到了！

掌中这虎符，正是左半，这一半的前胸刻有"镇北将军"铭文，腹下分刻"铜虎符左"之铭文。

少年赶紧将虎符牢牢攥在手中。

清晨，天色阴暗，怀荒城外的山下，冷风呼啸。车马碾冰踏雪，正向着怀荒进发。大长秋卿从帘子的缝隙向外面张望，高声问道："还没到吗？"车前的驭马人，瞭望一番，回答："就在山下，前方的城中。"

城中，寒风袭人，街上少有行路之民众，天空愈加阴暗起来，云层也愈来愈厚重，一场暴风雪即将来临。马车停在城门之前，出示过棨传（古时通行之木制符信），守城兵士赶忙放行，一匹快马也赶在车队前面，往镇北将军廨署奔去。

怀荒城内，四周静悄悄的，镇北将军廨署大门紧闭。忽然，大门洞开，接到通传，少年身穿一袭素衣，立于门内，秋官紧随左右，勿忸于副官及众兵弁列队站在门外阶下两旁，迎接自平城来的朝臣。

自城外来的车马停好后，从车上走下来的，是中书令高允，紧跟的是杞道德、李承。

"父亲！父亲！"李承边哭边快步跑向镇北将军廨署。少年目光炯炯地轻声制止："兄长！"看看少年，再看看身后的高令公和大长秋卿，李承醒悟过来，停下呼喊和脚步，垂手立在一旁。

高允面色凝重，看着李承跑过去，又见一身素衣的少年，摇头叹息。少年拱手行礼："李思冲（李冲本名）迎候两位大人！""唉！终究是没有见敦煌公一面！"高允边叹息，边走上前去拉住少年的手，"无父何怙？无母何恃？可怜你幼年失恃，今又失怙……"边说边喟叹，令公回头向大长秋卿杞道德示意，杞道德从一名内侍手中接过皇上的圣谕，递给高允。众人跪下，中书令高允整理衣冠，清清嗓子，朗声宣道：

　　……诏赐命服一袭，赠以本官，谥曰宣。……

　　阶下副官及众兵弁方才醒悟，偷眼互相一觑。

　　中书令宣罢，将圣谕交到少年手中，搀扶起他，一边拭去他脸上的泪痕："思顺，你要像你父亲那样，做个有为之君子！"少年抬起头来。看着高令公期许的目光，他点点头。

　　"令公大人，这里是'皇帝与镇北将军铜虎符'及'镇北将军印'。"

　　大长秋卿杞道德查看过之后，交给内侍收存。"怀荒之防务，可汗之意，暂由姑臧侯李承接管，近日可汗便派新任将军赴任。"大长秋卿说罢，众人齐声应和。

　　高允颔首赞许，唤过李承，"伯业！即时入廨署中与大长秋卿交接虎符印信！"李承赶忙施礼应允。高允又言："你常说思顺沉雅有大量，清简皎然，确实如此，不可误其学业！"杞道德也说道："果然如李大人所说，此儿器量非恒，方为门户所寄。"李承恭身拱手回答："两位大人所嘱定当谨记。"高允将着胡须面色稍安，一旁的杞道德微微颔首，少年转身引路，向镇北将军廨署走去。

　　天空开始落下雪来，将军廨署挂起了素帏白帐，悲声也渐渐响起，低徊哀婉……

　　隐隐地，一曲凄恻的《企喻歌》声自镇北将军廨署里响起，廨署门外的马随之嘶鸣不安，马蹄也踢踏起来，牵马的胡人吆喝着收紧缰绳，将马勒好。一队人众自将军廨署中缓缓走了出来，为首的正是那个刚刚总丱（总丱，男童九岁）的少年。他一身缟素，眉如漆画，却愁云紧锁，星瞳河目，满含悲泪。手中一管觱篥，那觱篥以竹为管，类胡笳而九窍。其声悲，羌人所吹，用以惊中国马。少年手指白皙修长，觱篥深紫暗红，指尖在孔间缓缓起落，曲声便吹出悲音，觱篥的幽怨之声牵动愁情。一众胡僧诵着经文，自廨署中走出，跟随少年前行，后面缓步相随的是身着素衣的亲人们，亲人们无不掩面垂泪，低声抽泣，人群中的悲声，被狂风卷扬起，至半空，又被狂风吹散到四处，纷纷扬扬，高高低低，觱篥声更呜呜咽咽……

一时，寒风哀曲混做无限悲凉——

> 深山解谷口，把骨无人收。
> 头毛堕落魄，飞扬百草头。
> ……

一行人冒着渐重的风雪，随着少年向南走去……

低沉的天空愈发阴郁，席地而来的天风，挟裹着一场不知从何时而起的，自遥远北方，从那茂密森林和广袤草原不期而至的大雪，从四面八方涌来，将怀荒笼罩在狂风暴雪之中。敦煌公、镇北将军府，都在白雪的覆盖下混沌得不知所踪……只有一曲觱篥，却越来越清亮，那《企喻歌》也变得激越起来——

> 男儿欲作健，结伴不需多。
> 鹞子经天飞，群雀两向波
> ……

羊羹

太安五年（459）冬的这场大雪，从怀荒，再到柔玄、抚冥，及至盛乐，一直下着，整个大魏都在雪中寂静下来。平城，宫墙高耸，仿佛雪中端坐着的一位巨人，在静静落下的漫天白雪之中沉默不语，更加显得肃穆庄严。

晶莹洁白的飞雪落在司马门外，落在太华殿高高的屋脊之上，落在阿真厨（平城皇宫饮食厨之名）上。

一个年轻的女子正冒雪从阿真厨走出来，女子穿着一件朱色的衣裙，在雪中更显明艳，身后御食曹（掌管皇帝饮食事务之官）提着食盒，紧跟着一起碎步急急地向太华殿走去，后面的一位侍女是知御膳（后宫女官，负责皇帝、皇后的饮食）王遗女，她一边疾步一边向前轻声呼唤："可敦（鲜卑语，皇后），请慢些走！雪湿路滑，小心些才是。"

已是午后，太华殿外，几个内侍正在清扫殿前落雪，看到可敦冯氏走来，便都停下手中的清扫，垂手低头静立。可敦冯氏刚刚十九岁，窄袖襦裙紧贴她细细的腰肢，更显得青春健美。冯氏一番疾走，有些喘气，鼻头也冻得红红的，却更俏皮可爱，她用手搓搓耳朵，再呵呵双手，便回头招呼王遗女，把食盒提过来。御食曹轻轻挑起厚厚的毡帘，殿中，年轻的可汗正在看着奏报。可敦冯氏自帘外端着食盒款款走进来，她梳着一个惊鹄髻，头发油亮青黛，就像食盒上的漆一样乌黑。那件食盒木质髹漆，映衬着灯火，反射着光亮，黑底上画着红色的花纹，打开食盒，里面立即散出热热的水气和淡淡的香味。

"可汗，该吃些饭了，我刚去了阿真厨，特意做了你爱吃的羊羹，天气寒冷，快喝一口暖暖身子，歇歇再看。"

"哦？怡安，快坐下。"年轻的可汗拓跋濬年方二十，他深目广眉，有着鲜卑人棱角分明的面庞，目光冷静又睿智，他边招呼可敦冯氏坐下，边拂去冯氏肩头的雪花，伸手握住冯氏的手，"冷吧？我帮你焐热！"两人深情对视，青春年少的脸庞，在烛火的照映下，男儿英武，女子娇羞。

冯氏笑着抽出手来，自食盒中取出漆碗。外髹黑漆，碗内髹红，冯氏捧在手中，更显沉静端庄。

"并心注肴馔，端坐理盘槅。"拓跋濬脱口而出。

"可汗，你在念什么？"可敦冯氏盛好羊羹，端给可汗。

"是在吟左思的《娇女诗》。"

"哦。可汗，怡安识字不多。"冯氏羞涩地一笑，眨着眼睛不再说话。

"以后我慢慢教你啊！"可汗笑着端过羊羹，用鼻子嗅了一嗅，"好香啊！"再轻轻抿了一口，随即便又大口喝起来，"鲜美！"

赞过羊羹之后，可汗问道：

"怡安，你烹的羊羹，有葱、豉汁、米、生姜，这些我都尝得出来，但有一种奇佳之味，却从未品尝过，是什么？"

冯氏低头笑笑，四处张望，看定桌上放着的橘子，答道：

"可汗，我又加入了南方的橘皮。"

"哦？怡安费了心思，你烹的羊羹较之以往的，更加甘美！"拓跋濬一口气喝尽了碗中的羊羹，递给怡安，怡安又盛了一碗递给他。

这次，拓跋濬边细细品味，边回忆起过去：

"还记得世祖（拓跋焘）也爱食羊羹，那时太官尚书毛脩之做的羊羹，最得世祖嘉许！世祖伐燕国都城和龙，破三堡都不忘带着他……"

听到这句话，一旁的冯氏面色掠过一丝不安，随即又恢复了宁静，可汗似乎也意识到了什么，不再说下去。

"哦。怡安，那里有新进贡的首饰，你去选几样！"拓跋濬喝着羊羹，对冯氏说。

不远处的案几之上，摆着几个漆盘，里面璀璨灼灼，是些西域花样精绝的首饰，"真是漂亮啊！"冯氏轻轻惊呼出来。

挑选一番，冯氏只拿了一件耳饰。拓跋濬放下漆碗，问道："这件耳饰，寻常可见，怡安，你为何不选最好的？"冯氏回答："可汗，若选最好的，便是贪心；若选最差的，则是虚情；故而怡安择其中者。更何况，可汗的昭仪，贵人……将这些分给她们，才显得可汗春晖遍洒。"

拓跋濬看着冯氏，满意地点点头。

桌上的奏报已经阅毕，可敦冯氏便轻手轻脚整理起来。放在桌子另一边的一张纸上，写着几个字，冯氏停下目光，细细观看，可汗喝罢羊羹，转头看着可敦，问道："依你看来，用哪一个年号更好？"

可敦冯氏笑着摇摇头，"我不懂这些，可汗英明圣裁。"可汗微笑不语。

"可汗,大长秋卿杞道德、引中书令高允、法师昙曜在顺德门外候宣。"一名内侍步入大殿禀告。

可汗与可敦转头对视,可敦起身,低首恭身:"可汗,我先回避一下吧。"

"你就留在这里!"可汗笑吟吟地看着可敦冯氏。冯氏抬眼看看可汗,点头,将食盒收拾好,轻轻走回,重又坐下。

"宣!"

"处!"内侍应声而喏,恭身退出大殿。

不一时,中书令高允、大长秋卿杞道德、法师昙曜带着李承和李冲,一行五人来到太华殿外。

内侍禀报之后,将三位大人请入大殿,示意李冲和兄长李承在外等候。

殿内,见到几位大人,可汗和可敦起身迎接,中书令高允、大长秋卿杞道德、法师昙曜则恭身回礼。

拓跋濬微笑着问道:"三位,事情都办得怎么样了?"随后将目光转向昙曜法师,昙曜法师上前一步,捧出一幅图卷。"可汗,武州山已勘毕,现将山势水脉全形绘成此图,图中又有五大石室之方位,并佛、菩萨之像,请可汗一览。"

可汗将图卷展开,图上五彩斑斓,画工精妙,武州山山形水貌尽收眼底。画中,将要开凿的五大石室,外壁布满千佛,金光闪闪,内龛大佛与山齐高,菩萨飞天,罗列满山。可汗看之不尽,面露喜色,又转头看看可敦冯氏,冯氏只是静静坐着,看着可汗手中的图轴,投来喜悦的目光。"好!明年即可开凿否?"

"可汗,凉州沙门(梵语,北魏为出家修道者的通称)已召集在武州山,准备完毕,明年当可开凿,只待可汗下旨。"

"好!法师有何难处,可随时禀报!"

"处!可汗,虽然如今大雪,但并不妨碍斩山,斩山所开之石,将沿武州川运至宫中。"

"嗯,这些石料及早运来,以作重修太华殿之用。"

"处！"

"高令公，年号之事还要你来一议，你看这几个年号，定哪一个好些？"

高允接过内侍递来的文书，看罢之后，说道："可汗，恕臣直言！"

可汗拓跋濬笑着回答："但说无妨！"

"可汗，'成'字，乃'一人负戈'之相，不妥！"

可汗拓跋濬闻之微微颔首。

"'正'字，乃"一止"，'一'是天道，'一止'，'天道至此而止'，大不祥，可汗，还记得'正平之变'吗？"

听到这里，拓跋濬皱起眉头。

"'和平'二字甚好，'和'者，相膺（yīng，古同"应"）也；'平'者，安舒也。如今天下归心，一呼百应，太平有象，可汗英武神俊，可用此年号！"

"和平！好！"拓跋濬目光闪烁着喜悦和兴奋，冯氏也高兴地笑着点头。一旁的侍者记了下来。

"大长秋卿！"

"可汗！"杞道德赶忙应声。

"正月，我要东巡。我想先往桥山，祀黄帝；再巡辽西，祀医无闾山。缘海西南，祝冀州，北至中山，过恒岳，礼其神而返。这些你要早做安排！"拓跋濬言语中透露着一个年轻天子的广博之心。

"处！臣这就去安排。"杞道德领命。

"敦煌公李宝的后事怎样了？"可汗看着高允和杞道德，问道。

高允示意杞道德禀报，"可汗，已经宣旨。李宝的两个儿子就在殿外，等待入殿谢恩。"

"宣他们进来！"

"处！"内侍出殿外将李承、李冲传了进来。

"哦？敦煌公还有这么小的儿子？你叫什么？今年几岁？"

"禀告可汗，臣是李思冲，九岁了。"

"赏橘子。"拓跋濬看着李冲说。内侍拿了几枚交给李冲。

转过头来，拓跋濬问李承："你是？"

"回禀可汗，臣是李承，先府君长子。"

"依例，你可袭敦煌公的爵位。"拓跋濬说道。

"可汗，臣已封姑臧侯，不敢再袭此位！"拓跋濬听到这话，有些意外。

"臣恳请可汗一事。"

"但说无妨！"

"可汗，臣之二弟茂，性谦慎。臣请将敦煌公让封给二弟。请可汗允准。"

拓跋濬听后，想了想，说："李承有长兄之德，好，那就由李茂承袭敦煌公之爵。"

"谢可汗圣恩。"

"李思冲，为何不吃橘子？"拓跋濬看着李冲问道。

"可汗，橘子味美，臣却无心自用。臣父去世前，数日未进饭食，我想拿回去祭奠父亲。"李冲边说边低下头去，泪水已经顺着脸颊流了下来。

"莫哭！再拿些回去！"可敦冯氏眼睛也微微一红，起身自案上的盘中，又拿了几枚橘子，走到李冲面前，递给李冲，一边拿出手帕拭去他脸上的泪水。

可汗拓跋濬闻之感动，"敦煌公德行有继！此二子孝悌皆全，敦煌公可含笑九泉矣！"殿中法师昙曜、中书令高允、大长秋卿杞道德亦颔首叹息。

"可汗，李承还有一事相求。"

"哦？何事？"

"我兄弟愿为父庐墓守丧。"李承拱手说道。

"哦？我听闻汉家有此礼仪，为何？"

"子曰：予之不仁也！子生三年，然后免于父母之怀。夫三年之丧，天下之通丧也。予也，有三年之爱于其父母乎？"

拓跋濬认真听着，李承接着说："故《礼记》云：'父母之丧，居倚庐，不涂，寝苫枕块。'"

"寝苫枕块？"

李承回答："居于倚庐，哀亲之在外也；寝苫枕块，哀亲之在土也。"

拓跋濬沉默片刻，说道："好！准你们为父亲结庐守孝。"拓跋濬转头向旁边记事的侍者说道："守丧期满，再议李承之职。"侍者一笔一划认真记下。

拓跋濬看看太华殿大门，"雪还在下着吗？"

内侍察看之后禀告："雪还在下，此时更大了些！"

"哦，大雪天，众位无事便退下吧。内侍，赏绢。"

拓跋濬回头在案上找着什么，冯氏一笑，回身自食盒中又取出漆碗，盛好羊羹，递给可汗。

李冲和众人退出大殿。

平城的雪越下越大，还没走出宫门，那鹅毛般的大雪落在李冲的头发、眉毛上，目力所及只在几步之外，周遭都是密密的雪花，仿佛空气都变得稀薄了。李冲擦擦眼睛，又张大嘴深深呼吸了几口寒冽的空气，看清了脚下的道路，跟着几位大人，朝着大雪深处的宫门之外走去……

第二章　雨雪霏霏霏霏雀劳利

磨笄

李冲等人走后，拓跋濬一边品味羊羹，一边和冯氏说着话。羊羹喝毕，冯氏将漆碗食盒收拾好，却见可汗坐在那里一言不发想着什么，冯氏便也默默坐着。太华殿里安静地能听到雪落的声音。

"可汗，你在想什么？"可敦冯氏轻声问道。

拓跋濬沉吟良久，对可敦冯氏说："怡安，大魏如今定都平城，武功立国但文治疲敝，这儒家的礼仪值得我们学习啊！"可敦冯氏眼睛闪露出喜悦的光芒，高兴地点点头："可汗圣明，大魏有幸！安邦治国，再莫迟疑！"

"我没有想到，李承兄弟，重孝如此，可见凉国虽不在中原，却也民风淳厚，举国孝养。你还记得燕国之风俗旧事吗？"

"记得，姑母在时，常常讲给我听。"想起姑母左昭仪，可敦冯氏的眼里掠过一抹忧伤。

拓跋濬默默有所思，转而，目光穿过大殿，投向更广袤的宫墙之外。

可敦冯氏又轻声提醒："可汗，我们去寿安宫问太后安吧。"

"好！"拓跋濬高兴地站起身，随之，神色又黯然下来："不知太后近来病好些了没有。"他伸手拉起可敦冯氏，两人走出大殿。

平城隆冬的傍晚，天色已黑，大殿外，白雪纷飞，年轻的可汗拽着可敦，在雪里奔跑，"可汗，小心！慢些！"内侍在后面追着两个年轻人，却又赶不上，着急地呼喊可汗，不料，脚下一滑，摔倒在地。

可汗和可敦见状朗声笑着，甩下内侍，互相追逐着，朝雪中奔去。

可汗将雪抟成团，与可敦互掷玩耍，两人的欢笑声在太华殿外不时回荡。可敦悄悄抓起一团雪，塞入可汗脖颈，可汗大叫着将可敦抱住，两人倒在雪里。内侍远远跑着赶来，无奈地劝阻："可汗，小心些，小心些！"

可汗却不理会，抱着可敦也不起身，内侍只好立在不远处。可敦方才一番奔跑，躺在雪中轻轻喘着，雪花又纷纷地落着，落在可敦的头发上，睫毛上，鼻尖上，可汗怜爱地看着她，用嘴唇帮她把雪花轻轻吻去，可敦笑着，"可汗，我跑不动了！"

"好啊，我背着你，看你还跑不跑！"可汗起身，将可敦拉起来，将她背着，朝寿安宫走去，可敦冯氏伏在可汗坚实的后背，将头搭在他的肩上，开心地笑着。"以后我走累了，就让你这么背着。"冯氏轻声说着。

"嗯，我背着你啊，去更多地方，我们到方山，坐在山头上，看平城，看夕阳……"

"方山？你背着我？"冯氏问。

"是啊！"拓跋濬认真地回答。

冯氏问道："当真吗？"

"那还用说？"拓跋濬回答。

"若是骗怡安呢？"冯氏贴着拓跋濬的耳朵，轻轻地问。

"你要如何？"拓跋濬脚步坚实地走着，反问她。

冯氏调皮，不知何时藏了一团雪在手中，她将那雪放入可汗脖颈处，"那就要惩罚你！"可汗受雪一激，冷的缩着脖子叫着，跑起来。此时，背上的可敦有些着急，拍着可汗的肩头低声叫着："慢些，慢些！"

"好啊！我若跑起来，赛过森林中的小鹿，你可要抱紧我！不然我把你掉落了，哪里去找？"拓跋濬并不生气，快步跑起来。

"可汗！不要跑！慢慢走！"冯氏紧紧倚着拓跋濬的肩头，环着他的脖颈。

夜深了，宫里灯火隐隐。常太后倚坐在榻上，面色憔悴，脸上满是皱纹，花白的头发只是简单用一支象牙白的发簪绾成一个发髻，手中轻轻捻动着一串佛珠，是木槵子（木槵子，高山上的乔木。见《佛说木槵子经》）穿成的一百零八颗念珠。一旁，是宫中跟随服侍太后多年的侍女秦阿女，她正为太后轻轻捶打着后背、肩头。常太后看着榻前的火盆，絮絮叨叨地说着往事，秦阿女微笑着，静静地听着。

拓跋濬背着冯氏怡安，跑至寿安宫外才停步，拓跋濬放下冯氏，两人整整衣衫，朝宫内走去。

寿安宫大门前值守的内侍，看到可汗和可敦，转身入宫中传报，另有内侍挑起门帘。

寝宫内静谧、温暖。

"太后，乌雷直勤（文成帝拓跋濬鲜卑字）来看您了！"年轻的可汗拓跋濬快步走到榻前。"可汗来了？快去点起灯来！"常太后唤道。秦阿女转身去吩咐内侍们，不一会儿，几盏连枝灯便点了起来。那灯，圆盘为座，下有三足承之，盘中有一枝曲茎莲花，左右又生出曲枝，枝头各托一朵莲花，花中之蕊为盏，摇曳着灯火。一时间，寿安宫内金枝秀华，交错生辉。

可汗坐在常太后身边，拉住她的手，"哎哟哟，这手怎么这么凉啊！"

"可汗，快让我看看。"常太后拉着拓跋濬的双手，从头到脚仔细打量着。只见拓跋濬发间眉梢皆是晶莹的水珠，常太后取来帛巾，为可汗拂拭去头发上的水珠，又让他转过身去，帮他把身上的雪掸下去，"这又是什么？"常太后从他的衣领里，又取出一团雪块来。

"哎呀，你俩呀！"常太后又疼爱，又有些生气的样子，用指头点点可汗，又看看一旁的可敦冯氏。冯氏不敢说话，只是偷偷看看可汗。

"把炭盆挪过来，快让可汗可敦烤烤手。"常太后回头又嘱咐秦阿女。

捂着可汗的手，细细端详着可汗，常太后又嗔怪道："这几日又瘦了！"

"看来又是为了国事忙碌？快去取些吃的来！"常太后边说边回头看了看秦阿女，秦阿女会意，转身嘱咐内侍。

不一会儿，内侍端来一些膏环（北魏食物。以米面粉和水搓成细条，组之成束，入油炸而成。也称粗粆、寒具。犹今之馓子）和醴酪（以麦芽糖调制的杏仁麦粥）。"可汗，这膏环是你从小就爱吃的，前些日子，我特意去阿真厨做了些。"常太后往起探了探身子，看着漆盘中的膏环，用细弱的声音，嘱咐可汗，"快吃点，别饿着。"言语间满是慈爱。

"嗯，太后。"可汗拿起一块膏环，放入口中，轻轻咀嚼，"好吃！还是太后从前的手艺。"

"莫要噎着，喝些醴酪！"

拓跋濬又端起醴酪喝了一口，"好香甜！"

"可汗，太后常念叨可汗爱喝醴酪，闲暇便与奴婢们一起，将麦仁、甜杏仁用石臼捣成浆，细筛过，常备着说是要留给可汗。"秦阿女在太后身后扶着她，笑说着，又不忘瞄一眼常太后。

拓跋濬听到这话，微微笑着，常太后目光爱怜地看着他，又隐约有些忧郁和哀伤。

"太后，敦煌公李宝的儿子们很孝悌。今日李宝之子李承、李思冲入宫，李思冲小小的年纪，言行举止令人赞叹。"

"是吗？北凉佛事隆盛，举国礼佛学法，故而知父母恩重，那凉国的沮渠蒙逊王，深信佛法，于凉州南百里崖中大造形象，千变万化，惊人眩目。石窟中的佛图，就有北凉王沮渠蒙逊为其母祈福所造的'丈六石像'……"

"太后，我已命昙曜法师在武州山凿石壁，开五窟，镌建佛像。"

常太后欣慰地点点头："好！当年恭宗（拓跋晃。拓跋焘长子，文成帝拓跋濬的父亲）力保沙门。可汗，你要尽快恢复佛教，广化黎庶。"

"嗯，李承李思冲兄弟不仅庐墓守孝，兄弟悌让之情也令人敬佩。"

"正该如此！当年局势风雨飘摇，可汗你尚在襁褓，幸有左昭仪……"说到这里，常太后目光投向可敦冯氏，"幸有左昭仪，与我情同姐妹，我们同心相扶相助，共渡险境，若非当日二人携手，历尽艰辛……"

说到这里，常太后闭住眼睛，仿佛回到了那个痛苦的年月。低头轻叹一声，她伸手自发间拔下那支发簪。发簪细长，一头尖细，一头圆润，拙朴简单，未见雕饰。

"这支簪子，是鹿骨磨成。那时，我和你姑母左昭仪，正是及笄之年（古代女子满15岁结发，用笄贯之，谓及笄）。那时候还是在和龙（北燕都城），有一年，父辈去很远的松林打猎，那可真是一次大狩猎，父辈们满载而归，回来的时候猎物装了满满几车。凯旋之夜，自然要好好地庆祝一番了，男人们点起篝火饮酒唱歌，年轻的男子们不知醉了多少个；女人们忙着烤肉，斟奶酪，跳舞，我向母亲要来鹿骨，和你的姑母跑到草甸子上，一起磨出两支鹿骨笄，左昭仪那时候还是那么年轻啊，娇艳得就像医无闾山上的春花……"

太后目光仿佛回到了童年，回到了和龙，众人也仿佛跟随太后回到了医无闾山下，在松林下，草甸子上，远远地两个年轻的女孩子正欢笑着，手里用心地磨着鹿骨笄……火盆中的红光一闪一闪，照亮每个人的脸庞。

常太后眼中的亮光就像火盆中的火苗，忽然黯淡了下去，她重重地发出一声叹息，身子也随之又倾颓了一些，秦阿女赶忙在一旁扶好她。冯氏的眼睛也一酸，眼角微微溢出泪水。

"以前跟随恭宗（拓跋晃），我曾路过磨笄山（今河北张家口市境鸣鸡山），广宁那里安静，又可远望平城，我去世之后，把我葬在那里吧！"

"太后，何出此言，您还要看着第豆胤（拓跋濬之长子，献文帝拓跋弘鲜卑名）成家生子呢。"

常太后摇摇头，"就像那草原上的鹿，我年纪已经大了，要回到森林深处，找一方僻静之地，慢慢老去。"

"可汗，有奏报！"内侍忽然来禀报。

"哦，太后，我要告退了，磨笄山的事，我记下了。怡安，你在这里陪太后。"

"快去吧，怡安在这里就好。"常太后有些不舍地嘱咐可汗。

看着可汗离开，常太后让身边的人都退下，复又看着手中的鹿骨笄，对冯氏说："你可知道磨笄山的来历？"

冯氏摇摇头。

"事关一个列女。晋国赵襄子之姊赵氏，嫁给了代国国君，成为代君夫人。赵襄子请代君会饮，却早已安排下埋伏，襄子在酒宴上用计，使厨人操铜枓（铜枓，挹酒器，曲柄如今之长勺）进食。乘间击杀代君及其从官。赵军随即兴兵伐代，灭了代国。之后，他派人迎接姐姐代王夫人归赵。

其姐闻之，泣而呼天，磨笄自杀。代人怜之，念姐之忠烈，将其所死之地叫做磨笄之山。"

冯氏认真听着。

"赵氏有仁有义，我亦不敢轻忘故国旧人，而今食魏俸禄，侍奉新君，又怎能辜负君恩？"常太后把骨笄递给冯怡安。

"是的。磨笄之仁爱，侍君之忠义，太后之教诲，怡安铭记在心，永不敢忘。"可敦冯氏，同声应和，目光温柔地摩挲着手中的骨笄，随后，轻轻抬起手来，将笄插在自己的发间。

常太后赞许地点点头。

忽然想起了什么，常太后关切地问冯氏："不知慕容兰可有下落？"

冯氏怔怔地摇了摇头，"自那年变乱，我们就离散了，再没有她的消息。"

"慕容兰，慕容兰……"常太后轻轻地念着……

和平元年（460）春正月甲子朔，大赦，改元。

和平初，师贤（北魏高僧，道人统）卒。昙曜代之，更"道人统"名为"沙门统"（北魏时全国最高僧官）。

昙曜白帝，于京城西武州塞，凿山石壁，开窟五所，镌建佛像各一，高者七十尺，次六十尺，雕饰奇伟，冠于一世。

和平元年（460），夏四月戊戌，皇太后常氏崩于寿安宫，谥号昭。五月癸酉，葬昭太后于广宁磨笄山。

庐墓

        蓼蓼者莪，匪莪伊蒿。哀哀父母，生我劬劳。

        蓼蓼者莪，匪莪伊蔚。哀哀父母，生我劳瘁。

        ……

父兮生我，母兮鞠我。拊我畜我，长我育我。

顾我复我，出入腹我。欲报之德，昊天罔极。

……

傍晚时分，日光已薄。李冲跟着兄长李承，边高声吟唱着这诗，边把背上所负之土倒在父亲的茔垅之上。每当坚持不下来的时候，李冲就读这首诗激励自己。

庐墓二十四月，已到禫服（服，服丧。旧礼，父母之丧，二十七月而禫）内，守孝的期限马上就要结束了。

这时，已是和平三年（462）。

平城的冬天虽然就要过去了，但还是寒冷异常，李宝之墓在平城外东南之旷野。就在李宝坟茔旁边，搭建着一座简单的房子，夯土筑就，尚可御寒。庐中点着一个火盆，聊以抵挡凛冽的北风。兄长李承帮李冲拂去身上的尘土，二人才走进庐中，呵呵已经冻僵的手，坐在草席之上，把手伸向火盆烤手，李承添了些柴火，抬头看向土庐之外。远处，春雪覆盖的田野上，有人慢慢走来，是家中的仆人，张秋官。秋官提着食盒，来为他们送饭。

李冲起身去取鐎斗（jiāodǒu，温器。用以煮物，三足有柄），那鐎斗口沿外侈，下有三足，微微外撇，一支手柄弯曲纤细，手柄顶端是一只嘴巴张开的兽首。李冲把鐎斗放到火盆里，左右旋了旋，将其放稳。

"秋官，辛苦你了，你吃过饭了吗？"

"我吃过了。"秋官边回答，边往火盆里添了些柴火。

"今日饭食为何与往日不同？可曾放入盐酪？"打开食盒，李冲问道。

"不曾，守孝未完，饭食之中怎能放入盐酪？"

李冲点点头，"这些够我们这几天吃了。"李冲边取些白雪放入鐎斗煮水，边把前几日来的食盒递给秋官。

远处，响起凄凉的歌声：

雨雪霏霏雀劳利，

长嘴饱满短嘴饥。

……

　　唱歌的是一个号泣的女子，那歌调在哭声中更变得摧人心肝。女子还牵着一个孩子的手，跟着几个扛着锹、镐，面色黧黑、瘦小羸弱的男子自坞堡中走来。其中两人一头一尾扛着一管草席，席中包裹着一个死去的人，发辫和脚露了出来，一个人脚下一闪，那席中死尸脚上的一只鞋掉落在田野，后面的人捡了起来，也无暇再套上去。就这样，一行人，急急地走到远处，寻了一处地方，挥锹掘墓，这个时节，平城的土地还没消融，几个人草草挖了一个浅坑，就将死尸胡乱埋掉，黄土也只刚刚将草席盖了薄薄一层。

　　女子放声哭泣，嘴里哭诉着，断断续续地夹杂着《雀劳利歌辞》，在众人的催促下，起身几步一回头地赶回坞堡。

　　这样凄惨的死别，李冲和兄长已经不知看过了多少次，在《雀劳利歌辞》中，多少饥民哀哀生离，他们也不知见过多少。平城的气候和物产并不能让这里的人们温饱，大多数的坞堡（北魏初期，在地方上实行宗主督护制。地主豪强把宗族、佃客组织起来，修筑坞堡，割据一方）里拥挤着饥馑之民，时不时地有饿殍就这样乱葬在田野。与此同时，盗贼群起。

　　秋官走后不多久，夜色开始慢慢四合，兄长把灯笼点起来挂在土庐外，提醒夜里奔袭的盗贼，土庐之中有人庐墓守孝。

　　夜里，兄弟二人挤在一起，土庐之外，天寒月高，庐之左右忽然有些细微的响动，随后几个人影闪现，又是那些惯常的盗贼，只听其中一个警告其他孟贼，"有孝子在此庐墓，不可扰动。"群盗随之相告诫："勿犯孝子。"

　　夜半，火盆中的木柴早已燃尽，李承又被冻醒，田野中，几声狼嚎传来。李承起身，用火石取火，重将火盆点燃，土庐里渐渐暖了起来。火光照亮了土庐，也照着庐中的兄弟二人，李承把李冲身上盖着的毡子掖了掖，看见李冲的眼睛眨着，也已经醒来了。记不清这样的夜晚有过多少次了，李冲从来都是沉稳得像个大人。

　　雨雪霏霏雀劳利，

　　长嘴饱满短嘴饥。

　　……

李冲心中念着这歌，无法睡去。

庐外，那些饥饿的狼正把下午刚刚掩埋的死尸从土里刨出来，撕咬分食。

和平三年（462）。

平城迤西的一条道路上，一个仆人一旁牵着一头橐驼（今谓骆驼），橐驼上坐着一个年轻人，他们正沿着武州川水溯流而上。

橐驼上正是守孝期满的李冲，李冲披着羔子皮裘，牵着橐驼的是秋官。一路行来，远山近水皆雪积冰封，沿着山脊，石骨上厚厚的积雪，远望如一条条银蛇；河水近岸处，结着薄薄厚厚的冰，如同一条玉龙盘桓谷底。谷深三十里，谷中一条小路蜿蜒向山中深处。

西行十多里，武州山山势收紧，武州川水旁，浇出一条冰道。斩山而取下的岩石，已被凿成或方或圆的石料，放在冰橇之上，沿着冰道，被运往平城，冰道两旁的工匠们有的在拉动冰橇，有的在合力将石块转至冰橇之上……两旁雪山银白，身旁冷河晶莹，冰道如白绫素纨，眼前一片剔透清凉，"真是一个琉璃世界，水精（水晶）之国哇！"李冲不由暗暗赞叹。

两山之间，道路渐渐狭隘，河水也收窄，冰道是凿开山崖而成，仅可容人屈身通过，李冲从橐驼上下来，慢慢步行而过，秋官拉着橐驼慢慢沿冰道走出，面前已经无路，挡在他们眼前的是一间简陋的屋子。

一位沙门从屋中走出来，招呼他们，"这边请！"

拴好橐驼，李冲和秋官随沙门进入僧房。僧房里，点着火盆，昙曜法师穿着厚厚的绵衣，正坐在筌蹄（形似腰鼓的坐具）之上，写着什么。听到响动，法师抬头看到李冲，"哦，思顺！快进来！"他安顿李冲："坐下，烤烤火，我要给圣上写封奏报。"

李冲静静站在一旁，环顾四周，墙上贴着武州山形全图及石窟之草图，图中可见窟中将开之形，更有所凿刻之形象。

待昙曜法师停下笔来，李冲拱手施礼，说道："法师，我本应早来这里拜访，只是守孝之期不可进入寺庙，家中人事也需料理，故而迟至今日才来。"

"无妨！敦煌公有子如此，幸甚！"

僧房中，摆着一些小的佛像，挂着佛像图影，又有一些胡沙门（沙门，僧）在轻声交谈着什么。李冲看看僧房中的沙门，昙曜和尚会意，带他来到里面的屋子，李冲这才解下背着的布包，取出里面的一册图轴。

昙曜法师并不言语，静静地看着李冲打开那布包和图轴，"这是先父留下的。"

"哦？"昙曜法师走过近前，画轴缓缓打开，"《营窟稿》！"昙曜法师不禁喊出了声音，"此书竟然还存于世上！"法师欣喜万分，声音也不觉高了几分。

"思顺，这是哪里来的？"

"在凉州时，父亲曾依此书，营窟敦煌，引以为珍。后来，太平真君五年（444），父亲入朝，遂留京师。随身没有太多的物件，却一直贴身带着这密藏的图书。听父亲说，当年，在天梯山，在敦煌时，都曾照此书，修缮营建过石窟几所。"

听到这里，昙曜法师有些动情，"当年，我们都想尽办法保护佛经佛像，敦煌公藏下此书，可知艰难！今日武州山斩山营窟，此书一出，正可用之，大功成一半矣！"

昙曜法师兴奋地一边看着书稿，一边对李冲说。

图轴继续展开，只见里面五彩斑斓，金光耀目，一匹帛上绘着不同的画稿：一处是火焰纹佛光及飞天，两旁又画飞天各二躯，供养菩萨各六身。更绘有窟中浮塑之形，图上标注着：龛楣上画忍冬纹及化生童子。浮塑龙首龛梁、束帛龛柱。龛楣上方画飞天二身，供养菩萨各六身。

展开下一段，则见圆券形龛内塑交脚佛一铺，主尊为交脚弥勒佛像，波状发髻，内着僧祇支（僧服。覆膊衣或掩腋衣，是一种长方形衣片，祖右肩覆左肩掩两腋），外着红色右袒袈裟，衣薄贴体。龛下南侧画婆薮仙，北侧画鹿头梵志，佛座两侧各画一狮子。浮塑龛楣上画忍冬纹及化生童子，浮塑龙首龛梁、束帛龛柱。

"法师，父亲当年为了保护这图轴，贴身收藏，去世之前放入枕中，秘示给我。"

"唉！只是可惜敦煌公如今不能见武州山石窟之盛事了！"

听到这话，李冲神情有些难过，随后他说道："法师，今日送此书来，一则告慰先父，以了先父之心愿；二则，我就要和大哥去荥阳了，故此来向法师告别。"李冲一边拱手一边准备告辞。

"思顺，莫急，你来看！"昙曜法师领着李冲从屋子的另一边走出来，打开屋门，豁然一亮，一个惊人骇目的场景展现在李冲面前。却见武州山前，一片人声斧声，山崖上、山脚前，开出的洞窟里，工匠有条不紊地忙碌着。

自东向西的武州山前，不少岩壁已经快要斩齐，武州山中间的南坡，已被匠人们从山顶切成一堵石壁，山崖旁边，搭着高大的木架，架子上工匠们正在凿刻，山前，数万人在山崖石壁上劳作。斧凿声、号子声震动山谷。

一边，工匠们提着水桶，将河水灌入山体上打出的洞里，封实。另一边，经过一晚天寒地冻，石洞中结冰的水已将石头撑开，一块一块大石头自山体上裂开，落在地下。工匠们再将其分割开来，用滚木运到冰道之上。一处山崖，却是从上到下同时开窟雕凿；另一处，半山的石窟，依稀可见一个佛首的轮廓。整个武州山前，数以万计的匠人、杂役按照分工忙碌着，石窟里，盆中燃着油脂，照得窟里一片光明，工匠们在窟中昼夜开山凿像。

"这景象如此壮观！佛法复兴，国道隆盛，不远矣！"李冲对法师说。

昙曜法师欣慰地笑笑，微微点点头。二人站在武州山前，一阵山风吹来，扬起法师僧衣的衣角，也吹动李冲的羔子皮裘，吹落屋顶的积雪，几片雪花落在李冲浓浓的眉稍上，就如远处西山之上覆盖着白雪的峰峦一样，冷峻高远。

大傩

和平三年（462）十二月。

平城宫里，一年一度除疫驱鬼的岁除大傩之礼就要举行，宫中的每个人都在为这次大礼忙碌着。

可敦冯氏为可汗准备着大傩之礼的礼服，可汗拓跋濬也正在筹划着一场盛大的耀兵示武之仪。

朝廷在平城中遴选侲子（又叫侲僮，即童男童女），李冲正好十二岁，被选为侲僮。

腊日前一天夜里，一百二十名侲子在宫门外等着，他们都带上了假面，穿上赤布袴褶，每人手里拿着一柄大鼗（长柄，鼓身两旁缀灵活小耳，执柄摇动时，两耳双面击鼓作响。俗称"拨浪鼓"）。二十四人为一队，六人为列。执事的十二人，戴赤帻，着皂衣，执麻鞭。方相氏则戴着假面，黄金四目，蒙熊皮，黑衣、朱裳，右执楯；十二郭落（鲜卑语，兽）有衣毛角。十二郭落分别是：

甲作、疏胃、雄伯、腾简、揽诸、伯奇、强梁、祖明、委随、错断、穷奇、腾根。

十二郭落也在装扮着，他们戴上红色的头发，手里拿着麻鞭。扮作"穷奇"的人，戴着牛头面具。他旁边扮作"强梁"的也是一个身材高大的人，戴着虎首假面，吊睛花文，獠牙外露，张着鲜红的大口。李冲看到，强梁手中的麻鞭，竟然在夜色中隐约闪着寒光，麻鞭里有铁器！

执礼的内侍来发布号令，侲子们聚合起来，大傩之礼马上就要开始了，李冲转头再看，那个"强梁"已经侧身汇入队伍之中，不见其踪。

大殿前的平台上，可汗牵着可敦的手，坐在一起。年轻的天之骄子可汗拓跋濬，穿着左衽玄色（赤黑色）窄袖袍服，下身穿袴褶（鲜卑服。袴，kù，同绔。以丝帛缠裹双腿，以便跨马骑背。褶，裤褶服中的上衣。始为左衽骑服，后亦改为右衽。北朝用作常服、朝服），腰束蹀躞革带（蹀躞，胡人的腰带，在腰带上附加了许多小环，可将小物件随身携带）、脚蹬革靴，外罩银鼠裘衣。可敦冯氏穿着袿襦（皇后谒庙所服），裳加五色，杂宝佩在身上，鏁（古同"锁"）以金银之校饰，裙裾蜚襳垂髾（蜚，飞。襳，裙子上用作装饰的长带。髾，裙子前面飘带，上尖下宽如三角形的丝织物如燕尾），层层相叠。飘带自围裳中拖曳而出，在十二月的冬夜里，如燕飞舞。可敦乌发绾起，戴着一只步摇冠，发冠金枝伸张，枝桠之上叶片摇曳，华光点点，远望华贵而明艳。

皇室宗亲、文武众官侍奉两旁，一同观望。拓跋伫、拓跋子推、拓跋天赐、几位王公与高令公、步陆孤依丽、丘穆陵泰几位命臣也都神采奕奕。正月被晋封为太原王的乙弗步浑更是满面意气。平城宫又开宫门，让百姓入内一同观礼。

大长秋卿杞道德奏曰："侲子齐至，请旨逐疫。"

可汗拓跋濬高兴地施令："逐之！"

"咚咚咚……"密集的鼗声从四面八方响起，整个平城宫里回荡着彻地动天的声音，侲子们唱着嘹亮的十二郭落吃鬼歌，歌声汇着鼗声，仿佛千军万马在草原上疾驰。蒙着熊皮的方相氏四人，齐跳傩舞"方相与十二郭落舞"，口中不停发出"傩……傩……"之声，以驱逐疫鬼精怪。方相氏右边，有执事十二人，都是红色的头发，每个人手中拿着几尺长的麻鞭，抽打着地面，发出震耳的声响。太华殿前的台阶下点起了火堆，侲子们围着火堆跳着舞，唱着歌，又忽而四散，以桃弧、棘矢、土鼓，鼓且射之，赤丸、五谷播洒之。李冲的手里拿着桃弓和苇矢,和小伙伴们一起,向四处射出苇矢,将赤尺和五谷洒向各方。

一直觉得哪里不对,李冲不时转向强梁细细观察,火光中可依稀看到强梁手中的麻鞭,手柄竟是一个刀把,那麻绳里,藏着一把匕首!他也无心跳舞了,朝着可汗的方向张望。

可汗拉着可敦的手,从宝座上站了起来,正朝台阶下的平台走来。

李冲赶忙从布包里抓出五谷,朝着禁卫军的方向跑去,禁卫长官内都幢将乙旃惠也拔正在不停地环顾着周围,观察着人群,李冲移到他身边,叫住他,在他耳边轻轻说了几句,乙旃惠也拔顺着李冲指示的方向,认准了强梁。做个手势,几个猛士悄无声息地聚到乙旃惠也拔身边,他们不易被察觉地,慢慢靠近跳着傩舞的人群。

李冲趑身向着台阶上走去,朝可汗所在之处,一路播洒,一边靠近可汗,台阶下,强梁也在慢慢接近大殿,距离可汗越来越近。

"可汗,可汗!"李冲急切地叫着圣上,然而,他的声音被人群的欢呼掩盖,没有人留意到。可汗已经被这热烈的场面感染,站在大殿的台阶前,高兴地笑着,周围的禁卫并不知道危险在逼近可汗,他们也开心地看着人群欢呼。李冲边跳着傩舞,边撒着五谷,一边扭头看着强梁所在之处,快步来到大殿近前,来到可汗身边,掀开面具,对可汗说,"可汗,臣是李思冲!"

"哦?李宝之子,好啊!你也是倛子?"可汗只顾看着台阶下的热闹,并没有理会李冲。李冲牵牵可汗的衣角,示意可汗退后,可汗只好跟他回到大殿门前,"何故如此?"

李冲着急地说:"可汗,岁除之夜大开宫禁,宜备非常,宫中百姓涌入,殿前一片混杂,火光明亮,不宜令照见人君也。"

可汗听到这话,立刻警觉起来,拉起李冲的手,呼唤内行内小:"乙旃伏洛汗!乙旃俟俟!"两位侍卫立刻护着可敦冯氏,来到可汗身边,贴身护卫可汗可敦。

李冲稍稍安心一些，他的目光转向台阶下的人群，大傩之礼已经进入了高潮，只见，十二郭落已经被方相氏镇服，侲子们摇着手中的大鼗，"傩……傩……"地高唱着，一边跟方相氏与十二郭落追恶凶至火堆前，此时齐声喊道：

　　赫女躯，拉女干，
　　节解女肉，抽女肺肠。
　　女不急去，后者为粮！

侲子们高呼着，开始向四面跳舞，乙旆惠也拔带着几个侍卫，已经靠近他们，趁机将强梁从人群中拥了出来，强梁挣扎了几下，被围在禁卫中间，不能脱身，只好跟着禁卫们朝一旁走去。

侲子们从宫中的各个宫室遍逐邪疫之后，从司马门出宫，一队骑兵在门外等着，接过火把，疾驰到宫外的如浑水，投火把入水，礼毕。

此时，可汗的耀兵示武之仪也开始了。自司马门外列阵完毕的军队，等待可汗的召唤。此时，在一阵响亮的鼓声中，大长秋卿捧出一枚虎符，奉至可汗面前，由可汗阅示，台阶下的耀兵示武执仪将军捧出另一枚虎符，交与内侍，可汗将两枚虎符合二为一，检视之后，下令："调兵！对垒！"

此时，一队步兵已在大殿之南摆好兵阵，对面，则是一队骑兵。步兵分别身着青、赤、黄、黑四种颜色的战服，列为四队。手中兵器则是盾、槊、矛、戟，步兵阵中有函箱、鱼鳞、四门等十余阵法，步兵执兵器，听号令，依次周回，如飞龙腾蛇，挪移进退，变幻莫测。布阵毕，南北二军皆击鼓鸣角，军士们齐声呐喊。北边的骑将六人接令，前往南阵步兵挑战，步兵迎战，布阵排兵以相拒击，不想，几番对战，南败北胜。

"可汗，南方之军不堪迎战，已被我北军击溃！"耀兵示武执仪将军携缴获的南军军旗，策马来报。

"好！班赐布帛！"可汗高兴地站起来，将银鼠裘衣脱在宝座上，走下台阶，自执仪将军腰间抽出战刀，抬手将南军之战旗一刀斩断！

"可汗！可汗！"众人随之发出动地的欢呼！

拓跋濬眼中满是胜利的豪情，欣喜地看着自己眼前这威武的军队，看着被击溃的"南军"……随后，拓跋濬转身走回宝座前，接受众皇室宗亲、文武众官的欢呼庆贺。

"可汗英明！来日必能长驱而南下，直入中原一统天下！"乙弗步浑上前一步说道。

拓跋濬听到这话，不由更添了一份豪情。

"可汗！"禁卫长官内都幢将乙旃惠也拔来到御前，在一旁禀报。

"方才，一个可疑之人，混入大傩之礼中。"

"果然！"拓跋濬不由一惊。"人在哪里？"

"已经拿住。"乙旃惠也拔答道，回头示意，两位禁卫军已将那可疑之人带上。"此人扮作郭落，麻鞭中却藏有匕首。"乙旃惠也拔双手奉上麻鞭。拓跋濬接过来仔细端详。原来，麻鞭只是套在匕首之外，扯去麻鞭，匕首就露了出来。

"是谁指使你的？"拓跋濬将匕首抽出来，问道。

"让臣来看看这把匕首！"一旁的乙弗步浑起身，请过可汗手中的匕首，"看此匕首，分明是蠕蠕鼠辈所用之物！"

"哦？！"拓跋濬听此言，不由一惊。

"正是，可汗，让臣来审他！"乙弗步浑快步走到此人面前，"因何行刺？还不从实招来！"

"我，我，我是……"强梁支支吾吾，眼神慌张，似乎想说什么。

"行刺可汗，罪不可恕！"乙弗步浑大喊着，举起匕首用力插入强梁的胸口。那强梁神情惊惧，觳觫惨叫着，跌倒在地上，鲜血随即从胸口流出来。

可汗一时有些惊讶，却也说不出什么。

"可汗，这刺客的血，正好为我北军大胜而祭旗！壮我军威！"乙弗步浑边说边将目光转向王室宗亲与百官们，众人随即附和，"好哇！好哇！"

可敦冯氏被眼前这一幕惊呆了，她低下头，心里念道："乙弗步浑！"

第三章　放马大泽中

陉岭

和平六年（465）。

天还未亮，早春平城，夜露濛濛，远望地上，一片冰縠（hú。有皱纹的轻纱）。李冲背好自己的书篋，又和秋官一起，把行李搬到驿车上。

"主人，书篋不与行李一同放在车上吗？路途遥远，免得受累啊。"

"秋官兄长，正因旅程迢迢，我才将书篋放在身边，是为在途中随时取用，方便读书。"

"季父！我也可以读书吗？"侄儿元伯（李韶字）问道。

"有何不可？我们读书才是不虚度时光！"李冲笑着回答。

"季父，正是大傩之礼上，季父护驾有功，此次可汗才允准你我跟随父亲至官荥阳。"

听侄儿李韶这么说，李冲只是淡淡一笑，便忙着又去整理随车行李。

秋官怜爱地看看李冲和元伯，点点头，将车上的行李又用心堆放一番，"二位主人，可坐在此处读书。"

李冲抬头一看，秋官将车上腾出了一个空处，大小刚好可以让他和李韶坐下，书篋摆放在两人中间，还可当个小书桌，"好啊好啊！"李冲开心地回答！

不一会儿，收拾停当，等李承出来，主仆几人出发了。

初春清冷，倍觉寒意。时近黎明，看着窗外，李冲将衣服裹紧。驿车摇晃着，不由困意袭来，倚着书篋，李冲睡着了。驿车过处，搅动晨风，草木散发着淡淡的香气。

镇北将军廨署里，李冲端坐在案几之前，一笔一划地摹写昙无谶所译之《金光明经》：

> 我为大王国土人民治种种病
> 渐渐游行至彼空泽
> 见有一池其水枯涸
> 有十千鱼为日所曝
> 今日困厄将死不久
> 惟愿大王　借二十大象令得负水济彼鱼命

父亲拿起一旁他写好的另一段经文，仔细端详：

> 此金光明诸经之王
> 甚深最胜　为无有上

"书可曾温过？"父亲问他。

李冲昂头背诵："子曰：'为政以德，譬如北辰，居其所而众星共之。''道之以政，齐之以刑，民免而无耻。道之以德，齐之以礼，有耻且格。'"

父亲点点头，目光还是那么勇敢坚毅，微微笑着，看着他……

车子忽然一阵剧烈颠簸，将李冲从梦中摇醒。"主人，扶牢车子！"秋官在车下提醒李冲。李冲睡眼惺忪朝外望去，晨光初曦，正从远山之巅，洒下金色光明。兄长骑马在前面引路，此乃是崿山的一段山路，道路崎岖，逼仄难行。

已是坎坷不平之路，忽然又自山上滚落石块，走马躲避不及，被飞石击中，失惊乱跑起来，秋官虽奋力勒马，车子竟在山路弯处，一轮悬空。见车子向山路下的沟中滑去，李冲帮偍儿跳出车外，自己却留在了车里，众人一齐将车马拉住，李冲瞅准时机，跳下车来，与众人一起将车子移至平处，又搬来石头垫住车轮。主仆几人心绪稍宁，检点物品，才发现当时情急，未及留意，此时书箧却不见了。李冲来到山路边，低头观看，书箧滚落在山路下，被一石托住。

"且等我片刻。"李冲慢慢沿着山路的斜坡，探脚下去，手中拽着路边的树枝，一点一点靠近书箧。秋官此时也将马拴好，伸手将李冲拉住，李冲就要探住那书箧了，不想箧下的石头有些松动，李冲情急，甩开秋官之手，去取书箧，终于勾住书箧，脚下却一滑，连人带箧，滑入沟中。

等秋官把他从沟中扶出，回到路边，李冲的手上、脸上划出血道，衣服也被树枝勾破。兄长问，"思顺，伤势如何？"李冲抱着书箧摇摇头："无妨！只是书箧一角摔坏了……"李冲有些遗憾地说。

"嗯，我们去了荥阳，找个匠人，修补一下！"

听到这话，李冲高兴地笑了。

"打起精神来，我们继续赶路。"李承招呼着一行人，继续沿着山路走去。过了这一段，道路稍稍平坦，李冲开箧取书，认真读了起来。

至晚间，才来到句注山脚下。句注山，古称陉岭。望望面前的大山，在夜幕下，黑魆魆的，如一道玄铁裹就的大门，不见道路。行人望之停脚步，飞鸟睹之落平沙。几人投宿在山下之驿馆，等待明日天亮再赶路。

停下车马，李冲举目四顾，见驿站里有几个人，有意无意地观察他们几个，李冲便和兄长李承说道："兄长，晚间禁卫军就会赶来，逐个搜查。"李承一听，便答应道："是的，所以我们早早收拾好，等候搜查。"李冲和秋官把行李搬运下来，顺手把书箧的锁扣解开。搬剩下物品时，李冲假意失手，书箧掉在车下。里面的书落满一地，书箧空空，一眼见底，秋官看到，也装作找东西，将几件包袱逐个解开，翻检一气。那几个人看到这番情景，便互相使个眼色，离开了。

"兄长，我们几人只在一屋，不要分散，夜间以备不虞，今晚和衣而卧，切莫大意。"

李承点点头，一旁秋官和李韶也警觉起来。

夜里，李承子弟仆人几个将房门朝里顶好，和衣睡下。李冲却不敢睡觉，一直半躺听着动静，半夜时分，只听得院子中有人撬门入室，接着，传来打斗之声，听得有人逾墙而出，又闻客人呼喊失窃。众人皆醒，李韶惊懼正要发问，李冲示意他不要出声。

待到黎明时分，李冲便起来收拾行装，李韶也起来跟着李冲一起把各自行李收拾好，把书箧背起来。这时，李承和秋官也都睡醒，众人来到院中，将马牵出驾好辕，相随而行。出得驿站，路上李韶问李冲昨日为何要开箧解包，夜中也不深睡。李冲说："昨日在驿馆中，这几人不似赶路之人，我们行李又多，恐他觊觎包中藏有珠玉，故而我说有禁卫军夜间要来，想吓他们走，谁知这是一伙胆大之狂徒，竟没离开；我将书箧打翻，秋官兄长也将布包一齐打开，就是让他们看过我们无有更多财帛之后，便不再算计我等；夜中我们同居一室，是防备若有强盗入室，我们人多力齐，略可抵挡贼人。"李韶边听边点头。

早早入得山中，句注山深不可测，晨雾还未散尽，头顶的山头，有了一丝金色，耳边则只有车声辚辚，涧流淙淙，偶有晨鸟扑扇翅膀飞过，山中愈见静谧。李冲低头看书，无暇四顾。

及至午时，行至一处高峰，李冲放下手中的书。只见句注山中，峰峦如聚。车马所立之处，正如莲花之心，四周群山如莲花花瓣，环绕莲蕊。抬头又见春云浓淡，日光流金，注目车外之境界，更觉胸臆大开。头顶忽然传来雕雕（鸟和鸣声）鸣雁之声，只见雁阵一队，自山南而来，李冲问兄长，它们飞向哪里，兄长李承想了想，慢慢说道："有的会飞到平城，有的会飞到姑臧、敦煌……"

"姑臧、敦煌……"李冲默默念着。

> 鸿雁于飞，肃肃其羽。之子于征，劬劳于野。爰及矜人，哀此鳏寡。
>
> 鸿雁于飞，集于中泽。之子于垣，百堵皆作。虽则劬劳，其究安宅？

鸿雁于飞，哀鸣嗷嗷。维此哲人，谓我劬劳。维彼愚人，谓我宣骄。

李韶背起诗来，李冲也跟着念诵起来。

行了有数十日，又一座大山横亘眼前，此处是太行山。

去往荥阳，必经太行陉，太行陉乃太行八陉其一。太行陉道路窒碍难行，虽已初春，脚下却是不见日光、积年不化的冰雪河谷，头顶是高极于天的太行山巅，此时更知行路之难。

曹操当年曾叹曰：

北上太行山，艰哉何巍巍！
羊肠坂诘屈，车轮为之摧。

一路行来，已是满身疲乏，山中夜色早早降临，终于到了天井关。李承取出路照，交与关中士兵，验过之后，让他们留宿在关中的驿站里。

把马拴好，放好草料。李冲来到院里。这深山之中，夜色重重，人声渐渐消退，院子一处石台之上，坐着一位西域老僧。老僧深目高鼻，瘦骨嶙峋，正诵着经，李冲觉得文字熟悉，细听，竟是《金光明经》，不由也跟着轻声诵起来。老僧停下念诵，声音低沉却分明地叫他："思顺。"

李冲一愣，双手合十，恭敬回答："在，法师如何知我名字？"

老僧并不回答，悠悠地问："还会诵什么经啊？"

李冲摇摇头，"在下只是抄过这一部《金光明经》。"

"嗯，我今传你一部《摩诃般若波罗蜜大明咒经》，你要记住！"老僧声音还是闇闇哑哑，如秋山霜钟，招手唤李冲过来。

李冲走至老僧面前，低眉合十。

老僧便一字一句念诵出来：

观世音菩萨。行深般若波罗蜜时。照见五阴空。度一切苦厄。舍利弗。色空故，无恼坏相。受空故，无受相。想空故，无知相。行空故，无作相。识空故，无觉相。何以故。舍利弗。非色异空。非空异色。色即是空。空即是色。受想行识。亦复如是。舍利弗。是诸法空相。不生、不灭、不垢、不净、不增、不减。是空法非过去。非未来。非现在。是故空中无色。无受想行识。无眼耳鼻舌身意。无色声香味触法。无眼界。乃至无意识界。无无明。亦无无明尽。乃至无老死。亦无老死尽。无苦集灭道。无智。亦无得。以无所得故。菩萨依般若波罗蜜故。心无罣碍。无罣碍故。无有恐怖。远离一切颠倒梦想苦恼。究竟涅槃。三世诸佛。依般若波罗蜜故。得阿耨多罗三藐三菩提。故知般若波罗蜜。是大明咒。是无上明咒。是无等等明咒。能除一切苦。真实不虚。故说般若波罗蜜咒。即说咒曰。揭帝揭帝。波罗揭帝。波罗僧揭帝。菩提僧莎呵。

"你可记下了？"

"思顺记下了！"

老僧闭目定神，不再说话。

"思顺，思顺！"隐隐传来兄长李承的呼唤声。

"法师，我要告辞了！"李冲赶紧和老僧道别，老僧却似已入定，闭目不动。

李冲深深一拜，转身去找兄长。

与兄长说完话，李冲又来到院子里，老僧却已不在了。他四处寻找，也不见其踪影，耳边却又隐约响起那低哑的声音：

舍利弗。非色异空。非空异色。

天井关外的深山上，忽然自谷底升起一点金光、继而又成两点、不多时已是千万点，似千万盏明灯，明明耀耀悬于山中。

李冲口中发金刚念，声在唇齿之间，绵绵密密，诵起《大明咒经》。

荥泽

又是几日跋涉，终于翻过了陉岭，眼前平原辽阔，他们终于到了荥泽西岸荥水之阳！荥阳东有鸿沟通淮泗，西过虎牢关接近洛阳，南面遥望京索，北依邙山濒临黄河，地势险要，为南北之缩毂（交通要冲）、东西之孔道，可谓战略要地。

李承忙于交接荥阳廨署事务，无暇顾及李冲，叮嘱他自行到荥阳地界走访游玩。李冲收拾好自己的行李，便信步走出廨署去，看看这里的风土。

出荥阳下引河东南，即可见一条南北向的深沟，邙山自东向西，在此被拦腰斩断，此即楚河汉界之鸿沟。李冲站在鸿沟之侧，疾风自鸿沟之底卷起，扑面振衣，耳边响起《大风歌》：

> 大风起兮云飞扬，
> 威加海内兮归故乡，
> 安得猛士兮守四方！

回到廨署之后，李冲给李韶讲起这段故事："刘邦与项羽在荥阳相持，汉军后援不断，楚军则人疲粮尽，只好与汉军讲和，双方约定以鸿沟为界中分天下，以西为汉，以东为楚。楚河汉界即由此而来。"李韶听得入神，便求李冲也带他出城外看看。李冲答应他，一起去探虎牢关。

"季父（古时，称年龄最小的叔父称季父），何为虎牢关？"

李冲回答："《穆天子传》载：天子猎于郑，有虎在葭中，七萃之士擒之以献，命蓄之东虢，因曰虎牢。当年太宗（拓跋嗣）曾在此作战！"

"哦？"

"我听父亲说过，达奚斤围虎牢关二百多天，无日不战，却久攻不下，大魏军已摧毁虎牢关外城，不料守将毛德祖又筑了三道内城抵御。大魏军又摧毁其两道内城，毛德祖只剩最后一城。赖关内一井而活，此井深四十丈，在山上直通山底水源，太宗得知，命穿凿山石，掘出地道，直通井底，才断其水源，终攻陷虎牢关。"

"此战实在艰难！"

"你我也需强身健体，日后当效力国家！"李冲对李韶说。

"正是！"李韶也十分同意。

"但不知古时荥泽又在哪里？"

"即今湖泊处。先前之大泽已塞为平地。"

"真所谓麻姑自言，接侍（亲身奉侍）以来已见东海三为桑田。"

二人隔日相伴到了虎牢关，只见虎牢关关城，城周三里，北面临河，岩岩孤上。李冲站在虎牢关之上，手抚城头砖石，斑斑血痕似乎还在，关头之上疾风猎猎，不由生出感慨。又沿虎牢关四周而行，门东对临河，侧岸有土穴，犹可见当时太宗攻虎牢时所掘之道。

回到廨署中，李冲去向兄长李承问安。李承正在批阅文牍，李冲将几日来的所见对兄长细细说来，李承听后很是欣慰："嗯，思顺，此次出平城，越陉岭，过句注，攀太行，入荥阳，想必你也颇多感怀。""是的，兄长，此次随兄至官，一路所见，思顺方知天地之宏阔，亦知人事之深远。"

"嗯！"李承点点头，"几日后，我带你与元伯二人去拜访一位先生，让他教你俩读书！"

"真的吗？思顺就盼着有一位良师指引！"李冲高兴地连连拍手。

这一日，李承处理罢廨署中事，带着李冲李韶早早出来去拜访先生。一路细细观察，探访民情，走出城外，就见平川之上，几人围着一个少年争吵。李承和李冲挤进人群，才知，这几人结伴出城，却被一个弹丸险些射中，恼怒之下，四处搜寻射弹丸者，正遇见这个少年手拿弹弓，身带弹丸，众人便将其围住诘问。哪知道少年比手画脚，口中所说之语又不甚清朗分明，众人此时正欲动手打他。李承一声喝住，听罢事由，捻须思索。李冲此时问道："众位，那险些射中的弹丸，此时在哪里？"有人递给李冲，是一铁丸。李冲又转头索要少年身上所带弹囊，少年说着西域言语，递过弹囊，将里面弹丸倒于手中，只见所装皆是泥丸。众人见此，自知误会，再不多言，纷纷拱手道歉。

少年见此，也不再计较，却向着李冲，跪下施礼。

李冲连忙将他搀起来，细看这少年头发色绀（稍微带红的黑色）而卷曲，和自己一样的浓眉深目，鼻梁高挺。李冲问他姓名年龄，他说着一口听不懂的话，用手比划着，李承在一旁说，"此子应是胡腾儿！今年十岁，家在城外。"

"兄长，你怎么知道？"

"胡腾儿，鼻如锥，肌肤如玉生凉州。你生在平城，怎知故乡之事……"

"兄长，你告诉他，无事可去城中找我。"李承又与少年用凉州之胡语交谈。李冲这才将手中的弹囊递给他，又端详少年弹弓。

"我们走吧，还要去找先生。"

李冲与少年作别，三人朝前走去。

城外，荥泽水面如镜，舟楫往来，湖中渔民撒网打渔，岸边村中鸡犬相闻。李承看到这番景象，不由欣喜。

三人沿着岸汀，过了一处村庄，慢慢行来。远离市嚣，只听鸟声啁啾，见一处柴扉篱墙环绕着的草屋，屋前一只绿眼黄喙苍鹅，见李冲等人，便叫起来，鸣声惊人。此苍鹅从喙至足，四尺有九寸，体色丰丽。

一小童仆听到鹅叫，出屋问询。李承报上名字，童子回屋禀报，随即笼鹅，领三人入屋中。

"郑大人！亦学王右军爱鹅之风雅乎？"李承一入屋中，便笑着说道。

"失礼失礼，伯业兄见笑！快来！"

屋中，一位雅士，帛巾束首，大袖翩翩，举止风流，正席地而坐，在案头濡墨写书。

案上之书只剩几字就要成文，他便未放笔，只是隔着案几招呼。

低头再写，却似乎忘记了该写什么。

几人围在案前，举目观看，见写着：

> 仲蔚爱穷居，绕宅生蒿蓬。
> 翳然绝交游，赋诗颇能工；
> 举世无知者，止有一刘龚。
> 此士胡独然？实由罕所同；

李冲将后面几句背了出来：

> 介然安其业，所乐非穷通。
> 人事固以拙，聊得长相从。

"哦？此位就是伯业兄之弟？"

"正是。"李承回答。

李冲也连忙拱手："大人，在下是李思冲。"

"年纪多大了？"

"虚度十六春秋！"

"你也学书吗？可懂书法笔意？"

李冲略一思索，答道："小人曾从父教，日常临习，书法略知一二，尝闻先贤王右军爱鹅，故执笔时指要如鹅头昂扬微曲，运笔时则要像鹅掌拨水，如此，方能使精神贯注于笔端。"

"哦？孺子可教！"郑德玄十分欣喜。

"大人，我们可拜您为师学书吗？"李冲拱手问道，一旁李韶也满怀期待。

"哦？哈哈，拜我为师？不可，不可！"郑德玄摆手拒绝。

李承三人愕然相顾。

"我举荐一位高人，你们可去他处求师学艺，方知学问之高深。"郑德玄说道。

"不知这位高人是谁？"

郑德玄捋着胡须，说道："离此五里之外，有绿柳百亩，草堂一所，号曰了然斋，草堂主人乃谓为了然先生。其人不仕，居于草堂中，名叫壬力先生。"

"哦？可是，我等并不认识壬力先生，如何访得？"李承摊开两手，满面无奈。

"我即修书一封，你们带此书信，去寻他吧。"

郑德玄于案前濡笔写就书信，递与李承。

"如此，李承就先行告退，改日还请先生来署上一叙。"

"嗯，伯业兄不必拘礼！"

出门，童子指着一条小径，告诉他们，"沿此路入柳林中，便可访得！"语讫，便掩闭柴门，放鹅至院中。

三人便顺着小路，一直往深柳之中走去。此处更无人声，一树一树的绿柳，风吹娑娑有声，树影在地上斑驳陆离。在林中沿着小径走了许久，烟雾隐隐中，见一茅屋，一个童子在屋前扇着炉火，一只仙鹤慢慢踱到屋子一旁，振羽展翅，鸣叫着。童子听到唳唳鹤鸣，抬起头来，看到李冲一行三人，停下手中的扇子。李承拱手："我三人前来拜访壬力先生，还请通传一声。"童子拱手作揖，"先生素不见客，三位请回。"便又忙着吹火炙爨。仙鹤避烟，在屋前慢慢踱来踱去。

屋里传来琴音，正是《猗兰操》。李冲听得入神，李承、李韶也侧耳细听，三人不觉站立多时。琴音忽然停了，只听一人在屋中吟道：

猗兰在深谷，扬扬发清芳。

惜不采而佩，空付春日长……

李承忙掏出郑大人之信："这里有书信一封，烦劳送给先生一阅。"

童子起身接过书信，入屋转交，一会儿出屋来请三人入内。

进得屋中，只见壬力先生身长八尺，著白纶巾，被鹤氅裘。李冲窥之，叹曰：此真神仙中人。壬力先生招呼三人坐下，说道："我本是荥泽渔夫，只在湖中撒网，以获一日之食，偶有鱼儿入网，聊做果腹之炊，更无所长，又岂敢为人师？"

李承三人默然。

壬力先生又走至书案前，坐下，铺开笔墨纸张，写了三个大字，"你来看！"他招呼着李承，三人举步书案之前，只见纸上自上而下写着：

且止心

"好字！先生这笔体似隶非隶，是平城书风啊！"李承连声叫好。

"且止心？"李韶念着。

"止心，方可淡泊……"壬力先生起身，转目观屋外鹤舞，再不理会李承三人。

李冲看看三个字，又看看壬力先生，斗胆上前，提笔在三个字上各加几画，搁笔退后。众人看时，纸上的字已成：

宜正志

壬力先生看罢，转头细细看了看李冲。对李承说，"这信我收下了，明日便来堂中学习！"

信家

在壬力先生的深柳草堂之中，李冲和李韶日日苦读圣贤之书，勤习书法。每日读书间隙，壬力先生会带李冲、李韶至屋后习武健身。不觉已有数月，二人每有精进，自不在话下。这一日，受师父之命，两人去荥阳城中采买。

每日读书不敢懈怠，但能到田野中游玩，也是两个年轻人之天性。今日得此闲暇，他二人真如脱笼之鹄，满心欢喜。荥阳城西门外不远处，远远便见两个炼铁之高炉，周围可见与之配套的水池、水井，有坑如船形、还有烘范之窑、长廊作坊、铁矿石料场，作坊和范窑前堆放着陶范、铁器、陶器诸多器具。李冲细观，铁器和陶范之上铸刻有"河一"铭文。铁器有犁、犁铧、铲、锛、镢、畬，还有圆铁夯、釜、灯盘、钉、钩，另一边放着凿、矛、齿轮等。

李韶问李冲，"河一？是何意？"

李冲答道："此即河南郡第一冶铸作坊。"

"哦。"李韶似乎听懂了。

李冲接着说："《盐铁论》云——农，天下之大业也；铁器，民之大用也。器用使得，则用力少而得作多，农夫乐事劝功。"二人举步朝城中走去。

荥阳街头，汇聚四方游商、客旅，街头盐茶丝绸，满目琳琅，瑟瑟（西域碧色宝石）水精，蕴光含辉。李冲侧耳，听到不远处传来的铮铮之声，循声望去，是一处打铁铺，门前摆放着铁铲、犁铧、镢，铺里铁匠师傅正在洪炉上锻铁，锤打之声不绝。铁锤下，一把剑已初现器型。在火花四溅之中，那剑发着暗红的剑光，忽明忽暗，像呼吸之势，又如凌厉的目光看着李冲。

正在入神地看着铁匠锻剑，忽然街头一阵骚动，只见一群少年，身穿绮襦纨绔，与一商贩吵闹。细看，那群少年是荥阳牧守子弟，几人正于市中乞夺财物，商贩争吵理论，却被牧守子弟推搡至一边，扬长而去。

"季父，他们身为牧守之家眷，怎对得起朝廷的重付，真是可恨！"李韶怒目而视。

李冲亦狠狠地瞪着那些纨绔子弟，招呼李韶赶紧自市中采买好物品，朝城外走去。

荥阳西门外，一座高大的封土前，游人来往，这里是纪信衣冠冢，另有纪公庙设供令人祭拜，不料就在此处，那群牧守子弟又在滋事。耳听得有女子叫骂之声，李冲急忙领着李韶往前赶去。果然，一主一仆两个女子被牧守子弟们围着，婢女高声指责劝骂着，"让我们出去！如此无礼，必叫我家主人收拾尔等！"

另一女子躲在婢女身后，将合欢扇遮住面容。

"大胆狂徒！"李冲一声怒喝，将一众牧守子弟吓了个愣怔，都回头看他。"身为牧守之家眷，上承天朝重恩，理应下恤庶民疾苦，尔等倚仗父辈权势，欺压百姓，如此作恶，天理难容！"

为首的一个回头一招呼，几个牧守子弟一拥而上，将李冲、李韶围在垓心。李韶见此形势，已经胆怯，李冲安慰他，"元伯别怕，咱们习武数月，正好一试身手。"话音未落，那几个牧守子弟已经群起而攻，拳脚相加，李冲和李韶左右抵挡，施展开壬力先生教他们的拳术，怎奈对方人多，又有的从一旁找来木棍，还有的取出随身带着的武器，李冲李韶渐渐已处劣势。

正在此时，忽然那几个子弟发出惨叫，倒在地上，有的捂着头，有的托着腮帮子，有的护着眼睛，余下的也都好像中邪一样，发出痛苦的嚎叫，那些牧守子弟爬起身来，四散奔逃。

李冲叔侄二人，那女子和婢女也不知面前怎会如此，皆面面相觑。

见那些恶少离开，婢女走上前来，深施一礼，双手捧着身后女子所持之摇扇，那扇像一把麈尾，竹木为架，上糊绢绸，扇之顶端有鸟羽如两翼。

婢女说道："今日我与主人出城，遇此不良之徒，承蒙公子相救，无以为谢，我家主人以扇相赠，聊表谢意，请问公子大名。"

李冲一时不知如何做答，李韶却伸手接过："我叫李韶，字元伯。我的父亲是荥阳太守李伯业，这位是我的季父，李思顺。"

婢女悄悄一笑，说道："李公子，奴婢记下了。"

李冲看看婢女身后的女子，只见她身穿红色交领右衽袍服，白色衣领，领缘饰着缠枝卷草花纹，微微侧着身子。细观，那女子桃花粉面，绿云乌鬓。

"我们告辞了。"婢女说道，回头看看自家主人，那女子含羞不语，双颊飞红。两人施了一礼，转身离去。

答礼目送两位女子走后，李冲才想起刚才一幕，"是谁暗中帮助？"李冲四处观望，一个少年笑着招手，自纪信衣冠冢前的大树后跳出。李冲定睛端详，正是那日挟弹弓的西域胡腾儿，"啊呀，是你？"李冲有些意外。胡腾儿也不说话，只是拱手回应。

"多谢出手相救！"李冲亦回礼。

少年却看着李冲，皱起眉头，他用手比划着，嘴里说着李冲听不懂的胡语。李冲顺着他的手一摸，才觉出脸上火辣辣的，原来是方才被那群恶少打伤。

李冲笑笑，说道："无妨，小伤而已，他们人多力重，我二人力单不敌。"路边日光炎炎，三人便顺着小路，步入纪公祠。

祠中，四壁皆有壁画，笔墨生动。

"这壁上所绘是何故事？"李韶问道。

看看胡腾儿，李冲娓娓讲来："当年，汉王刘邦受困荥阳，濒临绝境，纪信挺身而出，诳楚救汉。"

几人举目，面前的壁上画着：一马夫驭驷马（显贵者所乘高车，一车四马），如狂飚一般嘶鸣着冲出荥阳城，驷马所拉的高辇上，正是纪信将军！他假扮做汉王，左手扶车轼（古代车厢前面用作扶手的横木），右手捋胡须，昂然屹立，神情勇毅，紧随其后的是猎猎战旗下慷慨赴死的六十四位汉军将士。另一面墙壁之上，画着以刘邦为首的二十四骑在月光下自荥阳西门而出，奔向成皋。

"此真忠臣义士也！你我应在此冢前立志，将来要以纪信公为楷模，做仁人忠臣！"李冲赞叹道，李韶与胡腾儿也点头称是。三人一齐向纪信公之画像鞠躬三拜。

"以后可否请你教我弹弓？"望着胡腾儿背着的弹弓，李冲问道。

那西域的少年笑笑，用胡语回答着，同时用力地点头。

李冲开心地笑了。

"我每日在城外壬力先生书堂读书，习武。放学之后请你教我弹弓，可好？"西域少年又笑笑，点了点头。

"可是，我都不知道该怎么称呼你！"李冲歪头问道。

西域少年说了几句，李冲不解其意，"听你方才语中有'腾''泥'之音，你又是凉州的胡腾儿，我便叫你'腾儿'如何？"

那少年高兴地重重点头。

"好，腾儿，你家在何处？"

少年低下头，有些不开心。

"你无处安身？"

少年点点头。

李冲低头思索片刻，说道："哦，不知廨署中是否需要人手，我去求兄长把你留下吧！"

少年的眼中燃起光亮，连忙拱手跪下。

"快快请起！"李冲扶起腾儿。

三人相随，走出纪信祠，又在纪信衣冠冢前三拜，齐声说道："先生信义千古，后辈当学习力行！"

三人加快脚步，赶回深柳草堂。途中，又见那黑压压的大栅坞。大栅坞四四方方，高墙围绕，四面高墙都开有大门，门上设门楼，高墙四角有方形的角楼供瞭望。

李韶突然指着前方，"那几个狂徒！"

李冲凝神一看，赶紧将李韶和腾儿拉入道旁树丛，只见那几个狂徒，脸上、眼睛都被弹丸打得青紫淤血，却大摇大摆自坞堡中出来，手中拿着抢夺的物品，其中几人道别后返回坞堡，原来，他们之中的几人正是坞堡堡主之子弟，每日与牧守之子弟玩耍抢掠，为害一方。

李冲告诉李韶："听兄长说，此处原是大栅坞。晋代荥阳民张卓、董迈等人遇荒乱，鸠聚民众，筑起坞堡，以自卫。今我大魏平定中原至今，域中多有此结坞聚众的村屯坞堡。听说他们自耕自种，自给自足。不想，他们竟纵容子弟强取豪夺！"

看着他们走远，三人起身，疾步回到草堂。

草堂屋后的习武场中悬着壬力先生所写的"武"字。壬力先生听李冲禀报办结所付之事，又听他讲今日件件所遇，边听边取来药罐，为李冲、李韶细细疗伤敷药。

"先生，今后多教学生些拳脚功夫，以后出去可以一当百，免遭恶少欺凌！"李韶似乎还是满腹委屈。壬力收起药罐，转身指着那"武"字，问李韶，"你以为有'武'就可独步天下吗？"

李韶一时语塞。

壬力不再说什么，回到草堂之中，李冲领着腾儿进来，"先生，今日若非腾儿出手相助，学生要多吃些拳头了！"壬力先生唤过腾儿，取下弹弓细看，随后说道："此乃暗器，非君子之用，若非情急，不可擅用，更不可以之暗伤他人！"李冲连忙答道："弟子谨记在心。"回头示意腾儿出屋等候。

壬力先生手在琴弦之上，轻轻试了试琴音，目光炯炯，对李冲说道："今大魏帝业虽成，根基不稳，中兴尚待良臣，你要学的不是这些拳脚。"

"那……是什么？"李冲问道。

"帝王师！你要学做帝王师！"壬力字字掷地有声。

李冲瞪大了眼睛。

"你要去那万重金阙中去，做帝王之师！"

壬力先生手指在琴弦上一拨，声如裂帛！

第四章　绿丝何葳蕤

青庐

这一日，李冲早早起身和李韶去草堂读书，见兄长李承的书房灯火已亮，李冲便入内与兄长问安。

"兄长，为何起这么早？"李冲仔细一看，李承一脸倦容。

"兄长一晚未睡？"

李承扶着额头，将文书推开。

李冲走至案前，踞坐下来，伸头看了看几上的文书，"是坞堡之事！"

李承微微叹一口气，站起身来，在屋中来回踱步。

"坞堡划地自治，抵触朝廷，如今隐匿户口、逃避租调徭役不说，又滋扰民众，祸乱生事。"

李冲看着兄长焦虑又疲惫的神情，心疼十分："兄长，何不将此事上奏朝廷？"

"朝廷也无有良策！"李承指着几上之诏书。"坞堡之制，需痛下决心，一力铲除之！"

此时的李承，神色一扫疲倦，目光坚毅。

"我去让厨房做些羹汤来，兄长彻夜未眠，此时稍稍休息片刻。"

"哦，已是这般时辰了，你快去上学！"

李冲拱手告退，安排厨房做好羹汤，送入兄长房中。

李冲上学走后，晌午时分，李承正在廨署之中处理公务，听得署中役人来报，郑德玄大人来访。

李承手中笔还未放下，只听廨署中庭喧哗，一人已自门外大步而来："啊呀！伯业兄哇！思顺何在？"

李承闻听此言，不敢怠慢，忙起身迎接，问道："思顺此时不在，郑大人有何事？"

郑德玄一听，有些着急，跺着脚，两手相捶。

"何事如此焦急？"李承见状又问。

"伯业兄，我是来当面向思顺拜谢的！"

"为何拜谢思顺？"

"伯业兄何故不知？"

"并未听思顺说过什么！"

"昨日小女与家婢去城外游玩，不想路遇牧守之子弟，被其调戏纠缠。当此之际，思顺、元伯出手相救，小女才得以脱身。我今特来向思顺、元伯拜谢！"

"哦，原来是此事。"李承稍安。

"元伯年幼，并无主意。思顺为人历来如此，应是思顺做主所为。"李承思忖着说。

"近日他二人在壬力先生那里读书习武，看来学了真本领，这也都是郑大人你的引荐，大人，不必如此多礼。"李承一边让座，一边回答。

郑大人心绪稍宁，坐下缓缓说道："还有一事。"

李承一愣，"哦？郑大人请讲！"

"如今小女年已十四，颇晓书疏，可汗颁布婚姻诏书，屈指算来，如今已有数年，他二人也该婚嫁了，不知李大人你意下如何？"

"是啊！和平四年（463）十二月初二，可汗即颁诏曰：

> 夫婚姻者，人道之始。是以夫妇之义，三纲之首；礼之重者，莫过于斯。尊卑高下，宜令区别。然中代以来，贵族之门多不率法。或贪利财贿，或因缘私好，在于苟合，无所选择，令贵贱不分，巨细同贯，尘秽清化，亏损人伦，将何以宣示典谟，垂之来裔。今制皇族、师傅、王公侯伯及士民之家，不得与百工、伎巧、卑姓为婚，犯者加罪。"

李承想了想，说道："郑大人，此事甚好！隔日我便嘱媒人去郑大人府上纳采（媒人受男方家里之托去女方家为其提亲，如果女方家同意男方家的提亲，男方家便可备齐礼品去女方家进行求婚）。"

"好！那我就先告辞了！"郑德玄高兴地站起身来，满面笑容。

几日后，李冲放学回来，役人传话，兄长唤他有事。于是叔侄二人来到李承书房之中。案几之上，摆着一只木制的雁。施以漆彩，如真的一般。

"这是什么？"李韶边扇着那日女子所赠之比翼扇，边好奇地问道。

"此是纳采所用的雁礼！"

"纳采？"李韶不解。

"思顺！那日解救女子之事，你为何隐去不说？你可知，她就是郑德玄郑大人之女！前日郑大人来拜谢，我才知此事！"

"兄长每日公事已经琐碎，思顺怕说出这些事来，反添乱搅扰，故而……"

"嗯，那女子，你见她容貌如何？"李承笑着问道。

"兄长，何故问此？"

"思顺，你也该成家了！"

李冲的脸红了，低下头不言语。

"郑氏想必是中意我家思顺，郑大人来署中，提起此事，你意下如何？"

"啊？原来这是那女子的定情之物。季父，侄儿竟拿着它终日玩耍，快快还给你！"李韶听到父亲这么说，将扇子翻来覆去看了看，赶紧递给李冲。

李冲脸更红了，也不知该说什么。"兄长，思顺还小，只愿陪伴兄长身旁，侍奉兄长，读书习武……"

李承笑笑，"你终是要长大，将来还要光耀门户。"

李冲便不多说，点点头："此事全凭兄长做主！"

"今日，我就遣媒人前去郑大人那里纳采。"

看着桌上之雁，李承又告诉李冲李韶二人，"可汗下诏，婚事须依六礼。《仪礼·士昏礼》曰：'昏礼下达，纳采用雁，此乃当年周公所定之规矩。雁乃信鸟，故喻婚嫁有时，不违婚约。雁往来寒暑，以喻夫妻"阴趋阳"之意。雁飞有序，则夫妻相伴不离不弃，更喻长、幼、尊、卑有序……'"李冲和李韶认真听着。

"思顺，这几日读书后早些回来，若问名、纳吉、纳征顺利，我们就要准备请期和亲迎。元伯！你也要为此事出力！"

李冲李韶二人点头称是。

几日后，李承唤来李冲，"如今可汗改元皇兴，你的吉日就定在此月。"

皇兴元年（467）。

八月，荥阳太守李承的府邸里，人声喧闹！

"快来帮忙啊，这边！"阖府上下，众人正忙里忙外，一片喜庆。在宅子的西南角"吉地"，李韶、腾儿和几个年轻人正张罗着把将青布撑起来，搭起一座帐幕，此谓之青庐，新郎新妇将于此交拜。又将案几、绳床摆入其中，客人或坐或立。一位来自西域的舞者走入青庐之中，跳起欢快的舞蹈，为客人们助兴。那西域的舞者，身着桐布轻衫，衫上镶着的宽边随着舞蹈翻飞轻卷，围腰上绣有紫的葡萄，丰硕而多子。身上的长带子垂到地面，上缀铜铃，每有舞动，便铃铃铃响起来。另一位是西域乐手，他吹着觱篥为舞者伴奏，李冲听到乐声，不由也过来掏出觱篥吹了起来。两人合奏，乐曲忽而欢快激越，忽而悠扬曲回，客人们都被吸引过来，在这动听的觱篥声中，舞者时而扬眉动目，时而环行急蹴，时而反手叉腰，时而急蹴跳腾，观者皆无言瞪目，看着舞者蹲、踏、跳、腾，眼花缭乱。

"已是午后了，还不快去催妆迎妇？"秋官挤进青庐之中，又着急又好笑地拽拽李冲衣服。

李冲这才想起迎亲之事，腼腆地低头一笑，转身出了青庐，去招呼好友。十数个同龄的年轻人，大家围到李冲身边，推搡着他，笑着拥着他一起，叫喊着朝门外走去，门外的年轻人们与之汇成一队，往新妇家中走去催妆，队伍浩浩荡荡的，李冲走在最前面。

郑氏在家中已经装扮起来，母亲正在为她行"结褵"之仪，郑夫人一边亲手为女儿结系好佩巾，一边念道："母施衿结，勉之敬之。"

忽然听得门外一片喧嚷之声："新妇子，催出来！""新妇子，催出来！"……

郑夫人连忙低头帮女儿整理整理佩巾，"新壻（古同婿）已经来迎新了！"又左右看看女儿的装饰。

门外的年轻人们，围在接新妇的车旁，扶着车辕，扯着嗓子分成两拨，轮番大叫着：

"新妇子！"

"催出来！"

"新妇子！"

"催出来！"

叫嚷了足足有一刻，新妇才由婢女搀扶出来，新妇一身红装，围着翠绿色的佩巾，乌发已经绾起，梳着云鬟，高髻上戴着步摇，脸上淡淡施了脂粉，贴着花黄，手里拿着一把合欢扇，自遮其面。

此时，人群中发出欢呼，几个年轻人，推着李冲向新妇走去，李冲笑吟吟地，上前一把拉住新妇之手，将她扶上婚车，婚车上已放置好了马鞍，新妇乘鞍，以求平安。

待新妇坐稳，迎新的队伍出发回府，李冲扶着婚车，一群人欢声笑语，直向荥阳太守府邸走去。新妇到夫家时，李承早已命人将礼毡自门外就铺好，脚不触地，毡为法物，不犯鬼神。新妇下得婚车，踏毡而行，与李冲步入青庐之中，李冲坐在东侧，新妇坐在西侧。桌上已摆好牢食、酒菜和合卺之具，二人交拜之后，共食盘中之肉。桌上还放着由一个匏瓜剖成的两个瓢，破瓠（瓜）为二，合之则成一器。瓢间以线连柄，新郎、新娘各拿一个饮酒，同饮一卺，卺酒苦涩，夫妻二人同饮卺中苦酒，方能分味同甘，患难与共。

李承此时眼含泪光，他心中默默念道：父亲，思顺也已成人！父亲可放心了！

青庐内外人人欢喜，为新人礼成而高兴。门外，听到院中喧闹，牛马也发出嘶鸣。跃过青庐之顶，远山夕照分明，荥阳已是傍晚时分，炊烟四起。近处，荥泽湖水波光荡漾，渔舟晚归，泽中水鸟交颈而眠。

韩獹

虽是新婚，李冲却并未落下功课，每日还是早早起来，洒扫庭除，收拾停当，问兄长安后，去草堂读书。

这天，李冲叔侄上学路上，见个老人，神色戚戚，语气哀哀，老人牵着一条小狗，嗫嗫嚅嚅，小狗并不乱叫，只是自顾自玩耍，李冲走过老人身边，听得老人叹息，双手伸向李冲，乞求着什么，李冲停下脚步，问道："老人家，为何在此叹息？"

老人面色瘦削，满面尘灰，衣衫也破了，他对李冲说，"唉！女儿要嫁人了，无有嫁妆，若不筹够，恐怕耽误女儿终身，我又年老力衰，担心女儿不出嫁，反受那坞堡中恶少欺凌。"

听到这话，李冲想想自己几日前青庐交拜的热闹，不免动了恻隐之心。

再看看老人，身单体弱，胡子花白，形容枯槁。

"家中无有他物，有此良犬，想换些布帛……"说着，老人以袖揾泪，泣不成声。

"小狗？换布帛？"李韶有些不屑，又满是质疑地问道。

老人连忙擦干眼泪，正色说道："二位公子有所不知！此犬乃韩獹！"

"韩獹？"李冲问道。

"公子！此地古时为韩国之境，韩国自古便出名犬韩獹，韩獹亦称韩子卢，其皮毛之色乌黑如墨，奔走如风，古人云：韩子卢者，天下之疾犬也。"

李冲低头看看，那幼犬此时早已不再玩耍，蹲在地上，两只眼睛乌溜溜地看着李冲，摇着尾巴。这韩獹犬，四爪尾梢皆白，倒是乖巧可爱。

"老夫先前是军中羽猎曹之军士，识得良犬，又于羽猎曹中学得豢养驯服之术，回乡多年驯出不少良犬。公子若凭信老夫，老夫可帮公子将此小犬驯出，日后可为公子鞍前堂下之良伴。"

小狗嘴里发出"猗猗"之声，摇着尾巴，好像在哀求着李冲。

李冲爱怜地蹲下，摸摸小狗的头，"老人家，可否带我去你家中看看？"

老人点头应允。李韶提醒李冲，"季父，莫要迟到。"

李冲对李韶说："去去就来。"二人跟着老人朝家中走去，小狗就像识得主人，只围着李冲蹦蹦跳跳前行，若是跑到了前面，则回头等待李冲；若是落在后面，则快步跟上李冲，李冲也欢喜这小狗，边走边逗它。

老人家紧挨坞堡，坞堡蒸土筑就，锥不能进。坞堡下这些房屋低矮逼仄，零星可见出入之人，都面鼍形销，愁眉不展。老人家中更是绳床瓦灶，女儿见有生人来家，便躲在屋中暗处，低头不语。地上的草榻上，老人的妻子看上去久处病榻，气息奄奄。

看到这景象，李冲心中一紧，"老人家，这小狗我买下了，还要有劳你帮我驯出，明日我将布帛送来，口说无凭，留此觿簶为信。"李冲自怀中掏出觿簶递给老人。

见李冲如此，老人神色舒缓，拱手对李冲说："公子有此信义即可，觿簶贵重，请公子拿回。老夫绝不负约。犬耳聪敏，可用觿簶为号令，驯其听命。在羽林曹时老夫就曾以此驯犬，老夫家中亦有当年的觿簶，老夫就以觿簶为公子训犬！"

"如此甚好！"李冲拱手说道："我二人不便久留，先行告辞！"

"二位公子慢走！"老人将李冲、李韶送出。

草堂书读过之后，李冲向壬力先生说起路遇之事，他问先生："坞堡这般强势，百姓又如此艰辛，该做何解？"壬力先生并不言语，只带他二人来至院中。院中，童子放鹤归来，又将火炉生起，院子里已备好煎荈（茶树老叶，粗茶）所用器物。

"思顺，你来读此《荈赋》。"壬力先生递给李冲一篇文章。

李冲双手接过，朗声诵读，李韶随之跟读。

灵山惟岳，奇产所钟。

瞻彼卷阿，实曰夕阳。

厥生荈草，弥谷被岗。

承丰壤之滋润，受甘露之霄降。

月惟初秋，农功少休；

结偶同旅，是采是求。

水则岷方之注，挹彼清流；

器择陶简，出自东隅；

酌之以匏，取式公刘。

惟兹初成，沫沈华浮。

焕如积雪，晔若春敷。

若乃淳染真辰，色绩青霜，白黄若虚。

调神和内，倦解慵除。

读罢，壬力先生命童子将茗（茶树嫩芽）、荈摆好，指点李冲将其分别研碎，放置两处待用。童仆又将刚刚担来的泉水备好，院中炉火已燃至无烟，发出阵阵松木之香，先生教李冲将铜鐎斗置于小火炉之上，李韶以匏舀水，注入鐎斗之中。鐎斗中的水静静地，没有一点沸腾的迹象，李韶低头吹火，又顺手将松枝添入炉中，青烟立时便四散开来。

"想要品荈，心急不得。"壬力先生慢慢地说。

李冲赶忙帮李韶扇风、吹火，松枝渐渐燃起火来，青烟消退。此时，鐎斗中之水泛起细细水泡。

"思顺，在此将沸未沸之时，放入荈末。"

壬力先生静静观望，见鐎斗水沸，提醒李冲。

李冲将研碎的荈末放入水中，荈末慢慢沉入水底，水花带着荈末浮出水面，白色的泡沫如白雪堆积，青绿的荈末又如春花般耀眼。

如此三沸，壬力先生教李韶用杓舀至三人陶盏之中。

李冲端起来抿了一口，皱起眉头。

李韶吹着荈汤，吸溜了一口，立马伸出舌头。"好苦哇！"

壬力先生不说什么，慢慢品咂着荈汤。

喝完鐎斗中的荈汤，一旁的童子将鐎斗用清水洗净。

先生命李冲将茗末依样烹好，三人品茗。

茗味甘甜清香，李韶不再叫喊，李冲也不皱眉了。

"可从煮荈之中，悟出什么？"先生问道。

李韶说道："如此繁琐，器物亦多，需要细细为之。"

李冲却想着早上之事，怔怔发呆。

壬力先生见李冲不语，又问道："思顺！"

李冲这才回过神来慢慢说道："事成需待时机，浮沉还应忍耐，甘苦且自品察。"

壬力先生点点头。"想要改变这些，思顺，你说，你要做些什么？"

"学生明白了！"李冲坚定地回答。

"你二人可放学归家了！"壬力先生挥挥手，一旁的仙鹤，张开翅膀舞了起来。

回到家中，李冲和兄长说起今晨之事，李承沉吟良久，点点头，"豢犬无妨，然不可玩物丧志！"李冲连忙拱手答应。

兄长又对他说，"你可多取些布帛周济老人，不过，这般的穷苦人家，不在少数。"李承目光忧郁，轻轻摇头。

放心不下那老人一家，李冲自府里库中领了布帛，带腾儿直奔城外。

远远听得靐篗之声，及近村中，已耳闻老人训犬之号令。李冲高兴地快步来到老人门外，老人家中柴门虚掩，疏离的柴门，一眼便可见院中景物，那小黑狗似乎已觉出李冲到来，转身摇着尾巴跑到门前，欢快地叫着。

老人看到李冲，并未急着开门，而是吹起觱篥，那小黑狗听到觱篥声，赶忙向老人跑去，边跑边不忘回头看着李冲，李冲忍不住笑出了声。

小狗乖乖地蹲在老人面前，不时扭头看着李冲。老人又吹了一声觱篥，小狗似乎听明白了，这才撒欢儿跑向门口，李冲轻轻推开门，将小狗抱起。小狗开心地伸出舌头舔着李冲的脸，李冲边躲边开心地笑着。

腾儿将布帛递给李冲，李冲赶忙放下小狗，对老人家说，"我该称呼你什么呢？一早匆忙，竟至未问姓名。"

"我本是平城人，姓林，名定，字世安，当年曾在羽猎曹随可汗畋猎却霜……"

"林世安……"李冲轻声念出老人名字。"如此说来，你定善骑射！"

一听到这句话，林世安眼睛忽然一亮，闪着炯炯的光芒，似乎回到当年那英姿飒爽、驰骋平城校场的时刻。

"唉……当年只因喂养之猎犬患病，未能救治，被逐出羽猎曹，远逃至此隐姓埋名，在此做苞荫户，靠租种这坞堡中的田地过活。"

"可这……"李冲四顾院落茅屋，不知该说什么。

"每年好歹有些粮食，却都被宗主收去，所剩的都不够我们三人果腹……今年，天旱欠收，唉……"

"世安公，这坞堡宗主是谁？"

"荥阳郑氏一支！"

"郑氏？"

"是啊！"

"为何不逃离这坞堡？"

林世安摇摇头，"到哪里又不是一样呢？即便离开坞堡，这赋税徭役……唉……如今国家连年征战，两个儿子又被征从军，只剩老妻张氏，女儿三妹。"

李冲将布帛交给林世安，安抚老人："林公，这些布帛先拿去解燃眉之急，韩獹小狗还要你帮助驯化。"

林世安抱着布帛，稍显舒心，"承蒙公子垂怜，老夫岂敢不尽力侍奉！"

"敢问公子姓名，来自何方？"

"我姓李，名思冲，字思顺。自平城而来，兄长在荥阳为官。"

"哦？竟是李大人之弟！失敬！失敬！常听此中百姓言说李大人为官公正清廉，亦闻其弟其子与牧守子弟有别，独清简皎然，无所求取，老夫今日信矣！"

"日后若能教我骑射，思顺不胜感激！"

"定当倾力！"林世安躬身致谢。小狗也在一旁摇着尾巴，又跑过来立起身子，前爪搭在李冲腿上，汪汪叫着。

"李公子给小狗起个名字吧！"

"这小狗浑身如墨染就，只四蹄雪白，就叫它雪爪吧！"

"好！雪爪！"林世安也笑着点头。

"公子是个喜习骑射武艺之人，可有佩剑？"

"佩剑？不曾有过！"

"公子，荥阳自古产铁，冶铁铸剑更是精良……"

"果真？"

"李公子忘记了？此地古时为韩国，韩国之剑锋利异常，人言：陆断牛马，水截鹄雁，当敌则斩坚甲铁幕。"

"哦？"

"其弩，各国皆惧畏。谚云：天下之强弓劲弩皆从韩出……"

"林公所言不虚，我想起来了，《战国策》中说道：'天下之强弓劲弩，皆自韩出。溪子、少府、时力、距来，皆射六百步之外。远者括蔽洞胸，近者镝弇心。'"

"我曾见过市中铁匠铺，只是不知如何能得一把良剑。"

"我有一友，深谙铸剑之术！"

"是在城外市中吗？"

林世安摇摇头，"他和我同自平城逃至荥阳，只在家中的洪炉上锻造铁剑，非熟客不可见也。”

“还请林公引见！”李冲看看屋外，太阳似乎已经落山，天色还不太晚。

“也好，李公子，请！”

林世安在前，李冲、腾兒还有雪爪韩獹一行，向外走去。

林世安带他们出了村子，才见，太阳已经落山，坞堡壁垒森森，又将天光遮挡，走在阴影中，一身寒意。穿过田垄，沿着荥泽湖走出不远，是又一处村落，夜色已经暗了下来。

村子里一片暗黑，几人借着微弱的天光，在村中小路前行，林世安熟悉路径，领着他们穿过村落，村子的最东面有处屋子微微闪着火光。三人走近，从门缝中可见那屋子中央，点着一个洪炉，炉中之火烧得红彤彤的，炉前一个魁梧的汉子听到门外动静，猛地转过身来，举起手中的钢刀……

洪炉

“来者何人！”屋里的壮汉厉声喝道。

“力罡，是我！”林世安低声回答。

“世安？”叫力罡的壮汉将门打开。只见这位壮士魁梧奇伟，身高七尺，头发鬈曲，剑眉星目，神情刚毅。鼻梁高挺，嘴唇厚实，右边衣袖褪去，系在腰间，露出半个肩膀，那臂膀的肌肉如炉旁的铁锤一般结实。

看到李冲，他转目看看林世安。

“这位是我的恩公，李公子！”

“哦，失礼了！”力罡拱手执礼，将三人让进屋中。

林世安回头招呼李冲和腾兒进来。走到门口，向门外四处看看，双手将门关住。

只见屋中，洪炉火烧得正精，屋子一隅堆放着油亮的石炭。炉中是一把烧得通红的铁剑。力罡拿出这把剑，转身将其放入一旁的水池淬火，只听刺啦一声，水里冒出白雾。

"力罡，此次来拜访，是为李公子求一把良剑！"林世安拱手说道。

力罡打量李冲和腾儿一番，又见李冲牵着雪爪，说道："世安兄之事，原本不应推脱，只是，我不与这牧守之子弟锻剑。"说罢，力罡将剑自水中提出，转身又放入洪炉之中。

"力罡贤弟，李公子可与那些牧守子弟不同，其兄是李承李大人，李公子怜我家中三人饥寒，买下我这韩獹，救我困苦，实非那纨绔恶少。李公子有慈悲之心，更有救世之志，我见公子有此豪情激怀，只叹我人微力单，不能助公子一力，故而才领公子来此，求宝剑，为公子添一利器。"

力罡听林世安这么一说，才稍转意："既然世安兄这么说，我心里便知了，只是锻剑非一日之功，李公子今日请回吧！"力罡递了一盏灯笼给林世安，便拱手道别。

"多谢！"李冲拱手，与林世安转身离开。

门外天色已全暗了下来，林世安在前面提灯引路，"李公子，力罡与我同是平城沦落之人，又都看不惯这不平事，故而言语耿直，还请李公子多多海涵。"

"锋露其外，仁藏其内，人心正似剑胆。依我看，林公与力罡先生都是最善良仁义之人，思顺日后更需自省，岂能不解两位先生之意。"

"哦？李公子胸襟可赞！"林世安连声赞叹。

走至村口，李冲对林世安说："夜路难行，林公提灯速回，我与腾儿目力尚可，我二人结伴，不时便可回去，不必担心。"

低头，李冲又对小韩獹说："雪爪，你与林公一路结伴而归，可好？"

雪爪似乎听懂了，汪汪叫了两声。

三人在路口作别，李冲与腾儿奋起足力，赶回城中。

李冲照例先去向兄长道安，兄长李承还在批阅文牍，李冲近前去整理整理书桌，轻声提醒兄长早早安歇，又问道："兄长，不知家中亲人在平城可都安好？"

李承放下手中文书，怔怔地发了发呆，对李冲说："路途遥远，近来，忙于事务，也未及写家书，隔日我修书问候吧。你新婚未久，早些回去陪伴新人。"李冲应允，告辞。

回到自己院中，新妇郑氏侍奉李冲盥洗，李冲问道："城外之坞堡是荥阳郑氏所有？"

"并不是妾身家族。"

"那是？"

"郑羲一族。其兄郑连山，虽是同宗，却非一支。"

李冲微微皱起眉头。

"郎君，所问为何？"郑氏不解，便问道。

"哦，没什么，早些歇息吧！"

熄灯睡下，李冲双手枕在脑后，想着什么。

不觉已有月余，李冲带着荥阳名医太医博士续三石又至林世安家中，小狗闻听李冲脚步声，便跑出巷外迎接李冲。雪爪在风中疾跑，身上黑色的皮毛在风中像绸缎一样，见到李冲立刻直起身子，前爪拓在李冲腿上，欢快地摇着尾巴。来到林世安院中，李冲嘱林世安领续三石入内为其妻张氏诊病，院中雪爪已驯得坐卧奔走皆听号令，也更通人性。

为张氏诊治后，续博士走出院中，"李公子，其脉象沉细而微，双关不孚重按，舌淡苔剥，是为心血亏虚之象。"

"如何可治？"

"可以益气养血法去之。"

续博士边说边写下药方，李冲取来一看，写着："由生地、当归、红参、黄芪、白术、陈皮、五味子、麦门冬……"看罢，李冲递给腾兒，"回去后，依次将所用之药备好，送至林公家中。"

"处！"

林世安在一旁连忙拜谢，"恩公啊！小人拜谢不尽！"

　　林世安将觱篥令号之声，传与李冲，李冲掏出觱篥，长短声起，狗儿听觱篥而奔走，蹲坐，卧倒，灵敏有觉，毫无差池。李冲满心欢喜。

　　此后，李冲又请续博士去为林世安之妻张氏诊治几次，张氏病渐次好起来。雪爪每日跟随李冲读书，形影不离。不在话下。

　　这一日，课毕，习武之后，壬力先生又与李冲叔侄二人堂前共坐。

　　雪爪静卧在日光之中，白鹤在院中踱来踱去。风吹树动，飒飒有声。

　　壬力先生说道："你二人各以此犬鹤赋诗一首，以应良时好景。"

　　李韶思忖片刻，吟道：

　　　　风来读书堂，柳随书声朗，
　　　　小犬傍地走，白鹤羽翼张。

　　壬力先生一笑，"思顺，你呢？"

　　李冲慢慢诵道：

　　　　鹤有冲天志，韩獹走四方，
　　　　愿驰阴山下，策马剑如霜！

　　壬力先生点点头。又说道："少年之志啊！思顺，虽豪气不可泄，却亦需知进退。你可否还用此景，却用归隐田园之意，再做一首？"

　　李冲略一思索，将所作吟将出来：

　　　　客抱绿绮来，犬知亦不吠。
　　　　松花纷纷落，鹤唧衣上苔……

　　壬力先生不说什么，捋着胡须，微微笑了。

　　想来，自去过力罡先生处又已数月，时光轮转，不觉已是初冬。

这日下午，壬力先生有客来访，便停了半日课。李冲寻思请林世安再与他去力罡先生那里拜访，便领着腾儿，带了布帛。林世安却不在家，张氏已好利索，见到李冲感激不尽，"多亏大人施救，不然我们一家哪有今日……"说着便抹起泪来。李冲见张氏这般，宽慰一番，便告辞转身出来，到田地中去找林世安。

雪爪远远就叫起来，林世安自田中看到李冲，忙走过来与李冲说话。

原来林世安在田中拾取耕出之蔓菁根，待到正月，即可卖给人家醃菹（腌制酸菜、腌菜）。林世安说道："若收成好，还可收些种子，卖给榨油作坊，可换些米。"

李冲也为林世安高兴，待林世安收拾好，听李冲说明来意，林世安自然也是高兴，将农具放回家中，领着李冲便往力罡家走去。

才出村口，只见一队纨绔，自坞堡中纵马而出，林世安和李冲都一惊，却又不知其故。

来到力罡家中，李冲敬上布帛，力罡痛快接下，带着李冲来到正屋堂中，堂中桌上，有具剑架，架上是一把宝剑，剑鞘为木，上饰赤铜。力罡取下宝剑，递给李冲，李冲握住剑柄，轻轻抽出宝剑，一股寒气自鞘中喷出。略观，剑身统长近三尺，柄长八寸，刃长两尺，刃宽一寸。细观，只见剑身其文如星之列，寒光四射；剑刃其口如雪上霜，剑气森严。随着李冲提握旋转，那剑之光芒反射到屋中四处，如秋水溢寒塘，又似春水化冰凌，晃人眼目，使人毛骨悚然。

力罡却又伸手要过宝剑，李冲不解地递给他。力罡带着李冲和林世安，来到屋外，空地中央立着一个木墩。力罡刀柄向上，将剑抛向木墩，剑如一道流星，直刺入木，没去剑身三分之一。走至墩前，将剑拔出，又在上面摆好几层铁皮，提起剑来，用力劈下，铁皮被削成齐齐两摞，刀刃却依旧锋利无损。

力罡这才将剑交给李冲。长剑在手，李冲欣喜万分，再三称谢。

力罡说道："宝剑赠英雄。李公子正直，这把剑能为君子之用，也不枉我这锻剑之志。"

李冲高兴地鞠躬致谢。

自力罡先生那里出来，二人心情都不错，有说有笑向林世安家走去。走近村子，却见村中嘈杂，两人快步进村，才知，坞堡中的恶少又来村中骚扰劫掠，村中各家都被索去不少粟米布帛，林世安见状，不由担心，李冲也着急起来，二人连忙向林世安家跑去，雪爪已跑至巷里，随即发出不安的叫声。

等到李冲和林世安赶回，只见柴门大开，院内凌乱不堪，张氏倒在屋门里，额头上汩汩流着血。屋子里，一片狼藉，林世安扶起妻子，张氏才苏醒过来，"三妹、三妹！"四处寻找着女儿。

"三妹何处去了？"林世安焦急地问道。

"那帮恶少来村中强抢，入我家中乱翻一气，无有所得，将家中器物一番打砸，我母女二人不敢声张，谁知一个纨绔之子，竟动了不良之意，将三妹挟住。我上前与之理论，被打中额头，推倒在地……"

"三妹，三妹哪里去了？"张氏哭喊着四处张望。

林世安扶着妻子，亦在屋里扫视一番，哪里有女儿的身影，赶忙先把张氏扶至草榻之上。随后，林世安拿起一把匕首，走出门外。

"林公你要去哪里？"

"我的女儿被抢入坞堡，我需入内与这帮畜生理论！"

"我随你一起去！"李冲看看手中的宝剑，与林世安一起向坞堡快步走去。

坞堡遮挡了阳光，李冲抬头看了看，那坞堡就像一座山，黑压压向他们倾圮过来……

第五章　折杨柳

坞堡

坞堡前，有部曲（坞堡中的私人军队）值守，察看出入人等所执棨传（古时木制符信，作为通行凭证）。坞堡门下，一人无有棨传，为纠察发现，发生争执，被纠察拖至一旁一番拳脚。

李冲问林世安是否带了棨传，林世安摇摇头。

举目观望，坞堡四四方方，通体版筑夯土而成。城墙及地至一人高处，各处拐角都包裹以条石，堡上四角设有高大的望楼。部曲在其上巡逻不止。

李冲看看心急如焚的林世安，心想："这可如何是好？"

"林公，依此情形，你我不仅进不了坞堡，反会被纠察抓住，还是要小心行事。"

"可我的女儿，如今不知在何境地哇！"林世安说着悲泣起来。

"为今之计，先取得棨传方可。"

"我们在这坞堡之外，只是个苞荫户，并非坞堡中住民，哪里有什么棨传，每年都是堡中官员带着部曲来家中收取粮食，进不得其中。"

李冲将林世安拉至一旁，回首叫过腾儿，耳语一番。腾儿点头离开。

只见腾儿混入进坞堡的队伍之中，不一时回来，手中已多了三个棨传。

"林公，莫急。你我还需再作些筹谋。"李冲带着林世安转回家中，又将几件林世安的破衫找出，与腾儿分别穿上，命林世安取来木柴，将柴扎成六捆，分成三担，其中一捆柴中放入一套衣服，又将宝剑去其剑鞘，涂以黄泥，藏入其中一个扁担之下，用草绳将剑身与扁担密密捆住。林世安又将一把匕首捆在自己小臂之上，以袖掩住。准备停当，三人担着木柴，再奔坞堡而去，雪爪一路紧随。

林世安挑着木柴在前，李冲与腾儿亦担着木柴紧随其后，来在坞堡之下。

林世安递上榮传，一位部曲不肯放行，用皮鞭之柄挑开木柴翻查，两边查过，目光落在林世安肩头的扁担上，那把剑就在林世安扁担之中。

见此情景，三人都怀中惴惴，李冲运起急智，生出一计，他悄悄探手将身上玉佩解下，丢在身前一步之外的地上。

那部曲正说着："你这扁担为何缠着……"只听"扑"的一声，循声望去，看见地上玉佩。

李冲走过去弯腰去捡，"啪"的一声，皮鞭已抽在玉佩一旁的地上，打起一片尘土。

李冲赶忙缩回手去。

那部曲走过来捡起玉佩，双目放光，看看后面又有人要检查入堡，扬手让李冲他们进去。

"大人，这是小的……"李冲装作哀求的口气对部曲说。

那部曲立时变了脸色，"还不快进去？！"说着作势扬起皮鞭。

林世安赶忙担起木柴，三人快步走入坞堡之中。

坞堡门内一片阴森，日光已偏西，正中一条道路，两旁小巷中，房屋挤挤挨挨，往来行人面有菜色，衣衫不整。城中一隅是演兵场，空无一人，每年九月，堡中部曲在此练兵马、习战射。三人转目四顾，腾兒拽拽李冲衣袖，用不太熟悉的口音说道："那边！"

李冲与林世安转头看去，几座高大的粮仓耸立在演兵场对面，粮仓外，又筑土墙，土墙之前，是一座规制严整的房子。李冲丢个眼色，三人担柴朝着堡主的府中拾级而上。门卫自语道："今日不曾听传有送薪者来……"

"昨日郑大公子见小民所伐柴薪甚好，命今日送来府中。想必是郑大公子未及传话至府中。"李冲赶忙说道。

门卫听此言在理，便说，"尔等三人需从后门送入！"

李冲忙说道："大人，小的们不曾到过府上，就怕小的愚笨，若找不到后门，延误烧火，恐要被堡主责罚……"

门卫有些不耐烦，朝门里看了看，挥手说道："你三人速速入内！由左侧便道入后院，厨旁有小门即为柴房、马厩。送罢木柴就自后院之旁门出府，以后亦从旁门出入，莫要再从此处进入。"遂放三人自正门进入。

三人连忙担起柴火自便道入得府中，边走，三人边仔细观察地形道路，默记在心。柴房就在府院最东北处，此处紧挨马厩。

三人来到柴房前，将柴担入房中卸下，听得屋外有人经过，便不作声。却听得房外有人说话，一人说道，"堡主和几个公子今日为何都在屋内，不见出入？"另一人说："近来苞荫户交不上租子，堡主今日在屋中查对户数，核实账簿呢。那大公子嘛……昨日又自城外掳来几个女子……"林世安听此，心中着急，碰到柴垛，一大堆柴火自上"欻"的一声散落。

"什么人？"

李冲示意林世安腾儿不要出来，他怀抱木柴，将头发揪开几绺苫在额前，拉低帻巾，嘴里骂骂咧咧地自柴房走出，"这柴火半干不湿，挑拣半日，才捡出这些。"扔在地上，转身回到柴房。

那二人见此，便不生疑，在马槽填好草料，与后门值守之部曲招呼之后，转身离去。

见二人走开，林世安自柴中取出衣物，又从扁担上解下宝剑。李冲将剑用衣服裹住，背在身后。又将所备衣裳揣入背后腰间。说道："我们先将此守门部曲绑住，再分头行动！林公，你在这里接应；我去寻你女儿。腾儿，你需潜入堡主屋内，将其账簿户籍盗出。事成，三人在此会合，走出府中，若事有变，以觱篥为信号，觱篥响起，混在家丁中，各自走出。林公，你可自解开马匹，打开后门先行逃出。"

"那，公子你二人呢？"林世安问道。

"不必管我二人。"

听此安排，林世安点头应允，自怀中掏出觱篥，递给腾儿。

三人向后门走去，值守见状，正要开口询问，林世安和腾儿左右包抄，已将其口堵住，反剪其手，李冲一个箭步上前，劈头一掌，将其击昏。三人将其拖入柴房，用草料盖住。

三人便各自行动。李冲走至中院，闻听一间屋中，有低低哭泣之声，李冲走至此屋前，将门锁扭断，刚轻轻开门进去，身后却跟上一个人来！一把将李冲推入屋中。

李冲大惊，扭头举拳便打，被来人紧紧攥住拳头，"是我！"李冲定睛一看，却是力罡先生。屋中众女子，都不敢哭泣，缩在屋角战战惶惶。

"此处不便细说，快快找到林三妹！"

二人赶忙在众女子中逐个细观。一女子站起身来，"李公子，我在这里！"

"是林三妹？"

"正是！"

李冲忙将林世安衣服取出，递给林三妹，"速速换好！"

另一些女子有大胆者，也跪在李冲面前乞求："大人，救救我们！"

李冲对她们说道，"此事需听从我的安排！"

众女子抹干眼泪，听李冲说道："众位皆要振作起来，将仪容整理一番，一时，我带你们从后门出去，各各都要镇静而为，不可慌乱。都听清楚了吗？"

那些女子都点头应允，互相将发髻修饰好，将衣饰略作整理。

"还有一个阿姊，被郑大公子带走了。"林三妹说道。

"力罡先生，你可知道郑大公子所在何处？"

"就在府中东院。"

"好，我先带她们从后院出去，你便在东院处等我。"

李冲将女子们排成两列，令林三妹跟在他身后。从屋中慢慢走出。

一路无人，快要到后院时，遇到几个巡逻的部曲，李冲等人赶忙垂手让开，分列站在路旁。

见这几个巡逻的部曲并无觉察出异样，待他们走过，李冲赶忙转身继续带着女子们朝后院走去。

"站住！"忽然其中一个部曲高声叫住他们。

众女皆惊，气不敢出。

林三妹觳觫（因恐惧而发抖）惊惧，看着李冲。

"大人！"李冲拱手不敢抬头。

"这可是你丢的？"那名部曲手里举着一个棨传。

李冲赶忙佯作在身上寻找，随后接过棨传，"是小的丢下的。"

"嗯，去吧！"

部曲转身离去。

众女皆悚然，于此时才松一口气，跟李冲来到后院，待女子们全部进入，李冲连忙将后院之门关闭。他们来到柴房处，林三妹哭着跑到父亲身边，看看女儿无恙，林世安自此放下心来，"李公子！我们是否离开？"

"林公，你带女儿和这一众女子走出坞堡，不可慌乱。我去里面接应腾儿。哦，力罡先生也在此中！"

"哦？力罡定是去我家中，听我老妻之言，来此寻我。"

李冲点点头，转向众位女子："各位阿姊，方才已属不易，此时事只成一半，各位此时还需听从林公安排，顺利出堡。为免后患，要速与家人离开荥阳。"

林世安已打开后门，"出门后不可惊慌，四散开来，或两人结伴，慢慢走出堡外！"看看天色，不敢迟疑，李冲赶忙招呼女子们走出。

虚掩后门，李冲转身疾步来到府中东院，力罡正在东院门外树荫之下。二人步入院中，听得屋中女子哭喊，间有男子淫笑之声。李冲握剑在手，疾步跑上台阶，一脚踢开房门，卧榻之上，只见郑大公子正在淫虐一个女子。

"何人？"

郑大公子赤身跳起，揪过女子挡在身前，女子已面色苍白，如风中白幡，全无半点力气。

"无耻之狂徒！"李冲走上前去，一脚照着郑大公子的肋间踢去，他躲闪不及，一声嚎叫，滚落榻下。

力罡取来衣服，丢给女子，令她遮蔽身体。

那郑大公子，挣扎起身，向屋外跑去，边跑边喊，却被力罡一把掐住喉咙。

"来人！来人！"郑大公子发出低哑的叫喊，不料屋外忽然人声四起，叫喊声随即被人声淹没。力罡当胸一拳，郑大公子已被击倒，瘫软在地，出不得声。

力罡与李冲挡在门前，细看，院内部曲奔走，却是往来救火。

李冲一笑，知是腾兒所为。

不料郑大公子，竟又爬起身来，扑向力罡，自后将力罡脖颈箍住。力罡伸出双臂，反手抓住郑大公子的手肘，身子一用力，躬身反摔，郑大公子越过力罡肩头摔在地上，李冲快步上前，双手挥剑，一剑封喉。

郑大公子嗓子发出急促的气息和含糊的声音，倒在地上，鲜血已自颈部喷溅满地。

那女子见状，身子一软，伏在榻上，股髀战栗。

"力罡先生，你带此女去后院，柴房外即是后门，可从那边出去。"

力罡走至郑大公子尸前，蹲下，取地上鲜血，用手掌沾上，抹在女子额头，女子见此，一声尖叫，晕了过去，力罡就如提起一只小羊，将女子提起，放在背上，趁乱混入院中。

"让开，让开，有人受伤！"力罡低声喊着，逆着扑火之人群，背着女子朝后门小步奔去。

李冲将宝剑血迹草草擦拭几下，掩门出来，朝着火起之处赶去。

果然，此处是郑连山书房外藏物之处，部曲们正一边浇水，一边抱出布帛，搬出木箱。郑连山跺脚拍手，叫苦不迭。他身后的书房，屋门大开。

李冲从身边部曲手中抢过一个水桶，退身到郑连山书房门前，见一个身影背着包裹，自门内一闪而出，正是腾兒！

李冲连忙招呼腾兒过来，掀开桶盖，腾兒会意，将包裹放入桶中，二人提桶快步离开。

才至院中，一人迎面而来，神色严肃，却是林世安。

李冲连忙拽住他："林公，林三妹和那些女子呢？"

"都已出堡！"

"林公，你要去哪里？"

林世安眼中似乎燃烧着怒火，他不顾李冲相劝，推开李冲的手，向书房走去。

前面院中，嘈杂吵闹，又是皮鞭声，又是哀告声，又是责骂声，库中火未扑灭，却燃得更旺。郑连山手中皮鞭抽打着部曲家仆，那皮鞭所到之处，沾衣衣破，挨肉肉绽。部曲们发出惨叫，有的被抽在脸上，捂着眼睛满地抽搐；有的被打在背后，扑倒地上；有的又被抽在腿上，滚在院中。救火之人不见增加，倒在地上的却越来越多。郑连山全然只顾自己库中财物，哪管他人，鞭子还是不断抽打在部曲家仆身上，有躲过的奋起反抗，拿起水桶布帛抵挡，有的则想要上前回击，众部曲也是一腔怒气，朝着郑连山叫嚷起来。

李冲三人看到这番情景，亦是满腹怒火。不曾想到，林世安却已自身旁大步逼近郑连山，只见寒光一闪，林世安自其背后挥起匕首，只一用力，便将其喉咙割断。郑连山手中挥起的皮鞭顿时住下，又软软滑落地下，想要转身，被林世安自背后一脚踩倒，众部曲一哄而上拳打脚踢。须臾，郑连山已气绝身亡。

李冲对林世安耳语几句，林世安喝住众部曲，"各位，不要声张，各取些财物，尽速逃去。"林世安转身打开院中木箱，众部曲扔下郑连山，各取财物，装取足够，四散而去。

李冲则带着腾儿潜入书房，再寻物证。

屋里，李冲细细观看。在书案之上，一封信笺刚刚封好。李冲装入怀中。见案头还放有图卷，李冲打开一看，竟是"荥阳虎牢关图"。腾儿见其书架之上，藏有几卷图卷，顺手拿了几卷。

二人收好图卷，却见一人提着一物站在门前……

犀比

那人所提之物似垂有红线，与地面相连，细看却是鲜血！那鲜血如丝一般，汩汩不绝，积于地上，成一团殷红。二人一惊，抬头细看，竟是林世安，手提之物——是郑连山的头颅！

"林公！"

"今杀此贼，方解我心头之恨！"

"我们快离开这里。"李冲看看天色，坞堡的高墙已将夕晖遮蔽，暮色正将坞堡团团围住。

"再去寻个桶来！"李冲对腾兒说。边说三人边走出书房，腾兒就自院中拿过一桶，林世安将郑连山之头扔入桶中。郑之断首在桶中滚动，发出闷声。

过了书房，路经东院，林世安提桶说道，"二位先走，我稍后就来。"

李冲想要劝住林世安，心里又想："如今已是祸事了，且由他去。"

与腾兒赶至后院，林世安疾步追来，三人还未及说话，听得后面有人追来，林世安将水桶扔在马槽之下，水桶翻倒于草料之上，滚出两颗血淋淋的人头来，正是郑连山与郑大公子之断首。两颗头满是血渍，又沾了草料，血污一团，已分不清眉眼。

"恩公，我自引他们朝北门出，你二人快走！"

李冲和腾兒赶忙闪身出得堡中后门，此处连着粮仓，腾兒立于墙下，双手为托，李冲奋力一踏，腾兒顺势托举，李冲已攀上粮仓外墙，他用手将腾兒拉上，雪爪也纵身一跃，跳入墙内。抬头看看，粮仓在暮色中一个挨着一个，影绰绰的，这里的粮食看上去要比官仓还多。

林世安已解开马匹，翻身上马，策马奔出。只听院内一阵人声，有人禀报，

"公子，丢失马匹！"接着又有人叫道："公子，马槽下获首级二！"

"洗去血渍！"

"是郑大人与大公子的首级！"

一人高声喊道："与我拿住了，莫让走失！"林世安身后，箭矢如流星。一队人马跟随紧追。为首的是郑连山次子郑思明。

李冲心中不由着急，那坞堡往北，是一条大河，林世安此去凶多吉少！待人马走远，李冲忙与腾儿跳出粮仓之外，又转身从后门进入，各牵一马，翻身跨鞍，朝着前方的马队追过去。李冲斜身拧腰伸出臂弯，雪爪快步跳起，李冲将雪爪环腰揽起，抱在鞍上。

跑至坞堡之外，天光亦渐渐黯淡。李冲与腾儿跟至近河，掉转马头，拐入路边洼处芦苇丛中，此时，夜色已近，四处青青灰灰，水声却大了起来。马队中部曲点起火把，只见郑思明披发执弓，追至河边，林世安策马过河，郑思明抽出一支羽箭，搭弓射出，林世安落马，已无力凫水渡河，在水中浮沉着随流向下游漂去。

"拿将上来！"郑思明发令。

几个部曲手执火把跳入河中，将林世安自水中架起。

郑思明扬起手中之鞭，"啪"的一声抽在林世安脸上，一道鲜血立刻渗了出来，"啊……"林世安发出一声沉闷的惨叫，郑思明又重重甩出一鞭，林世安脸上又被抽出一道血痕，鞭梢溅起鲜血，两旁部曲见状躲闪，皆胆战心惊。郑思明又自林世安当头顶抽下一鞭，林世安倒吸一口气，瘫在地上。

"带回去！"两个部曲架起林世安，用绳索捆绑在他方才所骑的马背上，林世安还在叫骂不绝，一个部曲自林世安背后猛击一掌，另一部曲则将破布一团塞入林世安口中，林世安挣扎着被带回到坞堡。

此时坞堡灯火通明，书房前的空地上，散落的水桶、木箱已收拾起来，院中点起火堆。李冲与腾儿随着马队混入堡中。

郑思明坐在院中，命手下部曲将林世安绑在木桩之上，剥去衣衫，接过家仆递过的匕首，手一挥，将林世安的鼻子削去，"昂——！"林世安一声奇怪的惨叫，随之疼醒，眼睛已被鲜血模糊，看不清是睁是闭。

"郑连山你这一族恶魔！我恨不能啖尔肉！……"话音未落，郑思明已将匕首插入林世安口中，手攥刀柄用力搅动，林世安已是满嘴鲜血，牙齿和碎舌随着听不分明的言语从嘴里吐出掉落。李冲见此，不忍再看。郑思明把匕首递给身边一位部曲，"一人一刀，脔而杀之！"

李冲拽拽腾儿，悄悄退后，离开院子。后门，雪爪蹲在暗处等着他二人，见此惨景，二人一路无话，带着雪爪，走至坞堡门前，坞堡大门即将关闭，二人快步走出坞堡。

见李冲并不回城，腾儿不解，李冲说道："林公妻女恐要遇害！你我去救她二人！"

腾儿方才醒悟，二人赶至林世安村中，星月黯淡，寒村一片漆黑暗。林世安家柴门大开。推开屋门，李冲轻轻喊着："林三妹！林三妹！"无人应答。

腾儿进入屋中，摸黑巡了一圈，出来告诉李冲，家中无人。

见坞堡城门处亮起火把，料是郑思明处死林世安，仇恨未消，此时又来取其妻女泄愤。李冲连忙与腾儿撤离此处，往力罡先生处赶去。

赶至力罡先生家中，李冲轻轻拍门，门却自里被拉开，力罡先生手持钢刀站在门前，"是我！先生！"李冲赶忙说道。

力罡这才放下刀来，探头朝门外望望，赶忙叫李冲主仆二人进来。引至后屋，只见府中所救那女子、张氏与女儿林三妹三人正躲在屋中。

"先生午后带三位女子入村，想必被村民见到了！"

力罡点点头。

"此处已不能再逗留，快收拾，离开此处！"

力罡听此言，赶忙招呼屋中三女动身。

夜色中，力罡关好家门，几人悄悄跟着李冲。李冲带着林三妹，腾儿带着张氏，力罡带着那弱女，几人往纪公庙赶去。

此时，天地四合，乌云当空，不见月色星光。

纪公庙里，不少流民横七竖八各占一处，睡在地下。李冲数人轻轻走入庙里，找出一块地方，安顿几人坐下。奔走一天，几人身心俱疲，昏昏睡去，李冲却不敢大意，坐在地上，眼睛盯着庙门之外，以防不测。

一夜无话，黎明时分，听得有鸡鸣之声，李冲赶紧招呼几人起身，趁天色尚黑，赶回荥阳城中。城门前，已有等着开门的人马，车辆。不多时，城门缓缓打开，李冲几人混入人群，进得城里。

回到李承府中，李冲散开头发，提着包裹宝剑，来到兄长书房，跪在李承面前。李冲一夜未归，李承亦一夜担心，面色不快，并不抬眼，问道："昨夜去了哪里？"

见李冲不说话，李承放下手中文书。却见李冲跪在地下，神情憔悴，头发又解散开来，身旁放着包裹。李承心中生起疑惑，急声问道："思顺，究竟有何事瞒着为兄？"

李冲伏在案前，不敢抬头。

"果真有事！莫怕，若是无心之错，并不为过。"

李冲这才抬起头来，眼中满是泪水。"兄长，为何坞堡宗主这般凶残！"

"哦？为何说起坞堡！"

"兄长，我昨日杀了一个人！"

"什么？！"李承惊得往后一坐。"你说什么！"

李冲将昨日之事与兄长细细说来，又将宝剑双手捧上，宝剑刃上还有血渍。

"思顺闯祸，甘受兄长惩罚！"

李承端起宝剑，左右观看，将宝剑重重放在几上，起身在屋中徘徊。

"见义不为，无勇也。"李承慢慢说道。

李冲又打开包裹，取出账簿、图卷，交与李承。"兄长，我获其物证。"

李承复又坐下，翻开账簿、户籍，看了几页，便愤愤地将其摔在几上，"坞堡之中人多隐冒，五十、三十家方为一户，又横征暴敛，数倍于公赋。

坞堡存之，国之大害！"

"你可曾暴露身份，留下痕迹？"

"并无。况林世安已是被捕，又被残杀，足已抵其父兄之命，当下我们有物证在手，他即便来滋扰，兄长有此证据，谅他不敢造次。"

"对了，还有这个！"李冲掏出那封信。

李承打开看后，面色凝重，"你看看！"

李冲接过信，看罢才知，郑连山竟是要弹劾李承，责怪李承与之争权夺利、鱼肉乡里。

"哼，这郑连山，罪加一等，死不足惜！"李冲扬眉怒骂。

李承却目光深远，看着窗外。"先安顿他们去歇息，你也去将衣服换掉，洗去身上血渍。"

"遵命！"

李冲命妻子郑氏将三个女子安排住下。

看众人都已各归房中，李冲如释重负，回到李承屋中复命，李承却又叮嘱李冲，"思顺，你还是要速速离开此地！"

"兄长，为何？我就在这荥阳陪伴兄长。"

"丈夫志四海，万里犹比邻。这荥阳何尝不是一座迷城，你我困在这里，怎能施展志向？"

"兄长，让思顺去哪里？"

"回平城！"

李冲看着李承坚定的目光，似乎看到了父亲的笑脸，听到了父亲的鼓励！

"回去找高允高令公！"李承接着说。

看看案几上李冲交来的图卷，李承逐一打开，见其中一卷竟是王右军《曹娥碑》之拓本。细细看过，将其卷起："将此卷带上，高令公见此卷，便会答应。"

李冲接过图卷。

沉默片刻，李承说道："回去歇息吧！你我需将此事做个绸缪。"

李冲点点头。

正要转身离去，李承咳嗽起来。兄长李承要比李冲年长二十岁，近来兄长身体微恙，神色很是疲惫。

"兄长……"

李承却又自怀中取出一件稀罕的物件，斑驳陆离，一指长短，是一龙形金钩。"这犀比是父亲留下的，如今你要重回平城了，将它转赠于你，就当父亲在你身边。"兄长手中漂亮的犀比，青铜鎏金，嵌着玉石瑠璃。

"你可知父亲留此犀比是何意？"李冲摇摇头，看着兄长。

李承悠悠说出十二个字：

"直如弦，死道边。曲如钩，反封侯。"边说，边把犀比交给李冲。

低头看看这犀比，李冲嘴里轻轻念着：

"直如弦，死道边。曲如钩，反封侯。"

李承双目坚定又凌厉地看着李冲，"你可记下了？"

"记下了！"李冲点点头，将犀比紧紧握在手中。

李承这才松了一口气，"父亲最牵挂的就是你了！兴安初年（452），父亲代司马文思镇守怀荒，那时你才三岁，太安五年父亲……就……唉……"

兄长的话又引得李冲思念起父亲，忍住眼泪，李冲又宽慰兄长一番，关心地说道："兄长不可再这样辛劳了，近来每日劳形竭虑，恐伤精气。"

李承点点头，"嗯，你退下吧！"

回到自己屋中，郑氏还在等着李冲，服侍李冲更衣、洗漱，李冲将犀比交给郑氏，嘱她将其缝在腰带之上。郑氏问道："郎君，你的玉佩为何不见了？"

见李冲正在想着什么，郑氏不再多问，不多时，李冲开口，将昨日之事说与郑氏，郑氏大吃一惊，"郎君，那郑连山一门皆性极严暴，动辄伤人。你竟……这可如何是好！"

转身郑氏一阵干哕（干哕，要吐而吐不出来）。

"这几日为何总是这般？"李冲忙起身扶住郑氏。

郑氏羞红了脸，慢慢才告诉李冲："我已有了身孕……"

"真的？"李冲喜忧参半，喜的是自己有了孩子，忧的是要与家人别离。

他将郑氏搂在怀里，轻轻抚摸着郑氏的肚子："夫人，兄长安排我回平城，近日你将行李与我备好，我不在身边，你要善自珍摄，待我在平城谋得生计，便接你过去！"

郑氏低头垂泪，"郎君……"

大赦

心事稍宁，李冲困顿入睡，睡不多时，李冲起身便来到兄长房间。

已是冬天，荥阳虽地气尚温，早晨还是微微有些清寒。李冲见兄长披衣在屋中踱步，神色俱疲，案几之上，笔墨尚湿，另有盛放颜料之笔砚，《虎牢关图》展开半卷。地下火盆早已熄灭。李冲心中不忍："兄长，千金之躯，坐不垂堂。再这样下去，恐于身体无益！"

说到这里，李冲又自责不已："思顺无知，闯祸连累兄长。"

李承看看李冲，边低头收拾案几上之笔墨，边说："去将他们唤来！"

不一时李冲带着力罡四人，来到兄长面前，又将火盆生起，屋内慢慢有了热气。

李承问力罡救下之女："你可愿嫁与力罡为妻？"

女子说道："如今，我已不能再回家中，力罡大人如不嫌弃，小女子愿在身边服侍大人。"

郑氏说道："张氏与林三妹，就留在我身边吧，郎君此去平城，我便搬回母亲家里起居，她母女二人与我做个伴儿，也是好的。郎君尽可放心。"

忽听得府门之外隆隆有声，有人击响登闻鼓鸣冤。

李承命众人退下，整理衣冠，走出府门之外。

李冲躲在一旁定睛一看，只见击鼓之人正是郑思明。

郑思明身穿孝服，带着几个部曲来在门下。

"击鼓者何人？有何不平？"

"我父兄遭苞荫户杀害，李大人难道坐视不管吗？"

"咄！问你姓名，为何不答！"李承怒喝道。

郑思明见此，才不情愿地躬身拱手作揖，口中答道："我乃郑连山之子郑思明。"

"哦，郑公子，我正要找你！"

郑思明闻听此话，登时愣住，抬头看着台阶上的李承。

李承转身走入廨署，郑思明见状，跟着李承便往廨署走去，那些部曲也要跟随，被腾儿挡在门外。

李承将郑思明带到书房之中，往火盆里又添了几块炭，边笼火，边悠悠说道："昨日有十数伤残百姓来廨署报案，说是童仆被堡主挞挞，酷过人理。更有被虐杀残害者，生死不知几何？"

郑思明作揖道："家中奴仆犯错，惩之责之，有何过错！昨日父兄就是被我家苞荫户杀害，身首异处，特来鸣冤，求大人明察！"

"哦？有这等事？凶手逃逸，下落不明？"

"已被我捉拿！"

"何不解来廨署，羁押讯鞫（审问犯人）？"

"哼哼，已被我脔而杀之！"郑思明咬着牙，瞪着眼睛狠狠地说道。

见郑思明竟如此张狂，李承冷冷一笑。

"昨日之被虐家仆、苞荫户，自郑大人府上交来此图……正是郑连山郑大人手笔……"李承弯腰自几案上拿起一卷图，对着郑思明徐徐展开。

"郑公子，你看这是何处关塞？"

郑思明细细一看，大惊失色。

"这……"

"看此笔墨并非一日绘就，观其细处，可知关隘全情。郑大人绘此虎牢关详图，不知要送与谁？"

"父亲大人一向喜游山水，想来亦是自家所绘赏玩之……"

"哼哼，罢了吧！"李承合起图来，掷于案上，正色道："堡中之事，郑公子心里清楚得很，本官无心与郑公子管此家事，如今你家仆人告至本官这里，本想与公子遮掩过去，公子非但不领此情，竟还鸣起冤来了！"

郑思明低头不敢言语。

"更何况，你未经本太守允准，私下竟已将凶手裔杀处罚。如今苞荫户举报你家者，月月有之，本官为此劝慰按压，耗尽心力，只怕民怨日积，以致沸腾。若激起民变，到时你我二人都脱不了干系。"

"思明年少无知，还望大人指点。"郑思明额头沁出细细一层汗来，连忙跪下。

"你父兄之事就此作罢，不要再追究了。我们各安其人，各行其事。你回去将你父兄好生安葬，我这里安抚告状之苞荫户、家仆，加以劝慰告诫。你需出些财帛，我从中劝慰，给以小惠，以息事宁人。"

"大人说的是。需多少财帛？"

"状告者众，日后恐还有来鸣冤者，公子，到时我措手不及，如何是好？你取五百匹帛来。"

"五百匹？！"

"公子不必勉强。"李承说着，将《虎牢关图》又展开细观。

郑思明沉默片刻，重重说道："小的遵命。"

此时，李承将手中《虎牢关图》丢入火盆之中。转身，走上前去，扶起郑思明。

郑思明看在眼里，连连道谢："小的感激不尽！多谢大人通融。"

"从今之后，再不要无事生非。"

"谨遵大人之命！"

郑思明告辞带着部曲悻悻离去。李承在屋中看得他们走远，双肩沉沉坠下，以手支额，重重坐在榻上，李冲连忙跑进屋中："兄长可还好些！"

李承此时才长叹一口气。

"兄长，那《虎牢关图》乃是罪证，就此烧掉，日后恐怕郑思明无此约束，不服管教……"

看李冲着急，李承慢慢说道："烧掉的，是昨夜我誊画成的副本。"

"兄长周至！"

"还不去壬力先生那里拜别？"李承抬头问道。

李冲正要答话，李承又说："去库中取些布帛，送与先生！"

"兄长说的是，我这就去。"

壬力先生在了然草堂上，正鼓琴吟唱。

李冲进来，交布帛与童子，立于一旁静静候着。

"嘣"的一响，商弦应声而断，琴音遂停，壬力先生心中一怔。

手按在琴上，止住余音。壬力先生才开口问道："何时去平城？"

李冲一愣。壬力先生又说道："坞堡之事，我亦有耳闻……"

"即日便要动身。"李冲回答。

"去取那本书来！"壬力先生对童子说，童子会意转身取来一书，递给李冲。

李冲细看，册首写着《壬力策》。

轻轻翻开，其中之"兵法"篇，写着"拒马""鹿角""虎落"；再翻开，见"国策"篇，写着"混一""改革""迁都"。书后还有一张地图。

李冲如读天书，不解其意。

壬力先生站起来，翻开折页说道："此图名为日月图。河洛地形皆在此上。"

李冲收起书来，泪水盈眶。"先生不弃，只恐今日一别，不知何日才可再见先生。"

"去吧，我已将平生所学皆传与你！孟子曰：得天下英才而教育之，为之一乐也，吾今得此乐也！"壬力先生眼睛也微微有些红了。

李冲跪地长拜，与先生作别。

第二日，李冲带着腾儿、雪爪，早早起身欲离开荥阳，去往平城。

郑氏家中也已派来牛车，张氏与女儿林三妹换上新的仆人衣服，准备侍奉郑氏回父亲府上。

惜别时，郑氏自怀中取出一方绢帕，递与李冲，口里唱起《折杨柳》相送别：

> 上马不捉鞭，反折杨柳枝。
> 蹀座吹长笛，愁杀行客儿。
> 腹中愁不乐，愿作郎马鞭。
> 出入擐郎臂，蹀座郎膝边……

李冲打开绢帕，那上面绣着几个字：

> 众中少语
> 无事早归

眼前郑氏，已是雨打梨花，泪水将胭脂湿透，腮边香泪点点。李冲握住郑氏的手，用绢帕替她拭去泪水："这帕粉香清婉，定当常携袖中，暮暮朝朝以念夫人。"

郑氏低眉垂泪，将李冲的手拉住，放在自己的肚子上："夫妻原一体，何分我与君。夫君啊，如水流年须珍惜，莫叫误了少年身。"

李冲点点头，将帕贴身收好，与郑氏再三不忍，转身离去。

皇兴二年（468）冬。

平城冬天异常寒冷。数月跋涉，李冲已站在平城的郭城外。长长呼出一口气，立即在这清冽的冬晨凝结成水汽。平城常见之飞雪又将那版筑的郭城土墙罩上一层素纨，眼前景致与当年离开时并无两样。只是李冲经历了许多事，已不是当时那个少年了。

顺着熟悉的里坊，李冲带着腾儿入得城中，冬日的平城如白色瑠璃，满目晶莹。飞雪为这北国之都披上了银裘，平城宫中的殿堂，土屋覆瓦，四阿顶上，落着几日前的冬雪。远处的白登山则如穿着明光铠一般，肃穆严整，拱卫着京师。

李冲并未觉察，背后一双眼睛已盯着他好久了。

看他走进李府，那人的眼中射出仇恨的目光。

李府中，李冲的四哥李佐，正在院中不安地踱来踱去。

"四哥！"

"思顺？你……你怎么回来了！"李佐惊问。

李冲见到兄长，开心地笑着："兄长，荥阳几年，许多事要和兄长细细说来呢！"

李佐并无太多喜悦，翘首向门外张望一番，嘴里念叨着："高令公所派之人还未来到！"转身带着李冲走进屋中。

"怎么也不先书信与我知会？"

"兄长有所不知，我在荥阳亦是不便久留，大哥嘱我离开那里，回平城……"

李佐似乎也未听李冲说什么，便自顾自地说道："这几日来护正与我纠缠，恐要有争讼了！"

"四哥，来护是谁？"

"河南太守来崇之子！"

看李冲一脸懵懂，李佐接着说："来崇，小人也。当年我与他同自凉州归魏，一路我尽力相帮，谁知他私德有歪，忘恩负义，还处处暗算我，我并未与他计较。太平真君八年五月（447），大陨霜，杀草木，北镇寒雪，人畜冻死。灾民流离，路有冻馁。来崇不思救灾恤民，却于此时逼买民宅。

我便上书弹劾，可汗震怒，将其幽系，不想竟饿死狱中。"

李冲听兄长说着，问道："兄长为何说要有争讼？"

"来崇之子来护，为父雪恨，寻机复仇，状告我贪赃之罪……"

话音未落，只听门外人声响起："李佐何在！"

说话间，已有两位侯官走将进来。

李佐上前正要分辩，便被两位侯官拿住："有人检举你贪赃，即刻解往廷尉狱中候押待鞫。"

"我兄长是朝廷命官，你们抓人，证据何在？可有拘捕之令？"雪爪见状，亦朝着两个公人狂吠，"哦？早就听检举者说李佐并非一人贪赃，看来帮凶就在眼前！"李冲还要说什么，两个公人将他亦一并绑了，"想要拘捕之令？嘿嘿，有你看的时候！"雪爪护主，狂吠着向两个公人扑去，一旁腾儿忙将雪爪喝住。

李佐偷眼见门外有人正刚刚走进大门，却止步停下。正要对门口那人说什么，李佐又忍住了。"快走！"两位侯官催促道。那人向李佐交换眼色，李佐更不声张。兄弟二人跟着侯官朝门外走去。

李府门外，来护拍手狂笑，指着李佐骂道："李氏小儿，你也有今日？！"

李佐回头厉声喝道："来护竖子！待我日后与你再做了断！"

李冲兄弟二人被投入廷尉狱中，这牢里，阴森潮湿、气味难闻。有的犯人目光呆滞，如死尸般躺着一动不动；有的犯人戴着重枷，蓬头垢面；有的则在重枷之上加挂石块，绳子深深勒进脖颈皮肉里，嘴里发出痛苦的声音。

"思顺，让你跟着受此冤屈，又入此廷尉狱，你不会怪怨我吗？"

"四哥，你我手足同袍，能为孔怀（兄弟），何其有幸！又想父亲在时，自凉州来，镇守怀荒，受了多少坎坷，忍了多少屈辱？四哥，这点委屈算得了什么？"李冲安慰李佐。

李佐看着弟弟，欣慰地点点头。

"只是，四哥不要和我隐瞒，来崇之子来护所告之事，可是事实？"

"思顺，父亲和兄长，从来教你我清廉为人，我怎敢图蝇头之利，坏我李氏一门清誉？此事本与我无干，是丹阳公叔孙邻，他出任凉州镇大将，加授镇西将军。孙邻与镇中副将奚牧，仗恃自家豪门，竞相贪图财物，作威作福。他们受纳民财及商胡珍宝，又互相纠察揭发。事发之后，孙邻四处求人帮忙，我与他并无交集，谁知他情急之下，只说是凉州旧人，便也寄信给我，请我说情斡旋。岂料来护那个畜生，和他父亲一样鼠肚鸡肠，挟私报复，便以此诬告我同罪。但贪赃之事，跟我并无瓜葛，信封上虽也写着我的名字，可我都不曾打开过，里面写着什么又从何而知？哦！那信此时还在我的案几之上，此时便来审我，我光明磊落，只管来问！若说出个怕字，就不是我李佐！来护小人！等着！我饶不了他！"李佐越说越气，声音也越来越高，惊动了狱吏，狱吏举目向这边张望，李冲赶忙劝住李佐："四哥，悄声些！"

"唉！你我皆如父亲，脾气都这般大！今后要制怒啊！"李冲又与李佐一番说道，两人平静下来。

夜里，监牢中寒冷异常。坐在狱中，李冲不能入睡。一阵细碎的声音响起，这声音李冲最是熟悉，是雪爪！原来，雪爪趁狱吏不觉，悄悄潜入了狱中。狱吏也似乎有所察觉，四处张望。雪爪见状，立马蹲卧下来，将尾蜷起，一身黑毛遮住四只雪爪，隐于墙角暗黑之处，分辨不得。

"大人……大人……"一旁有犯人呼唤起来，狱吏听到这游丝般的声音，转身前去探查。

"怎么？又一个断气了！"在一旁的牢前，狱吏没好气地骂道。

雪爪却趁此机会，匍匐于地，一点一点靠近李冲，来到他兄弟二人面前，只见雪爪脖子上挂着小竹筒，李冲解下竹筒，与李佐打开看时，上面用红色丹书写着："雪爪竹寺。"

"这是何意？"李佐问道。

李冲看罢，忽然明白："四哥，是让我们不要招供，静待时日！"

"哦？何解？"

"雪爪乃是黑犬，是为默也。"

李佐恍然大悟："竹寺自是'等'了！"

李冲肯定地点点头，却还皱眉苦思，李佐问道："怎么？不对？"

兄弟二人又传看一番，李冲说道："只是为何用这朱砂写就？"

李佐亦陷入沉思，可又猜不出什么。突然，李冲打破迷关，说道："这几字朱红，也就是赤色之文！"

"赦！"李佐也应声说道。

兄弟二人轻声读出"默、等、赦"。

"看来近日朝中会大赦？"李冲欣喜地说道，继而转目与李佐会心而视。李佐望望狱中，示意李冲小声。李冲将纸抟成一团，放入口中嚼碎咽下。

四处望望，正是狱吏疏忽之时，李冲拍拍雪爪，指指出口。雪爪似明白一般，又悄悄匍匐而出。

"想必是高令公施救！"李佐看着地面之一道光亮，悄悄和李冲说道。

"我二人被侯官拘押之时，我见高令公所派之人已到。"

几日之后，太华殿中。可汗拓跋弘正召见高令公，"高令公，你来看，为皇儿起个什么名字为好？"

高令公细细看过，与可汗商议："夫天地之道，至宏以大。君子大德宏覆，八宏一宇！"

皇兴三年（469）夏，四月丙申，名皇子曰宏，大赦天下。

第六章　绿蛇衔珠丹

鹿野苑

大赦之后，李佐忙于处理积压公务，便嘱托李冲去高令公家里拜访致谢。

李冲带着腾儿，嘴里念着兄长所说的位置，在郭城中边走边找。"在那边！"李冲远远看见"任贤坊"几个大字。

坊内有巷，巷中有宅，那些房屋高高低低，不是十分齐整。

"四哥说，高令公的宅院，并不豪奢。"李冲边仔细寻找，边与腾儿说道。

但这里尽是些高大的房舍，见前方有一处院落较之四周低矮，李冲高兴地唤腾儿快步向前，走至门下，轻叩铺首。

不一会儿，走出一个家仆打开院门。

"此处可是高令公府上？"

那家仆摇摇头，指着一道巷子，示意李冲。

"哦，打扰了！"

李冲拱手退后，循巷而去，走至巷子尽头，见草屋数间。

李冲心中有些不决，迟疑之时，见一老妇身着旧缊布衣，启门而出，李冲上前问询。

"老人家，烦请告知小的，高令公府上在哪里？"

老人将李冲打量一番，说道："就在此处。"

李冲闻听此言，看着老人身后的草屋，又问："此处便是？"

"正是。"

"不知公子姓甚名谁，找我家老令公，有何贵干？"

"哦……我……小的陇西李氏，名叫李思冲，来拜访令公。"

"公子在此处少候。"

老人家不一会儿出来，示意李冲入内。

草屋之中，并无多余陈设，却随处可见书籍。

高令公坐在案几之后，正翻看着文书。

李冲赶忙施礼，高令公微微点头。打量着李冲说道："思顺，几年不见，你长大了！"

"多谢令公出手相助，李思冲答谢不尽！"

"此事已过去，不必挂心。"

"我兄在荥阳，嘱我将此图卷带与令公。"

"哦？是何图卷？"

李冲递上图卷。

高令公慢慢打开图卷，细看几眼，忙唤老妻掌灯。

"将灯点来！"

高夫人持灯而来，令公又担心她将灯油洒出，挥手示意止步。

"思顺，你来！"

李冲接过灯来，为令公照亮图卷。

"此乃桑皮纸拓就。尝闻江南范晔善装背，此拓本我朝少有，今得一观，实乃珍赏！"高令公摩挲着纸本。

"可是与我朝陆凯互诗之范晔？"李冲问道。

令公点点头。李冲吟道：

折梅逢驿使，寄与陇头人。

江南无所有，聊赠一枝春。

低下头，令公继续看着，说道："拓文乃曹娥碑！宋国有曹娥之碑，汉兴平二年（195），中郎蔡邕访之，值暮夜，手摸其文而读，题'黄绢幼妇，外孙齑臼'八字于碑阴。"

高令公只顾细细观看着，李冲亦听得新鲜，问道："'黄绢幼妇，外孙齑臼'又是何意？"

高令公这才抬起头来，说道："此乃字谜隐语，黄绢乃'绝'，幼妇为'妙'。"

"哦，原来如此！"见李冲已明白，令公又低头细观图卷。

"思顺猜出此谜了，外孙是'好'，齑臼即'辤'！此谜所射乃绝妙好辤四字！"

"前些日子与四哥陷入廷尉狱，您所书之'雪爪竹寺'，学生猜是'默等'二字……又用丹砂书就，是'赦'字。"

令公抬起头来，看看李冲，说道："孺子可教！"

令公为图卷吸引，又眯起眼睛，一行一行看着图中之文："嗯……后来，右军至其庙，亦感曹娥孝道，书成碑文。"

"孝女曹娥当年将笄，却有如此孝心！"说到这里，看看李冲，令公似乎想到了什么，沉思不语。

"敦煌宣公如今算来，已逝去十年了……"

李冲鼻子一酸，低下头来。

"唉……可曾中断学业？"

"不曾！"

"这几日，我向可汗禀报，荐你入中书学读书。"

皇兴三年（469）八月，平城。

清晨，京都之北的鹿野苑，蕴积了一夜的花的香气还未散去，草木蓬勃，葳蕤生光，郁郁松林，榆树枝叶尚有雨露，在艳阳下竞耀争辉。风动露滴，洒落在丰沃的土地上，索索有声。

武州川之水分流苑中，淙淙鸣珮。水流两岸，丛生着菖蒲。

呦——呦——，从密林深处，传来一声声鹿鸣，母鹿迤迤然地在深林张望……

幼鹿欢快地跳跃，奔跑。

鹿野苑门前，一辆四牛皂轮车停了下来，青色油布帷帐中，坐着一位长者，长者问道："思顺何在？""弟子在！"一个年轻人，在车旁闻声应诺，他将手中金首素鸠杖递给长者，长者接过鸠杖，由少年搀扶，步下车来。

长者整理整理衣冠，将鸠杖在地上顿了几顿，轻轻咳了几声，用余光扫了一眼身后众人，随行者连忙躬身作揖，雁行成队，随着长者朝苑内走去。

初入皇家禁苑，年轻人们兴奋喜悦，偷偷看着眼前的清流、深林，悄悄议论，"鹿！我看到了鹿！"队伍中突然有人惊喜地叫道。"嗯？少游，嘁声！"长者回头呵斥。身边的年轻人对着少游轻轻摇头，示意他不要说话。"遵命！"叫做少游的年轻人俏皮地笑着回应，一边从随身的书袋中取出麻纸和一块黑炭，沙沙地画起来。那黑炭是平城的特有之物，在阳光下反射着五彩的光芒，少游用黑炭在麻纸上轻轻勾勒着山形、流水、树木……

呦呦鹿鸣，食野之苹。

我有嘉宾，鼓瑟吹笙。

吹笙鼓簧，承筐是将。

人之好我，示我周行。

呦呦鹿鸣，食野之蒿。

我有嘉宾，德音孔昭。

视民不恌，君子是则是效。

我有旨酒，嘉宾式燕以敖。

呦呦鹿鸣，食野之芩。

我有嘉宾，鼓瑟鼓琴。

鼓瑟鼓琴，和乐且湛。

我有旨酒，以燕乐嘉宾之心。

年轻人心里默默念着。

忽然，头顶发出一声巨响，众人循声侧目，半山上一棵粗壮的大树，断为两截，树冠震颤着从山上倾覆，訇然落下，粗壮的树干滚落下来，带着山上的岩石和泥土，眼看就要砸到众人。"都退后！"随从的年轻人一步跨到长者身前，挺身张臂把长者护在身后，身后的众人却慌作一团，你推我挤摔倒在地。"我的画稿，我的画稿！"发出喊叫的是少游，拨开众人四处寻找。掉落的树干，落在队伍前方数尺之内，枝叶纷披，几枝已枯干的尖利的树杈已经戳到长者面前，此时，年轻人才觉额头有些许痛意，用手一摸，竟是鲜血，原来被树枝划破了额头。

年轻人也顾不得许多，忙把长者安顿在一旁。回头又招呼众人发力挪开挡路的死树。少游把画稿放入书袋，也来加一把力，不一时，死树被挪开，推到了路旁。正要继续前行，一声接一声的哀鸣又从树枝后的林中传来，一只母鹿站在水流边，急切地鸣叫着，水中，一只幼鹿正随波挣扎，眼看要没入水中，"少游，照顾先生。"年轻人跃入水中，几番奋力，游至幼鹿身边，抓住幼鹿，一手托起，举过头顶，一只手划水，在奔涌的逆流中，艰难游向岸边，将幼鹿送归岸上。受了惊吓，幼鹿卧在草甸上，瑟瑟发抖。母鹿低下头，轻轻舔舐着惊魂甫定的小鹿，又抬起头来眨眨眼，看着这白衣男子。

不远处的山腰之上，另一队车辇，也在朝着鹿野苑深处缓缓行进，前面的随从们擎着一具行障（围屏之属，可移动。用作仪仗。一竿悬挑中央，竿下设障座，可以随所宜而置放）。行障翠绿之锦，从竿首两侧挑出，彩带低垂，障额上饰覆莲纹，遮掩着步辇上的女子，那是一个目光清澈的美人，听到不远处忽有异响动静，问道："何事喧哗？"拨开轻罗的是一只戴着金跳脱的手臂，腕上金跳脱九曲连环，中有金链相串，熠熠生辉，美人肌肤胜雪，腕若素藕。

"禀报主人，对岸枯树断落，挡了道路，行人失惊，故发呼喊。"随从立刻回答。

"撤去行障！"

"处！"

翠锦行障移至一旁，辇上的美人举目张望，年轻人正刚刚跳入水中，将幼鹿救起，这惊心的一瞬，也让美人为之屏息。她将娥眉轻轻挑起来，静声观看，幼鹿回到岸边时，她方才稍作轻松，微微一笑，红唇中碎玉颗颗。清凉的武州川水中，年轻人慢慢攀上岸来，浑身已经湿透，河水沾湿了他的白衣，衣服紧紧贴在他的身体上，结实的胸脯，平坦的小腹……男儿的雄健一览无遗，青春勃发。

"美哉男儿！"辇中美人轻轻赞叹……

岸上，男子回到长者身边，长者关心地问了几句，整整衣冠，徐步前行。"思顺，思顺……"蒋少游已经自水汀旁找来菖蒲，边走边搓下蒲黄，帮李冲敷在伤口，众人跟在长者后面，继续向树林深处走去。

走过密林，绿草铺展，一座穹庐就在不远处的林间。旁边，刚刚砍伐下来还未斫出来的树干，堆放在一起，黄土堆在一旁，台阶还未砌起来。

一干人等围着年轻的可汗，听他指点着正在修建着的那处土基。高令公回头看看中书学生们，众人立刻停步，低头噤声。高令公上前几步，拱手恭称："可汗！"可汗转过身来，亲切地问道："哦，令公，近来可好！送去府上的眛履支（今之胡椒），可曾用过？""承蒙可汗垂怜，眛履支何其金贵，老臣不敢轻领受用！"

可汗微微一笑，"令公，尽管用之，不够的话，朕再派人送去。"

"臣诚惶诚恐！"

"面前皆是中书学生？"年轻的可汗有着睿智的目光，俊秀的面庞。

"是的。"令公躬身回应。

"嗯！"可汗微微点头。

一旁大司马吐万安国，将白羽翣（帝王仪卫中的掌扇）移至可汗一侧，遮挡日光。

又有一人上前禀报事宜，说罢，可汗宣道："传李䜣！"

可汗示意选部尚书赵黑上前，展卷宣读圣谕：

吾所以引纳群子，置之中书者，实以方今大魏正兴，然《五经》

衰缺，不有化导，将遂陵迟，故欲褒崇圣道，以匡失俗。传不云乎：
"饱食终日，无所用心，难矣哉！"今贵戚食禄之家，温衣美饭，
乘坚驱良，而面墙术学，不识臧否，斯故祸败所从来也。先功既
以武功书之竹帛，兼以文德教化子孙，故能束修，不触罗网。诚
令儿曹上述祖考休烈，下念诏书本意，则足矣。其勉之哉！

"谢可汗圣恩！"中书学生们齐声应答。

"近来都读些什么书？"可汗又问道。

听到天子询问，高令公看看李冲，"思顺！"

"回圣上，近来，学生们在读《大学》！"

"好！大学之道，在明明德，在亲民，在止于至善。想大魏先祖创业如今，
天下初平，百姓安居，国家兴旺有赖尔等，切不可懈怠！"

"谨遵可汗教诲！"众位中书学生齐声应答。

"好，赐洛阳纸！"

"处！"中常侍答应着，将洛阳纸端了过来。盛夏的阳光下，洛阳纸
白得耀眼。

天子走过来拉住老令公的手，"令公随我同往！"君臣相让一番，前
后走进穹庐。

"可汗赐我们洛阳纸？！"众中书学生互相交谈着，兴奋地轻声欢呼
起来。

远处，一众内侍跟随步辇徐徐而来，隐隐的垂帘中可见一位美丽的女子，
众人低头不敢直视。"太后驾到！"一声高唱之后，可汗和令公自穹庐中
走出迎接太后。

中书学生们都赶紧低头拱手。

女子走下步辇，众人皆拱手躬身。经过李冲的身边，女子着意打量着
这个年轻人。

没多久，穹庐之中，却传来争吵的声音，中书学生们刚才的欢悦也都

安静下来，不再说话。

穹庐里，女子娥眉轻挑，冷冷地问道："可汗，我且问你，为何要将南部尚书李敷收入廷尉狱？"

年轻的可汗亦是冷冷回答："李敷、李奕收受贿赂。"

女子又问道："可有证据？"

"现有人证。"

女子愣了一愣，语气缓和了些，"我来保其兄弟二人，还请可汗放掉他们。"

可汗却并未让步："贪腐之事，朝野皆有怨怼，如今又有人举证，恐怕放掉他们事小，失了人心事大……"

闻听此言，女子气得站起来，手指着年轻的可汗拓跋弘质问："你，你，你忘了乙弗步浑乱政了吗？当年先皇宾天，尸骨未寒，你才刚刚登基，乙弗步浑老贼矫诏宣尚书杨保年、平阳公贾爱仁、南阳公张天度进宫，将三人杀害。我们母子二人，自身难保，危急时刻，步六孤丽、丘穆陵多侯回京吊唁，却也被乙弗步浑设计斩杀，你我孤儿寡母，一时四顾茫然。五月十七，乙弗步浑老贼逼宫，你不得不下诏任命他为太尉、录尚书令；七月初二，再拜为丞相，凌驾诸王之上。此时之皇宫，可有皇家之圣威？此时之平城，哪个人心还平？此时之大魏又是谁家之大魏？"一时气急，女子哽咽起来，抽泣着说不上话，头上的步摇冠也随之微微颤抖。

"唉——若非太后安排五王入京，早做筹谋，恐怕……那日，东阳公拓跋丕密报乙弗步浑谋反，太后当即口授诏书，调直勤贺豆跋领禁军包围了乙弗步浑的宅邸，将他擒下诛杀。当时之大魏江山主幼国危，至今想来心惊哇！"高允的语气似乎还带着一些不安。

争吵之声被长久的沉寂取代……

一个内侍走入穹庐禀报："李䜣到。"可汗挺胸直腰坐起。女子自穹庐走出来，目光如剑气，直指候在外面的相州刺史李䜣。李䜣不敢抬头。

女子快步踏上步辇，随从们擎起行障，离开了。随后从穹庐中出来的高令公面色凝重，汗水已经湿透了他的衣领。擦擦额头的汗水，老令公沉默良久。一路上，众学生谁都不敢说话，无声地行进在深深的鹿野苑中，经过方才落树的地方，李冲四处看看，那只获救的小鹿又出现了，它就站在岸上，一直看着李冲，但它再不敢涉水了，只是远远躲着湍湍激流，似乎因落水受了惊吓，小鹿每走一步都小心翼翼，也许它已知道，这清澈的河水下，藏有暗流。

温泉宫

皇兴三年。初冬。

温泉宫在代郡的群山之中。这一日，高令公从宫中回来，召集李冲和蒋少游等一众中书学生，告诉众人，皇帝赏赐他们，去温泉宫沐浴。

"太好了，我们可以去温泉宫了！"众学生都高兴地相互议论着。

"其水温热若汤，能愈百疾。"司马金龙去过那里，便和众人说起。

"听闻那里少有人至，景色美极！那我可要带上画本，好好去摹写下来。"蒋少游高兴地叫喊着。

"荣则！你曾去过温泉宫，此次出行，一路你要多加留意，去了温泉宫，亦要多多用心，将一众人等安全带回。"高令公说道。

"处，学生记下了！"司马金龙在一旁拱手答应。

冬天的平城寒意袭人。一大早，车辆已在太学外候着，年轻人们都已经盥沐完毕，带着书袋，先后成列，静静地步出太学。天色尚未大亮，点起灯笼，他们出发了。出平城向东南迤逦而行，田野已经收割，平原上低徊着一层蒙蒙的雾气，牛脖颈下的铃铛叮叮地响，沉闷缓慢。学子们都很兴奋，脚步声细细碎碎，不一时便过了桑干河。还未落雪，但天地凝冻。李冲边走，边欣喜地看着这苍苍莽莽的黛色群山，薄薄的冰在近河岸处如玉璧般洁白，河水中央，却尚未结冰，流水有些微声，流向山外，河面升起一团一团的水雾。李冲边走边看，自小在平城长大，他还从未走近这大山，也从未去过温泉宫。蒋少游则是跑前跑后，欢快地探头四望，呵气搓手。

将至午时，他们终于走入黛青色的大山脚下，山中又走了多时，数里遥望，山谷中白气浮蒸如烟，上下采映，状若绮疏。

"思顺，你知道吗，世传昔有玉女乘车自投此泉，往往水汽成车轮双辕形，那就是玉女乘车而来！"蒋少游兴奋地说道。

"是啊，代郡之女子姿仪光丽，平城有名。人传昔日有两美人来浴，既去，异香郁郁，累日不散。"一旁，司马金龙也笑着说。

李冲却不说话，他想起，那日鹿苑的太后，又想起还在荥阳的郑氏，摇头笑笑。

半下午时，他们终于到了温泉宫。冬月未至，但平城已是寒气料峭。温泉宫在山间，山中多青石，几处宫殿皆用青石砌就，热腾腾的水汽自殿中散出，仿佛云宫雾殿，一时使人恍惚。青石上又凝结了白霜，直至殿宇的檐角，自檐角滴下的水滴，结成冰，在水汽中忽隐忽现，不时在日光下闪出光芒。

院中已停着数辆牛车，内侍和侍女们出出进进。

温泉宫中，一处紫宸汤，在温泉宫中央，背倚玄岳峰岭，为可汗御用之汤。四处又有春阳汤、大化汤、浴德汤……走至一处殿前，听得有人发声。转头，是一位内侍站在阶前。那内侍说道："众位中书学生，想必都已饿了吧！请随内侍先入房中领用澡具，再用膳食。沐浴可在用膳之后。各位沐浴之汤池，即在此处！"内侍指着一处殿堂说道。李冲连忙与司马金龙招呼着中书学生，随内侍步入温泉宫的一侧的厢房之中。

中书学生们放好物品，便去用膳。众人早已饥肠辘辘，在温泉宫中饱饱吃了一餐。用毕膳食，中书学生们，有的回到厢房，有的在院中就地观望，蒋少游拿出炭笔，勾画起来。

这时，走来一个内侍，对着李冲招手。

李冲走过去问道："内侍大人有何吩咐？"

内侍笑笑，"烦劳你帮我搬些器物，不知可否？"

"好啊，在哪里？"

内侍并不说话，领着他朝一边走去。

在前方的几辆马车上，放着木箱、食盒，还有一些包裹。内侍招呼李冲将其搬入到一座房间内，里面已经有几位内侍在忙着整理这些器物。

李冲见状，也不敢怠慢，往来搬运，与内侍们一起忙碌起来。

搬了也不知多久，才将器物搬好，这一番费力，虽是天寒，李冲却出了一身汗，待收拾停当，才觉有些疲惫。

再回头看看，同来的中书学生们早已不知去向，蒋少游也不知去了哪里。李冲转头对内侍说："内侍大人，学生初次来这里，如今同伴们都去沐浴了，学生并不知认识此中道路，还请大人指点。"内侍笑了笑，手指远处的宫殿，"就在那里，天色不早，快去沐浴吧！"

李冲拱手还礼，朝那里走去。推开大殿之门，水汽迷蒙，李冲慢慢走进殿中，隐约可见衣架，李冲坐在一旁的绳床上，取下头簪，解开头发，将衣服一件件褪去，脚下的温泉色如碧玉，烟似绮疏。探手试试泉水，温润柔暖，走入池中，池水刚刚没过小腹。远望殿中，锦屏罗列，素帐垂幔，不见尽头，回过头来，内侍躬身后退离开了，循着流泉，他向着灯火走去。李冲的嗓子却有些干涩，他舔了舔嘴唇，喉结动了几动，脸庞在灯下棱角分明。细细观看那灯火深处，水流蜿蜒之处是又一处神秘幽深的宫殿，温泉自这里环绕成环，潺湲有声，水汽蒸腾……循着流泉，穿过重重水雾，宫殿入口处遮挡着一架云母屏风，屏风上有着流云般的木档，云母镶嵌其上，在灯火中，迷蒙通明，素雅清灵。温泉水自屏风前流入，又不知回环几番，从屏风后弯弯绕绕地流出，转过屏风，这宫殿有着高高的屋顶，屋顶下，甃石为池。白色条石砌就的温泉池，八曲婉转，每曲又各成一小弯，旋绕成祥云似的花瓣。池旁壁立着粗砺的岩石，上面水痕重叠，似乎是经年的流水冲刷而成，温泉从上面流下来，跌落在一块岩石上，又自岩石上溢出泄流下来，注入池中，泠泠淙淙。李冲跨上岩石，站在瀑布下，一股暖意从头顶注入，又从他宽厚的肩膀流过结实的胸脯，流过他平坦紧致的小腹，流过他健美的双腿，裹住他的身体。他闭住眼睛，细细体味着这温暖和柔软。

石床对面，隔着温泉，立着一架素绢屏风，一个美艳的女子正在屏风之后，静静地看着池中的李冲。

屏风后是一席方石，石上却少有水痕，赤足踏之，温热和暖，想必是将温泉引流其下，用其热流，以供地暖，李冲有些累了，便躺了下去。方石上，一盏铜灯明明耀耀，那灯是一只伫立的水鸟，回首衔着一条活泼的鱼，屏板、鱼鳞和雁翅画着艳丽的花纹。鱼腹的鳞片是有间隙的，由鱼鳍牵引，可以开合。灯火闪动着，一跳一跳的，不时冒出油烟，却都从水鸟的脖颈吸走了。方石上，还有一只金银交辉的高足杯。此杯口侈，微微收颈，杯身稍鼓，高足。上雕人物和动物，杯口两两相对八只鹿，细看，杯身雕着女子，薄纱透体，手里握着权杖。杯上还刻着阿堪萨斯叶，叶上刻着一个美男子。李冲见过这样的杯子，以前在旧府中，阿耶和阿母敦（鲜卑语，母亲）饮酒，曾取出一用，那杯子来自遥远的西域，是那些机灵又会做生意的粟特人从波斯国带来的萨珊王朝的饮器。方石上，还有碧绿的琉璃碗，里面放着几个如火般红艳的安石榴。安石榴鲜红饱满，石榴皮已经熟透了，里面的石榴籽将皮撑破，绽开处是晶莹欲滴的果肉，充盈着甜美的汁液。热气蒸腾，李冲口中干渴，便取安石榴掰开，用手揉捻出几粒石榴，送入口中，果肉甘美异常，银杯中是紫光潋滟的葡萄酒，李冲举起杯子，一饮而尽。水汽熏熏，李冲昏昏欲睡，连日来，读书至深夜，今日又远行至此，他想小睡一会儿。将灯火前的挡板关小，灯光更暗了一些，水中隐隐有温香袭来，李冲靠近方石边缘，伸手撩动着温泉，素帏之后摇曳的不知是花影还是烛光，李冲就这样，睡着了……

不知睡了多久，迷迷糊糊地，听到有水声响起，在濛濛水汽之后，影影绰绰有个人影，是一个美丽的女子，她正把澡豆涂抹在自己的身体上，澡豆香气缭绕，一如神异的迷香。想要说什么，一张嘴，李冲醒了，睁开眼，一个美丽的女子正站在方石边，看着他，香气自她口中而来。

"你叫什么名字？"

李冲急忙坐起身来，慌乱又羞涩地低下头来，"李思冲。"

"哦，那天跳入水中救起小鹿的，是你吗？"

"是，是我。"

"嗯，好。"女子轻轻一笑，伸出手来，"来！"

李冲伸手握住女子的手，走入池中。池边不知何时摆好了漆盘，盘中盛着澡豆，女子的脑后有一根洁白的骨簪，轻轻绾起一缕头发，成一个发髻，余外的头发披散着，李冲的嗓子却有些干涩，他舔了舔嘴唇，咽下口水，静静看着，女子撩起如瀑布倾泻般的乌发，露出乳酪般洁白的后颈，李冲隐约看到，有一只朱红的飞鸟，那，是一只振翅的燕子……

女子转头看着李冲，示意他去取澡豆，李冲怔怔地伸手抓了些澡豆，用手揉搓着，顺着女子手的牵引，走到女子背后，将澡豆涂抹在她的后背。一切都安静了下来，只有心跳扑通扑通，还有潺潺的流泉、滴滴答答的水声……

李冲喉结动了几动，闻到从自己口中呼出的气息，甜甜的，是葡萄的香气。他又取了一些澡豆，正要帮女子涂抹，女子转过身来，拉起李冲的手，放在自己的胸前，如雪的胸脯和玉乳轻轻颤动着。温泉似乎也更温暖了，热流在李冲的身体内奔涌着，他揉搓着澡豆，让那澡豆与温泉融在一起，在女子的肌肤上滑腻地游走着。一时情动，李冲将女子紧紧搂住，尽情地亲吻着。迷乱中，女子发间的骨簪滑落在池边，那一头乌发倾泻下来，不知是沾染了水气，还是微微沁出的汗水，头发湿湿地粘在李冲的耳边、脸上，痒痒的，女子的眼睛闭了起来，在李冲的紧紧拥抱中，轻轻皱着眉头，嗓子里发出低低的声音。池中涓涓不绝的温泉水，一层一层地满溢和喷涌，拍打着石床。

"我，我……"李冲全身绷了起来，他的胳膊也将女子箍得更紧。看看面前的女子，不觉羞红了脸。女子莞尔笑了："你还不经人事……""我，我已经二十岁了呀！"女子还是笑笑，转身踏着石阶转入了云母屏风之后。

李冲还未从刚才的事情中转过神来，看看石床上，灯火暗了许多，时候不早了。转身，他朝着来时的方向走去，脚下，突然踩到了什么，蹲下身，用手探着取出来，是一根洁白的簪子。

李冲悄悄拾起来，这个女子是谁？必要有件信物才是。温泉池的尽头，衣架上挂着雪白的麻巾，李冲擦去身上的水，换好衣服。池边，初来时见到的内侍，还是微微笑了笑，并不说话，躬身立着。

出了殿外，天色已经黑了下来。

回到舍中，少游说着呓语，司马金龙也已进入梦中，李冲悄悄躺下，想着方才的经历，无心睡眠。

如浑水

皇兴四年（470）。

三月三，高令公带着学子们来到平城外的如浑水边。如浑水东，花树掩映的大道坛庙，与河对岸的三级石佛图列刹相望。

平城的早春，还些微有点寒意，但丽人们都已按捺不住禁锢一冬的身心，如浑水边，绿鬓临水照花，无论名门贵妇还是平齐妇女都各各弄妆梳洗，花面腮雪，无不毕出。更有豪奢的拓跋王公，方轨连轸。大道坛庙前，三级石佛图下，善男，善女，三三两两，礼佛踏青。男则朱服耀路，女则锦绮粲烂。临水遍施帐幔，有的走马步射，饮宴终日。

在远处，少有人迹的河岸一边，缓缓领队的高令公在前，后面跟着一众中书学生：李冲、封回、唐钦、崔振、邓羡、李仲胤、崔思叔、司马金龙、李安世……都是英姿勃勃，玉树俊才。

他们走至一处清净之地，停了下来。此处，地势平缓，浅草初萌，远望一片青葱，似有还无，却另有一弯细流，自如浑水缓缓分出，在河岸上曲折回环，状如灵蛇瑞草。李冲一边招呼大家，一边将步障打开，围住一片草地。学生们将令公的坐榻安放好，又取出毡子铺在榻前的草地上，搀扶高令公缓缓坐于榻上。令公身着窄袖交领衣，头戴着垂裙的黑帽，高令公依在黑色凭几上，伸手接过李冲递来的麈尾（麈，在细长的木条两边及上端插设兽毛，古人清谈时必执麈尾，相沿成习，为名流雅器，不谈时，亦常执在手）。

云端发出一声长啸，令公举起麈尾遮住日光，举目，只见一只鹰隼，矫健地穿云飞过。

见令公坐好了，中书学生们才在榻前依次坐下。高令公扫了众学生一眼，讲到："上巳修禊，古来有之。今日我们踏青，除病灾祛不祥。还要依古人之俗，成此雅集，曲水邀欢，临河流觞，诗赋并陈。如今虽开酒禁，我们只依古人之俗雅集，并不行饮酒之事。"

中书学生们听到这里，发出欢声，彼此议论不停，跃跃欲试。

眼前，如浑水清流如注，从远处汩汩而来，弯弯曲曲。高令公举目示意，李冲自一旁端来羽觞。羽觞有双耳，木质髹漆，外髹黑漆，内髹红漆。李冲说道："羽觞顺流而下，若停在谁的面前，谁就即兴赋诗，赋不出的受罚。这里面嘛，可不是酒，是……喝了就知道了。"李冲调皮地笑着，吩咐众人起身，将毡子沿着河边铺好，每有弯处便置一毡。众人顺着这条细流错落而坐，分列两旁。只见坐在最前面的是精明的李安世，接着是唐钦，后面是游伯始、封回、崔振、司马金龙、蒋少游、邓羡、李仲胤……

李冲也坐到一处水弯边，嘱咐随行的令公家仆，将羽觞轻轻放在这清流的上游，任其顺流缓缓漂下。流水曲回宛转，羽觞忽行忽停。年轻的学子们兴奋又担心地注目着水中酒觞。那羽觞忽而随波急流，忽而又在水中打转，忽而滞流不前，惹得水边的年轻人一阵惊呼。在水流的一个转弯处，水势减缓，众人都紧张地说不出话来，紧紧盯着羽觞，羽觞左右摇摆，打了几个转，还是停了下来。此处坐着的年轻人，正是大鸿胪（北魏官职）

游明根之子游伯始。他抚掌欢笑，高兴地探身捞起羽觞。

"伯始，第一首诗看来要由你来作了！"高令公笑着说。

"容我想想！"游伯始一会儿仰头思索，一会儿闭目苦想。俄顷，吟出所作之诗：

> 如浑水汤汤，三月觅春芳。
>
> 寻之至远道，所思在旧乡。
>
> 上下顾八荒，一身何茫茫？
>
> 求之不得矣，终老以忧伤。

游伯始作出诗来，众人齐声叫好，令公也微微点头，李冲则用纸笔将其记下。

接着，游伯始将羽觞放入水中，后面的中书学生们又都翘首张目，或喜或惧。羽觞自上流而下，经过司马金龙面前，司马金龙瞪大眼睛，紧盯着羽觞，嘴里念念叨叨："莫停！莫停！"令公看着这些年轻的学子，不由笑出了声。

羽觞摇摇摆摆，经过司马金龙面前，没有停滞，"好啊，好啊！"司马金龙高兴地拍手叫好。漂过一段直道，那羽觞停在了又一处水弯前。

"啊呀呀，这可如何是好！"

说话的是蒋少游。看着他愁眉焦急的样子，众人都笑了。

蒋少游憋得满脸通红，抓耳挠腮，终究是没作出诗来。

李冲一招手，令公的仆人端过杯来。里面盛着的看不出是什么，蒋少游无奈只好举起杯，憋着气一口喝掉。随即便张口皱眉，"哇！好酸啊！"

"少游，要罚三杯啊！"李冲眨眨眼，笑着看蒋少游又接过杯子。

"酸不能忍，让我慢慢喝吧！"

"不行不行。"李冲起身，从仆人手中接过杯子倒满，递给蒋少游。见少游不肯喝，李冲说道："快快喝掉，不然，雅集要被你耽搁了！"说着把杯子凑近少游嘴边。

"思顺，你……"蒋少游话没说完，被李冲劝下两杯。

"思顺，里面盛着的，是什么？"高令公也直起身子，疑惑地问道。

"令公大人，是酢浆（古代一种含有酸味的饮料）！"

"哦！"令公听罢，放下心来，看到蒋少游的样子，不由又苦笑着摇摇头。

蒋少游抿着嘴，皱着眉，复将羽觞置入水中，羽觞又顺着流水向前方漂去。

没漂多远，羽觞就停在了又一个年轻人的面前，那年轻人是源奂，源贺（直勤贺豆跋——鲜卑名）第三子。源奂沉吟许久，吟出一首：

　　　　庶见清流兮！环佩泠泠兮，濯我眼目兮。

　　　　庶沐惠风兮！风蒲猎猎兮，振我素衣兮。

　　　　庶饮酢浆兮？我心悠悠兮，永矢弗告兮。

河岸边立刻发出欢呼，源奂如释重负，把羽觞轻轻放回河里，任其漂流。

不一会儿，羽觞顺流至众人席坐之外，仆人捞起复又自上游放流，这一回，停在了李冲面前，李冲静心略一思索，便张口诵出：

　　　　雨雪霏霏，群雀向波。

　　　　男儿作健，鹞子飞天。

　　　　放马大泽，草好马肥。

　　　　牌子裲裆，冱鉾鹳尾。

　　　　放马泉泽，齐著连羁。

　　　　上马捉鞭，蹀座吹笛。

　　　　近临如浑，棠梨婆娑。

　　　　健儿快马，黄尘跸跋，

　　　　远思古贤。内寻诸己。

武州山高，与白登齐。

"好！"众人齐声喝彩，高令公也不住点头。

李冲似乎就像自己诗中所言之男儿，眼中放着光芒，仿佛他已经快马驰骋在大泽之中，奔腾在武州山下……

快乐如同水上的浮觞，又如同杯中的酢浆，在年轻人之间传递着，和这平城的春天一样，美好、蓬勃。高令公静静地看着这些得意的门生，轻轻挥动手中的麈尾。

"《临河序》还记得吗？"听到令公发问，学生们静了下来，有的挠头思索，有的摇摇头，有的笑着等待令公讲述。一旁，李冲答道："晋穆帝永和九年（353）三月三日上巳节，会稽内史、右军将军王羲之邀谢安、孙绰等四十二位名流高士荟聚会稽郡，在山阴城的兰亭修禊，临流赋诗，各抒怀抱，抄录成集，王羲之为此雅集所成之诗写序，又记当日山水之美，心意之畅。"中书学生们都静静地听着，风自如浑水上来，岸上梨树的花瓣随风轻扬，无声地落在羽觞之上，落在李冲手中的洛阳纸上，也落在这些年轻人坚毅的额头上，宽厚的肩上，落在他们束起的黑发上，落在他们崭新的春衫上……

"良辰、美景、赏心、乐事、美美皆具，可谓四美齐全；贤主、英才，难得却得，真是二难并得。"高令公笑着说道。

接着，高令公慢慢吟唱起来：

永和九年，岁在癸丑。暮春之初，会于会稽山阴之兰亭，修禊事也。群贤毕至，少长咸集。此地有崇山峻岭，茂林修竹。又有清流激湍，映带左右，引以为流觞曲水，列坐其次。虽无丝竹管弦之盛，一觞一咏亦足以畅叙幽情。是日也，天朗气清，惠风和畅，仰观宇宙之大，俯察品类之盛，所以游目骋怀，足以极视听之娱，信可乐也。

高令公看看李冲，李冲接着朗声诵道：

夫人之相与，俯仰一世。或取诸怀抱，悟言一室之内；或因寄所托，放浪形骸之外。虽趣舍万殊，静躁不同，当其欣于所遇，暂得于己，快然自足，不知老之将至；及其所之既倦，情随事迁，感慨系之矣。向之所欣，俯仰之间，已为陈迹，犹不能不以之兴怀，况修短随化，终期于尽！古人云：死生亦大矣。岂不痛哉！

众学生随之应声吟道：

每览昔人兴感之由，若合一契，未尝不临文嗟悼，不能喻之于怀。固知一死生为虚诞，齐彭殇为妄作。后之视今，亦犹今之视昔，悲夫！故列叙时人，录其所述，虽世殊事异，所以兴怀，其致一也。后之览者，亦将有感于斯文。

"我知道！那《临河序》用鼠须笔，青檀乌丝栏蚕茧纸书就，蚕茧纸色白如绫，纸似茧而泽也。"蒋少游挺身插话道，令公点点头："思顺，今日之如浑水边雅集，你都记下了吗？"

"令公大人，今日三十六位中书学生，有六人各成诗两首，十人成诗各一首，二十人作不出诗各罚酢三杯。"

听到这话，蒋少游沮丧地坐下来，引得大家又是一番欢笑。

"你为此次雅集作序，可好？"高令公又问李冲。

李冲高声回答："学生领命！"

李冲随即沉吟片刻，搜词索句，拈笔在一张纸头上写起来，一边写一边勾勾抹抹，不一会儿纸头上已经满是墨痕。

尝闻古人之乐事，上巳修禊，临河而流羽觞；亦知君子之风

123

雅，死生皆妄，文章可传万世。今生遇昌辰，徼逢幸会，平城雅集，歌以咏志。观夫如浑波涛滚滚，不舍昼夜；故而，子在川上曰，逝者如斯夫！仰之白登岫嶂苍苍，几番春秋。嗟乎：人生不满百，常怀千岁忧！

平城三月，苍山负雪，长河裂冰。苍山负雪，白头也有凌云之志；长河裂冰，豪歌胜却管弦之声。此大魏之雄风，北地之铁骨也。且待冰雪消融，鸿雁回翔。草木萌发，乔乔皇皇，春牛稼穑，绩麻采桑。更思马踏边草，鹰盘漠云。马踏边草，渴饮长城窟之水；鹰盘漠云，饥啄燕然山之泥！男儿报国，更待何时？故曰：皇魏千里，大代万年。盛世清明，文事隆兴；贤者学子，不可无为！

今晴川一脉清流，大道百代洞达。兴之所至，以歌胜朝，临河流觞者谁？中书令高令公，中书学生三十六人，平城东如浑水之滨，皇兴四年三月初三日，岁在辛亥，李思冲作序并记之。

李冲朗声诵过，高令公深感欣慰，捋着胡须，口中却说："嗯，尚可，然，还需精进。思顺！"

令公似乎在考虑着什么。

"学生在。"李冲回答。

"将'马踏边草，渴饮长城窟之水；鹰盘漠云，饥啄燕然山之泥！'几句去掉，改为：'化之以文，长城牧马芳草侵故道；抚之以柔，纝水闻莺翠柳满皇都。'"

令公言毕，李冲恍然大悟，连忙执笔将其改过，众学生深为叹服。

令公又说道："此序可名为……《平城集序》。"李冲拱手允诺。

一阵清寒的春风吹来，拂过如浑水，带起清凉的水气，拂过浅草，一旁的步障也轻轻摇动，又吹起高令公的白须……"令公大人，起风了，我们回去吧！"李冲问道。高令公点点头。

李冲将蒋少游唤到一边，"少游，有事相求！"

“思顺，你又要愚弄我了！”少游噘着嘴说。

李冲自怀中取出一个布包，轻轻解开，露出一个蓝色的瓶子，“天呐，这，是粟特人的……”蒋少游话没说完，就被李冲止住了，回头看看四周，李冲把瓶子举到少游面前，日光穿过瓶身，将一抹幽蓝映射出来，照在少游脸上，“这！这是瑟瑟？”

“哦，不是，那是水精？”

少游刚要伸手去拿，李冲把瓶子收了回来。

“莫要告诉别人！”少游听到此话，赶紧点点头。

“这是颇黎（玻璃古称）。”

“哦？很贵的颇黎！”

“嗯，你帮我这个忙吗？”

“什么忙啊？我得想想……”蒋少游有些懵懂，李冲看看身旁的梨树，在蒋少游耳边如此这般地说了一番，“亏你想得出来！哈哈！”少游笑着说道，李冲忙示意他不要出声，把瓶子递给了少游。

春风吹过岸边的梨树，梨花纷纷，落满河岸。

第七章　青台雀　青台雀

蚩蚩驱骟

城内，中书省。

三月的平城，天气阴晴不定，寒风依然肆虐。自如浑水临河雅集回来，和阳又为阴云遮蔽，眼看着一场飞雪又要来临。这一日，高令公讲授《诗》。课后傍晚，中书学生放学，高令公嘱咐李冲夜里留在中书省值守，时时待命草拟诏书、文稿事宜。

屋外簌簌下起雪来，李冲听得雪压枯枝之声，放下手中书卷，拨了拨火盆里的炭火。此时平城宫中，也已经渐次平静下来。夜静无事，李冲便在灯下，拟写可汗所议之事。不一时写好，又执笔将其誊写完毕。待墨迹干透，放在案头，又展卷读书，温习功课。

看了不知多久，李冲有些倦意，便以拳支着额角，稍稍休息了一会儿，又困倦了些，伏在案上睡着了。

手中的书卷，随着李冲睡着，一点一点慢慢卷了起来，只露出开篇的《关雎》。灯火下，照着几行诗句：

> 关关雎鸠，在河之洲。
> 窈窕淑女，君子好逑。
> 参差荇菜，左右流之。
> 窈窕淑女，寤寐求之。
> 求之不得，寤寐思服……

太华殿里，冯太后正从钳耳庆时教习，摹写大字，王遗女双手捧着一张毡垫走入大殿，"太后，天气又冷了，毡垫暖和一些。"

见毡垫上有五色花纹，又有兽类图形，冯太后抬眼看了看，"这是蛮蛮毡？"

钳耳庆时答道："太后，是近日蠕蠕国派使进贡来的。上面织着蛮蛮駏驉之纹。"

"蛮蛮駏驉！"冯太后轻叹一声。

"钳耳庆时，你再讲讲！"

"西方有比肩兽焉，其名谓之蟨（此兽前足类鼠，后足类兔）。食得甘草，必啮以遗蛮蛮駏驉，蛮蛮駏驉见人将来，必负蟨以走。"

冯太后听罢，从王遗女手中接过这个蛮蛮毡，又细细端详。凝视良久，冯太后目光穿过大殿，望向殿外，听得殿外雪声渐渐。起身，冯太后走到后殿，皇太子宏已经五岁了，早已睡熟，看看炭盆中的炭火正旺，冯太后把拓跋宏的被角掖好，披起貂裘，嘱咐王遗女照看皇太子宏，又命钳耳庆时取来罗伞，"随我在宫中走走，踏踏这春雪！"钳耳庆时忙张起罗伞，打起灯笼，跟着冯太后走出太华殿，步入雪中，天地已是一片茫茫。冯太后抬起头来，任雪花洒在脸上，面目清凉。

雪中的太华殿外，漆黑寂静，远远可见一团光明，是中书省还亮着灯光。冯太后便朝着灯光走去，近前，那光是从没关紧的门缝漏出的，照着纷纷白雪，更显静谧。冯太后轻轻推门进去，见一个年轻的学生在伏案熟睡。这个男子青春美好，在灯下，鼻若玉锥，睫似春林，伏在那里就如同一只小鹿般恬静可怜。冯太后静静地看了男子好久，又见案上文本，便拿起细细读来，只见其字铁画银钩，再读所书之文，刚健质朴，典正疏拙：

> 天安以来，军国多务，南定徐方，北扫遗虏。征戍之人，亡窜非一，虽罪合刑书，每加哀宥。然宽政犹水，逋逃遂多。宜申明典刑，以肃奸伪。自今诸有逃亡之兵及下代守宰浮游不赴者，限六月三十日悉听归首；不首者，论如律。

　　见他案上又有诗经书卷，细看诗文："窈窕淑女，君子好逑。"冯太后心中一动。

　　灯影忽然摇动，寒风乱入屋中。冯太后脱下自己的貂皮外衣，给他轻轻盖上，男子睡中似有感觉，睫毛微微动了动，冯太后忙起身，见他睡熟，便吹灭了灯。转身放轻脚步走出屋外，又将屋门关好。

　　"钳耳庆时，此中书学生恭勤不息，观其文字沉密小心，是……"

　　"是敦煌宣公李宝六子，李思冲。"

　　"原来是他！"

　　夜里，李冲从梦中醒过来，觉出身上多了衣服，伸手一摸，竟是貂裘，淡淡香味似曾相识，在黑暗中，李冲坐在案前，细细回想，忽然想起那熟悉的香味是……

　　第二日，李冲将拟写好的文书都交至高令公，便等着午间放学。

　　课毕，李冲唤了蒋少游，二人收拾好书本，便向着宫城之外的南市奔去。蒋少游要买些笔墨，李冲则一路寻找商肆。

　　在一处首饰坊前，李冲与店家说起想打一支簪子。店家告诉他，金簪需要布帛数匹，李冲想了想，自己哪有许多布帛，便求店家帮他打一支铜簪。店家看看这个年轻人，笑着问他，"是要送给家中阿姊阿妹，还是要送与你的阿奴？"（阿奴是丈夫对妻子的称呼）

　　李冲的脸倏的一下红了。

　　见李冲羞涩不语，那店家说道："若是送阿姊、阿妹，这簪首就打个富贵长生箓。"

　　李冲欲言又止，不知怎么回答。

　　店家笑笑又说："若是送与你的阿奴，便在簪首打个新燕一双飞。"

　　"打个新燕一双飞吧！"李冲想起了那日温泉宫女子颈后的朱砂燕子，便脱口说道。

　　"好，公子啊，八尺布帛！"

　　李冲忙将布帛递上，店家依例剪下收好。

"后日来取！"

"好的，有劳店家了！"李冲施礼后，欢快地跑着去找蒋少游。

市廛中，热闹非凡，在一处空地之上，蒋少游正挤在欢声四起的人群中，拍手叫好。那场地中央，几个胡人男女正在杂耍"缘幢"，他们不时作出令人瞠目的惊险动作。李冲挤到蒋少游身边，只见空地中央，一个壮汉双腿分开稳稳站立，仰面用额头顶着一根长竿，其右臂又在腰间，左臂上举抓扶着竿子，而那竿上居然有两个童子，一个童子于竿顶不停变换动作，又一个童子在竿中间，手抓腿夹，把牢竹竿，腰部却用力后仰，绷身如弓，忽然，竿顶的童子，手一松闪落下来，人群发出惊呼，却不料那童子腿紧紧盘着竹竿，只是将上身垂下，故作跌落之状，惊呼之后，人群发出欢声，有人击掌叫好。

李冲不由想到张衡的《西京赋》：

乌获扛鼎，都庐寻橦（旗之竿也），冲狭燕濯，胸突铦锋。跳丸剑之挥霍，走索上而相逢。……尔乃建戏车，树修旃（立起长竿），伥童逞材，上下翩翻，突倒投而跟絓（绊住），譬殒绝而复联。百马同辔，骋足并驰，橦末之伎，态不可弥。

李冲叫出蒋少游，买好笔墨，转回中书省。

一日之后，李冲与蒋少游又来到市场，去往那商肆。店家早已将打好的铜簪用一个锦袋装好，交到李冲手里。李冲打开锦袋，里面是金灿灿的一支发簪，簪首两只燕子双飞相嬉。李冲心中欢喜不尽，与店家道谢而别。

几个月之后，已是盛夏。一日课间，隔壁屋子一角，一众中书学生在围着议论什么，李冲起身去看，原来是蒋少游在绘制人像，一幅已经绘就，画中男子器宇轩昂，目光远视，李冲认识，是当今可汗拓跋弘。蒋少游正在细细着色的是一位女子，此时，蒋少游正刚将她的头发染就，还有眉眼没有描成，那蒋少游所绘之笔，如春蚕吐丝，傅染人物容貌，以淡色微加点缀，不求晕饰。众位中书学生们称赞着蒋少游的画技，更为自己曾见到过可汗而炫耀。李冲站在一旁静静地看着蒋少游一笔一笔将女子的眉毛描出，女子的眉毛不是弯弯的细柳长叶，也不是淡淡的春云雨山，却如同出鞘的宝剑，蒋少游的笔下，那女子的眉梢尖尖的，几乎要没入额角。蒋少游又一笔一笔画着女子的眼睛，那眼睛，清澈又有些凌厉，又有着温煦的春情，李冲似乎在哪里见过。待蒋少游将两只眼睛全描画出来，李冲猛然想起，这眉眼，这女子，正是那日温泉宫所遇之女子。

高令公缓步走入书堂，又要开始上课讲书了。众学生也随之散开，鱼贯回到堂中继续学习。蒋少游赶忙停笔，收拾一番，起身要回书堂，李冲呆呆地看着画像中那女子，突然意识到什么，一把拉住身旁走过的蒋少游。

"思顺，你……怎么了？"看着李冲如此举动，又怔怔地不说话，蒋少游问道。

"少游，你方才绘就的女子……她，她是谁？"

瑟瑟颇黎

"思顺，你不知道吗？"蒋少游一脸懵懂。

"这几日我入宫中为可汗、太后画影……"

没等蒋少游说完，李冲便说了出来："是太后？！"

"是啊！"蒋少游不解地看看李冲，又回头望望书堂，"思顺，要上课了！"

"哦……"李冲松手放开蒋少游，二人走入书堂。

堂上，高令公正在讲着《诗经》，众学生不时跟着诵读。

李冲却无心学习。

南有乔木，不可休思。

汉有游女，不可求思。

汉之广矣，不可泳思。

江之永矣，不可方思。

……

坐在书桌前，看着书上的诗，李冲又想起画中女子，想起那日在温泉宫的沐浴，想起那件香气隐约的貂裘……她，竟是太后？

"思顺！"高令公一声呼唤，将李冲惊醒。

"学生在！"

"课后，你将此文书送至太后宫中。"

高令公放下手中之课本，从案几上拿起一卷文书。

"处！"

李冲起身双手接过。

盛夏平城，赤日炎炎。太华殿前，李冲在门外候着，见王遗女带着宏儿从殿中走去，出去玩耍。

王遗女示意李冲入内。

走入殿中，只见冯太后身穿一件薄薄的素纨夏衣，雪白的肌肤隐隐可见，坐在妆奁前，未饰盛妆，背对着李冲。

"放在案上。"冯太后自镜中看着李冲。

"处！"

李冲将文书放在案上，躬身退出，一弯腰，不想铜簪竟自身上脱囊而出，当啷一声掉在地上。

"是什么？"冯太后问道。

李冲涨红了脸，一时不知该说什么。

"臣那日拾得此簪，不知……可是太后遗落……"

"确曾失落，你且拿来与我看看。"

李冲双手捧起簪子，走到冯太后的身旁，将簪子递过去，偷偷抬眼，冯太后正自镜中直视着他，他赶忙低下头来，心跳不止，脸又倏的红了，身上亦微微沁出汗来。

冯太后接过簪子，细细端详，"正是我要找的……"

李冲回道，"臣愿献给太后……"

闻言，冯太后将簪子递给李冲，"来，帮我簪在发间。"

李冲接过发簪，小心翼翼为冯太后插在发间，又不知该如何插好，冯太后伸手扶着李冲的手，将发簪缓缓插入青丝之中。

"好细的一双妙手！"李冲的手，修长好看，冯太后将李冲的手牵至眼前仔细端详。

"你叫什么名字？"

"李思冲。"

"哦……同是李郎，只是，此李郎非彼李郎……"冯太后幽幽地说。

李冲知道，冯太后所说的李郎，正是数月前被可汗问刑的安平侯李奕。

想到这里，李冲俯身轻声回答："此李郎更胜彼李郎。"

冯太后微微一笑，转过身来，眼含春意看着李冲。李冲的手轻轻震颤，呼吸也慌乱起来，冯太后轻声问道，"为何不安？"

李冲拉起太后的手，放在自己的胸口。"太后，臣的心里有一只鹿，要跳出来。"

太后伸出手指，点在李冲嘴上，"叫我怡安！"李冲轻声叫着："怡安！"

李冲的呼吸就像田野的夏风拂过她的肩头，怡安软软地陷落在李冲的怀里，任李冲有力的手游走着，她颤抖着说："李郎，快让你的鹿出来吧……"

李冲轻轻吻着，从她的脖颈、耳朵、脸颊、鼻尖、眉心，再到嘴唇，她那滑滑的兰舌、脖颈，再到她的酥胸，太后轻轻咬着嘴唇，无力地躺在几上，李冲吻着她的肌肤，慢慢向下，直到最幽深之处……

怡安灵魂在那一刻出窍了，她在熙暖的阳光中，腾入空中，跳离这深宫，向着北方——燕国飞去。那里有透明的天空、蓝色的河水，有金灿灿的花朵，有鲜红的月亮，还有山一样的风暴、雪云一样的丘陵。那风暴如大山一样，无声地迫近，怡安内心有扇门，她想要打开，但是风已经拍打撞击着这门好久了，门张嗡着，想要痛痛快快地打开，

门外，有个拿着铁弓的男子，正朝她走来，他用力打开了门，那熟悉的香草空气，那流淌的奶河，那氄氄（鸟兽细软而茂密的毛）的羔羊皮子……都进来了，裹住了她。男子把弓递给怡安，她用力紧紧地握住，那弓温热，有力，坚硬，男子就在她身后紧紧环抱着她，她用力张开那弓弦，她想呐喊，想要叫出来，可是她的嘴张不开。

他俩合力拉开了弓弦，一支箭朝着黑色的太阳，射去……

怡安的眼前是一片光明，她就在光明之中悬浮着，周围是柔软的，那是柔软的马鞍，不是，她不在马背上，她在李冲的怀抱里，"怡安……怡安……"

李冲的背上湿漉漉的，怡安的胳膊也湿漉漉的，她紧紧地抱住李冲，李冲坚实的胸膛，像医巫闾山的两块岩石。怡安的身上也是湿漉漉的，头发沾着汗水，贴在脸上，贴在李冲的肩头，李冲将怡安轻轻放下，怡安瘫软在蛮蛮毡之上。

回到中书省，李冲找到蒋少游："少游，托付你之事，你可曾办理？"

"何事？"蒋少游满面无辜。

"三月三，如浑水畔……"

"那日不是临河雅集，曲水流觞吗？"

"之后呢？"

"不记得了……"蒋少游摇摇头。

"好啊，少游，我这就去找令公，明日的诗赋看你能不能交来。"

"啊呀，思顺，莫急！记得记得！"蒋少游慌忙阻拦。

"明日的诗赋还要你帮忙应付，我近日得了本画册，正临写其意呢。"

"那我交待给你的事呢？"李冲拽住蒋少游，就要捶他。

蒋少游赶忙躲闪告饶，"办了，办了……你就安心等待吧！"

李冲这才放手。

八月，皇太子宏生日。冯太后带着皇太子去方山游玩，在山头之上，遥望金河府青台，那里去方山北五里。山间百花竞放，百鸟来朝。冯太后芳心大悦，对身边的众人说道："这方山，俯瞰平城，遥临白登，四时风光亦宜人，真是一个好地方啊！"

回到宫中，为皇太子宏庆贺诞辰。后宫中人上表为皇太子进礼庆贺，以营"吉庆之兆"。

昭仪封氏带着儿子，咸阳王拓跋禧，进芳椒，又手书《椒华颂》：

嘉哉芳椒，载繁其实。

厥味惟贞，蠲除百疾。

肇惟岁始，月正元日。

永介眉寿，以祈初吉。

冯太后欣慰地点点头。

只见七个内侍，捧着佛家七宝，依次进入殿内。钳耳庆时在一旁指引列队站于殿中，冯太后看到这庄严七珍，欣慰而笑。这时，此七名内侍又分别依次报出自家名字：

俟力伐泰、

吐伏卢平、

叱利仁、

阿单和、

出连万、

贺拔年、

莫那娄春。

殿中人等不以为意，此时，钳耳庆时才说，七人名字联缀起来就是一句贺语。众人思忖一番，只听七位内侍依次将自己之名，一一又说出来，果然是一句颂词：

太平人和万年春！

"好啊！处处用心同欢庆，事事如意皆吉祥！钳耳庆时有心了！"太后高兴地说道，又命人赏赐。

贺寿进献之礼又不知进行了多久才结束……

"钳耳庆时，将乐曲奏起来！"冯太后兴致忽发，一边吟，一边令钳耳庆时将词录下。歌曰：

青台雀，青台雀，
缘山采花额颈著。
青台雀，青台雀，
念君织机时时错。
青台雀，青台雀，
珠绳络翠春衫薄；
青台雀，青台雀，
丹履划却碎金箔。
……

一时，宫中乐声、人声，汇聚在一起，冯太后又吩咐王遗女："赐宴！"

阿真厨早已备好美馐，内侍们将寿宴之馔端入殿中，人们举箸添筯，歌舞不断，更有的借着酒兴，走到殿中，高歌舞蹈，冯太后笑意盈盈。

夜里，欢宴才刚刚散去，冯太后召李冲入宫。

李冲随着内侍来到太华殿，李冲双手托着一个盘子，盘中器物之上是五彩的丝绸。

"太后，这是臣下的贺礼。"

"哦？是什么？"冯太后倚在榻上，喝了些酒，太后的脸色更是红润娇艳。王遗女顺手接了过来，呈给太后。揭去丝绸，下面是一个沉甸甸的锦盒，冯太后轻轻打开锦盒，里面还有一个丝囊。解开丝囊，一个蓝色的颇黎瓶显露出来，那蓝色，像粟特人的瑟瑟（波斯国所出碧色宝石），如燕国的苍穹，又似平城的星空，在太华殿的烛火照映之下，发着深邃的光。冯太后伸手取这颇黎瓶，有些分量，里面似乎盛着水，可分明有清香散发出来，拿起这颇黎瓶，里面还有一个……

"这是？这是怎么放进去的！"冯太后满脸的疑惑，只见蓝色颇黎瓶里，水中浸泡着一个拳头大的梨！

"颇黎瓶的口儿这么小，梨是怎么进去的？"冯太后啧啧称奇，疑惑难解，转过头来，看着李冲。

"太后，这是臣下用平城甘醴泡制的美酒，有个名字……"李冲看看身后的秋官，秋官躬身退出，太后也让四面的侍儿退下。

"说吧，你这美酒是什么名字，梨又是怎么放进去的？"

"太后，臣不敢。"

"但说无妨。"

"此酒名为——不可离酒。"

冯太后听到这个名字，一怔，转目思忖片刻，会心一笑。

"哦？"

拿在手中，冯太后迎着灯光透射，前后端详："颇——黎——不可——离，好，实在是巧思！"

冯太后赞叹不已，爱不释手。

"臣不敢离开太后，愿常伴太后身边，如颇黎中梨……"

"思顺，难得你有此心！"冯太后眉梢含情，柔柔说道。

"你还未说，这梨儿是怎么放进瓶中的？"

"那梨是臣在梨花落后才结果时，就将小梨用瓶子套入，待梨子长大成熟，再灌入美酒。"

"原来如此？"冯太后恍然大悟。"好啊！好啊！王遗女你快来！"王遗女应声转入宫中，太后招呼她看这瓶中之酒，酒中之梨，王遗女也瞪大眼睛，啧啧称奇。

"快取酒杯来！"王遗女自案头取来酒杯，将其斟满美酒，递与太后与李冲，太后细细品咂着，赞不绝口。王遗女悄悄退出，将大殿之门关闭。

太后与李冲慢慢饮着这醉人的美酒……

凿冰冲冲

平城的夏天干燥，炎热。平城宫内的午后也是阒静的，屋檐下值班的内侍，有的也靠在土墙上昏昏地睡着了。

静静的中午，风吹过平城宫，掀起门前的帘子，摇动太华殿前的花朵。

太华殿里，漆屏半掩，素帐隐约。

王遗女从凌阴（藏冰库）取来冰块，又用一把冰凿将冰块轻轻凿为冰碴，再浇上乳酪，放在案前，转身，又取来一盘新进的桃子。一并等待太后沐浴之后享用。

"今年的冰还有多少？"

"太后，去年天寒，如浑水采冰三次，窖中存了好些呢。不过，今夏炎热，各处取用，已用去半窖。"

"传我的话，留些赏赐给大臣们。"

"处！"冯太后点点头，王遗女慢慢退下。

冯太后困倦了，她轻轻闭上眼睛。倚在榻上，平城的夏日，屋里凉风袭人。

突然，门外传来呐喊，一片嘈杂，耳听得院中四处是奔走的人声。冯燕揉着蒙眬睡眼，从榻上坐起，母亲不知什么时候离开了，并不在身边。惊恐之中，她在黑暗里摸索着下得榻来，双脚站在冰凉的地上，寒意自脚心沁入身体。

忽然，门被猛地推开了，母亲疾步跑进来，将她抱起，匆匆忙忙地找来衣服。

"母亲，怎么了？"

母亲并不回答，只是说："燕儿，燕儿，你要记住，去宫里找你的姑姑，不要和任何人提起你的名字……"母亲头发虽有些凌乱，说出的话却分外镇定，帮她将衣服赶紧穿好，母亲的眼泪已奔涌而出。母亲又看看她脖颈后面所刺的燕子，提提衣领将其遮住："也不要让别人看到你的后颈！"

"姑姑？"

"你的姑姑在平城宫中，是左昭仪，记住了吗？"母亲帮她把鞋子穿好，抬头问她，此时的母亲，已经满脸是泪，在夜色中反射着清冷的月光。

"母亲，不要哭，燕儿记住了！"冯燕用袖子帮母亲擦去泪水。

院子里脚步纷沓，许多火把点了起来，那个深夜，被惊恐和杀气塞满了。

一场突如其来的大雪降落长安，这是一年多来，长安落下的第一场雪。

父亲和母亲都被带走了，燕儿想叫他们，身旁的一位婢女拉住她，用手遮住她的嘴，不让她喊出来，冯燕看到母亲，回头不舍的目光，似乎还在提醒她：一定要勇敢地到平城宫去，去那里找她的左昭仪姑姑。

不知哪里来的军士们，驱赶着家里的女眷和奴婢，朝黑漆漆的门外走去。冯燕跟着那个婢女，随着家里的奴仆们朝着平城方向跚蹰而行。一路上，大家都低头不敢说话，雪越下越大，走着走着，前面白茫茫没有了方向，身边的人有的倒在路边，再也唤不醒，有的被军士鞭打着，发出沉闷的叫声，身边的婢女也不知去了哪里，燕儿四处张望，才发现，只剩下她一个人。她走到了一个没有边际的平原之上，四处都是白茫茫的，抬头，天空阴暗，雪花倾泻下来，越来越重，让她喘不过气来，她害怕，她想吼叫，却发不出声来，恐惧如同一个怪兽，正从四面的雪幕后悄悄靠近，冯燕感到一阵阵地无助，她用力的叫起来，终于从喉咙里，她喊了出来……

"太……怡安，怡安……"身旁李冲不知已候了多久，此时俯身抓住她的手，关切地看着她。

太后长长出了一口气，泪水也滑落到了枕边。

李冲将她抱住，"思顺在，怡安不要怕。"

太后再也忍不住，抽泣起来："思顺，你哪里知道，我心里有多苦……"

李冲不知该说什么，轻轻抚摸着太后的肩头，帮她把头发拢起来，"这么多年，难为你了。"

太后伏在李冲怀中，痛哭起来……

饮泣了良久，李冲帮太后拭去眼泪，太后说起当年。

"父亲大人自投奔大魏，终日思念故国，母亲生我，起名为燕，以志念国。他夫妻二人在长安，终日不敢大意，又恐日后难免离乱……母亲是乐浪人，善纹刺，于我幼时，取朱砂刺乳燕在我颈后，怕遭变故，骨肉分散，日后以为相认之印记。"

"预料之中的事终究还是来了！父亲不知因何触怒世祖太武帝拓跋焘，家中男子皆被诛杀，只有兄长冯熙幸而脱身远逃羌氏，我与家中婢女被充入宫中……若无姑姑左昭仪翼护，我亦不知身在何处，更未卜生死！姑姑为我改名怡安，我姑侄二人每日在这深宫，步步小心，不敢少有迟慢。"

李冲亦想起自家，父亲死在怀荒，家人兄弟四散，不由也悲从中来。低头看看那只红色的燕子，他将怡安搂得更紧。

太后的泪水将李冲的袖子也打湿了，李冲心中生起怜爱之情，捧起她的脸，轻轻吻了起来。顺着泪痕，吻着她的眼睛、脸颊，又吻着她的脖颈，吻着她颈后的燕子。

太后闭上眼，任由李冲爱抚。

李冲又将她抱起，坐在自己怀中，她搂着李冲的脖子，闭上眼，和风吹起白色的，那不是雪花，是梨花，向着天上飞去……李冲的身子拥着她，每一处肌肤都是煦暖的，太后的身体就如梨花一般，那花蕊在旭阳和风下，轻轻舒展绽开了，在暖阳下肆意地伸张着，又在柔风中战栗着，抖动着……

二人歇息之时，冯太后斜倚榻上，手中轻持冰凿拨弄着碗中冰块。案上，盛于蓝色琉璃碗中的冰块，在热风中慢慢融化，银盘中的桃子轻轻颤动，滚落在案头……

李冲愤愤说道："可汗如今竟不顾太后养育之恩，想当年太后离开故国，又与亲人离散……"

冯太后坐起身来，忽然正色道："如今你我当全力一心辅佐大魏！家国旧事莫要再议，若有二心……"

冯太后握住冰凿，用力凿在冰块之上，顿时玉碎瓦解，那些碎冰如锋利的箭镞四射出来。

李冲大惊，连忙跪下："李思冲不敢有违！"

冯太后并不言语，片刻之后，推开冰碗，转头对李冲说道："我知你是凉国王室后裔，亦知你父敦煌宣公，当年你在太华殿时，还尚年幼。"

李冲静静听着，不敢说话。

"思顺，在荥阳几年，有何见闻？"

"臣正要说起此事，大魏如今已国力臻于鼎盛，只是……"

"只是什么？"

"坞堡之制，若不改之，恐日后成为大患。"

冯太后一笑："你可知养寇自重？"

"臣不知！"

"我朝仍立宗主督护，亦是此理。大魏定都平城之初，战争不断，连年内耗，国力尚弱。加之灾害频仍，各地寇盗蜂起。朝廷怎能顾及。"冯太后说道。

"可这坞堡，百室合家、千人共籍……"李冲忙提醒太后。

"我又如何不知？如今遍地坞堡，牢不可破，可汗与我心里都明白。

然而，坞堡虽有弊病，眼前看来，利大于弊，朝廷既然鞭长莫及，自顾无暇，何不顺水推舟，任其宗主督护。"

李冲似有所悟。

"哦，太后，宫外传来消息……"

"什么消息？"

"是平叛敕勒之战事……"

"战况如何？"

"……败了！"

太后不语，李冲接着说："汝阴王拓跋天赐与给事中罗云督诸军讨之。前锋敕勒诈降，罗云信之。副将曾觉察敕勒色动，恐将有变，提醒两位督军强其防备，罗云不从。罗云为敕勒轻骑数千袭杀。拓跋天赐死战，仅得自全，死难士卒十之五六。"

"可汗啊，年少气盛，目不识人，那拓跋天赐与罗云之资材，他竟然不知，还委以重任……"冯太后遗憾地摇摇头。

"思顺，这些日子可汗更是固执，我与之强说，反而无益，你每日多留意可汗的文书、言行才是。"

"臣记下了。"李冲顿了一下，说道。

"可汗近来与吐万安国行走坐卧俱在一起，前些日子还升吐万安国为大司马，大将军，封安城王。"

"哦？吐万安国！"冯太后皱了皱眉，似乎想到了什么。忽然莞尔一笑，"可汗却喜分桃？"抬手拿起一个桃子，冯太后目光冷冷："桃子虽美……"口中幽幽说道："亦可断肠！"转向李冲，冯太后将桃子递给李冲："齐景公之旧事，你想必亦知！"

李冲一愣，"二桃杀三士？！"

"此事，需你我慢慢计议……"冯太后起身走到大殿门口，不再说话。

看看殿外，一抹斜阳正照在殿外宫墙上，金灿灿的，天际也渐渐由金黄变得橘红，宫里只有轻风慢慢吹过，"政事我们管不了喽，由他去吧！我见今日晴空无云，想必夜来月色可赏，就在宫中用晚膳吧，可好？"

"遵命！"李冲回答。

日光西斜，风送来清凉，冯太后与李冲坐在榻上谈天说地，相聊甚欢。渐渐，金乌没入西山，玉兔东升，平城宫的夜晚悄悄来临。宫中内侍正要点灯，被冯太后劝住，一轮明月将清辉洒在平城宫内，太华殿前仿佛一片霜华，月光又照进太华殿。王遗女搬来一架绳床，放在大殿门口，这绳床，两木交叉，床面用绳索连接，可张可合。太后和李冲并肩垂足而坐。

"思顺，你看这一片月色！"

床前明月之光，似霜如水。

"好久没有这么惬意了，思顺，把觱篥吹奏起来……"李冲点点头，掏出觱篥，想了想，轻声吹起来。

坐在榻上，冯太后静静地听李冲在月光下吹起觱篥。

正是青台雀曲：

> 青台雀，青台雀，
> 只怕郎情比云薄。
> 青台雀，青台雀，
> 念君织机时时错。
> 青台雀，青台雀，
> 珠绳络翠春衫薄。
> 青台雀，青台雀，
> 丹履刬却碎金箔。
> 青台雀，青台雀，
> 平城山头寒落索。

　　李冲停下麈簏，只见冯燕的目光穿过大殿，向着遥远的北方，她轻轻唱着：

　　　　青台雀，青台雀，
　　　　缘山采花额颈著……

第八章　郎著紫袴褶

紫袴褶

北苑的清晨，鸟声，水声，野兽的叫声，早早就响起来了，这里的梦醒得要早一些。拓跋弘昨晚很疲倦，睡得也很踏实。在天籁和晨光中，慢慢醒过来。一旁，吐万安国早已醒来，静静地躺在拓跋弘身边，等着他睡醒，见可汗睁开眼睛，吐万安国忙起身，却又被可汗拉住。

"可汗，今日要与众位大人商议却霜之事，莫要误了。"

拓跋弘却不理会，只是将吐万安国又拉到身旁躺下，吐万安国衣襟松开，露出坚实的胸膛……

"主人，已经探得虚实。"腾兒回来后向李冲说。

"哦！"李冲点点头。

"我让你找的那个人，你找到了吗？"

"找到了，住在城外。"

"叫厍狄旀来！"

"处！"腾兒领命去叫厍狄旀。

不一时，厍狄旀进来，李冲如此这般细细安排妥当。

几日后，李冲换上便装，戴了一顶风帽，领着腾兒和雪爪，穿过平城的街头。城南有坊，坊中有巷，走在街头，走至城东一处集市，这里，卖酒的，卖绵布、丝绸的，卖羊的，自成一番热闹景象。走不多远，前方却一阵喧闹，只见一个英俊的少年正和一个小胡商争执不下，李冲细看，小胡商正是厍狄狝装扮的。这几日，库狄狝装作小胡商，找到达奚买奴，雇他做了些小工，故意拖着不给他酬劳。达奚买奴情急，便来理论，还将一个石碾堵在库狄狝的门前，进不能进，出不能出。此时，李冲挤进围观的人群，库狄狝看到李冲，便依计装作气急暴怒，冲向少年，李冲一个箭步走上前去，用臂一挡，就将"胡商"震倒在地。

"有事好说，为何动手！"李冲厉声喝道。

"胡商"气汹汹地又要和少年纠缠，却被少年捽住领子提了起来，库狄狝装作无力反抗，两脚两手胡乱挣扎着。

"欠人酬劳，就该给人家，你这商胡着实不厚道！"李冲说道。

围观的人群里也都同声指责。

李冲仔细看这少年，果然如传言所说，是个美男子。肌肤如雪一样细腻洁白，眉眼如墨点画而成。

"把他放下来吧！"李冲对达奚买奴说，又对"胡商"说，"众怒不可犯，你还是赶紧把欠人家的酬劳给了吧，若要去见官，众位乡邻都去作证，恐怕……"李冲将目光转向众人。

"是啊，还给人家！"

"还给人家！"……

众人纷纷应和。

见此情景，库狄狝又假意辩白几句，似乎不很甘心地认错，嘟囔着回去拿了粟谷交给了少年。

少年这才转身，只见他两手轻轻一提，就将门前石碾搬起。人群发出惊呼，连忙后退让出道路。

放好石碾，少年背起粟谷，转身离去。李冲急忙赶上前去："壮士如此膂力，真乃神勇，敢问在何方高就？"

少年眼神闪过一丝阴郁，没说什么，继续朝前走。

李冲并不介意，跟着他，一直到了他落脚的地方，来到他跟前，重新见礼，说到："实不相瞒，在下李思冲，久闻达奚公子是位豪杰，说来，你我亦是世交。"

达奚买奴听到这话，疑惑地看着李冲，"哦"了一声。

李冲又道："先人（对别人死去父亲的称呼）和先父同朝为官。先父是敦煌公李宝。"

达奚买奴瞪大眼睛，"阿耶曾经提到过，那时我还年幼。"

李冲慢慢说道，"看达奚公子一身豪气，岂能在市井苦力？既是达奚后人，理应建功立业才是！"

"唉！我如今亲人离落，孤身一人，茫然无措……"达奚买奴两手捻着布橐上的绳子，喃喃自语……

"达奚公子这一身力气可惜了。公子若信任李思冲，允李思冲这几日想想办法，可汗的禁卫军里正要招募勇士……"

"真有此事？"达奚买奴的眼睛放着光芒。

"公子若信我不过，此事你我就不再提起，就此别过！"李冲说道。

"自然凭信。有劳大人。若能谋得一职，买奴永生不忘大人恩义！"达奚买奴拱手相谢。

正是季夏六月，平城之北，在灅水的滋润之下，草木繁盛，万物竞生，树林中不时有野兽出没。每日，都有可汗和禁卫军的一队骏马在苑中驰骋奔走，年轻的男子们纵马弯弓，张脉偾兴，正围猎着群鹿。

为首的两位男子，皆着贴身窄袖绯绿短襦，合裆长裤，腰系郭洛带，头戴浑脱帽，足蹬黑软皮长靿靴，正是可汗拓跋弘和他的叔父京兆王拓跋子推。拓跋子推张弓射出一箭，此箭名为电影箭，青茎赤羽，以铁为首，可惜没能射中。拓跋弘见状，双脚踏在鎏金马镫之上，从马背上立起身子，自箭囊中抽出一支飞凫羽箭。这飞凫羽箭赤茎白羽，以铜为首，天子之器用。拓跋弘勾弦搭箭，一道红光如流星射出，远处树林随之传来一阵哀鸣，只听扑腾之声，一只鹿已负箭倒地。拓跋弘和拓跋子推一起收弓观望，北苑的疾风吹来，将拓跋弘的浑脱帽吹落在草丛里。

后面紧随着的骏马上的一个少年，跃马而出，那少年金珰饰首，前插貂尾，正是大司马吐万安国。只见他从骏马之上躬下身子，侧身至马的一边，展腰舒臂在草丛中只手抄起帽子，纵马向前，追上可汗，拍拍浑脱帽上的尘土，擦去露水，摘去草叶，递给可汗。拓跋弘手持雕木弓，笑着眨眨眼，示意吐万安国给他戴上。吐万安国调转马首，靠近可汗，将帽子帮拓跋弘戴好。平城的盛夏，干燥炎热，一番奔驰，紧随着赶来的禁卫军们都已满身是汗，年轻的健儿们都将短襦脱去，裸露上身，他们都有着结实的肩膀、手臂，在马背上欢呼着唱起歌来：

新买五尺刀，悬著中梁柱。
一日三摩娑，剧于十五女。

"可曾将可汗所射中之猎物取回？"拓跋子推环顾众禁卫军问道，吐万安国拱手应答，带着随行的军士，挥鞭奔向林中。

拓跋弘正望着吐万安国的背影出神，一个健壮的少年自后面的树林中策马远远赶过来，马背上还放着刚猎回来的一只野猪。这个少年，满头梳着发辫，披在脑后，穿着紫色的袴褶，短襦也褪去两袖，挽在腰间，胸前隆起的肌肉，粗壮的胳膊在夏日的阳光下如小小的山包，有着优美的起伏和坚实的力量。

他微微地喘着气，纵马而来，看到前方的禁卫军都已没入林中，他有些着急，一边用手背擦去额头的汗水，一边用焦急的眼神张望着前方。

来到拓跋弘的面前，那少年翻身下马，跪在拓跋弘马前禀告。

"可汗，方才追逐一只野猪，不想误入深林。小的将它猎获，献给可汗！"

"哦，为何这么久才猎得？"

"可汗有所不知，那野猪狡猾得很，已中小的一箭，却不顾疼痛，专往林深草密不平之处跑，小的只得下马追赶，又补了一箭，才擒住它。"说这话时，少年做了一个挥拳锁喉的手势，仰起头来得意地说，浓密的眉毛上挂着汗水，两只大眼睛笑眯眯地看着拓跋弘。

"你叫什么名字？"拓跋弘问道。

"小的达奚买奴。"

眼前的达奚买奴边幅美丽、蟒首膏发，眉如春山茂林，眼如秋水寒星，英俊天真。拓跋弘看着眼前的少年，仔细端详，眼中流露出怜爱之情。

拓跋弘问道："你可愿意去神部任职？"

"神部？真的吗？"达奚买奴高兴地仰起脸，笑着问，露出一口整齐洁白的牙齿。

"有何不可？"拓跋弘语气越发温软，忍着不笑出来。

"当然愿意！"达奚买奴开心地眨巴着眼睛，长长的睫毛就像小鹿一样。

"好，把野猪放下，去找他们吧，比比谁的猎物更多！"

达奚买奴快乐地笑着，拽起勒马的缰绳，待马奋起蹄来，他碎步发力，追上骏马，扳住鞍头，一下子就跃到了马背上，还不忘转回头向拓跋弘开心地咧嘴笑笑。拓跋弘微微笑着，目送达奚买奴如一道春风，拂过田野，穿过深林。

见禁卫们都去林中拾取猎物，拓跋弘对京兆王拓跋子推说："我将李奕和李敷杀了，太后竟然没有举动，你怎么看？"

"太后还能怎样，想她孤衾独宿，秽乱春宫，已是愧对先帝。可汗你斩杀李奕，是正清我大魏之皇室，今后，就让她嫠帏寂寞着吧……"

"但愿如此……"

拓跋弘手里拨着弓弦，嘴里自言自语。

不一会儿，禁卫军们已将被射中的鹿捡回。也有狩猎回来的其他猎物，达奚买奴又提了几只雉，待到列队在可汗拓跋弘面前时，他把手中的猎物高高举起，笑着给可汗看。

"可汗箭法神准，一箭即中，获鹿一头。"吐万安国向可汗禀报。

"尔等所获几何？"拓跋弘笑着问道。

"鹿一头！"

"兔两只！"

"鹿一头！"

"雉三只！"

……

年轻的禁卫们争先恐后地报着成绩，"还有我的一只野猪！"达奚买奴忽然想起了什么，着急地喊叫着，目光在拓跋弘身边的草地上寻找，拓跋弘眼含爱意看着这个漂亮无邪的少年。

朱漆屏

太华殿里，太后正在灯下写字，中曹给事中钳耳庆时捧着一碗黑漆立在一旁。王遗女挑帘进来，"太后，用些酪浆吧。"

见殿中昏暗，只点了案几上的一个灯，王遗女又说："太后，灯光太暗了，续点灯油吧？"

轻声连问几声，太后都没有答应，只是屏息忙着描摹，却不抬头，"你来看，钳耳庆时的这几个字，我学的怎么样？"

王遗女走到几案前，只见冯太后正在一面漆板上，用笔蘸着漆写着字，一旁，是钳耳庆时写在纸上的几个字，"果真越来越像了。只是这几个字，小的不认识，太后，写的是什么？"

冯太后笑着左右端详笔下的字，此时才想起回答："不必续油，此时还看得清。"

看了一会儿，冯太后转目，看着大殿上立着的一架朱漆屏风，让王遗女将灯端到朱漆屏前，只见那屏风在灯火下红光艳艳，"钳耳庆时的画笔真是神妙……你看这屏中的女子……"太后的目光停留在朱漆屏中的一幅画上。

见王遗女满面懵懂，中曹给事中钳耳庆时说道："此图说的是古时启母涂山贤事。想那启母，乃涂山氏长女。夏禹娶以为妃。既生启，禹便治水而去，三过其家，而不入其门。涂山虽独力抚育，但明德而教，启亦听从其母教诲，修身为德，而有美名，禹为天子，启为嗣子，秉其先帝禹之功而承之不殆。故君子谓，涂山善教子。"

冯太后边听边点头，她让钳耳庆时拿着他写的字样，让王遗女端着漆碗，自己一手拢起袖管，一手搦着手中的笔，在朱漆屏上空着的一个榜题上，蘸上黑漆，一笔一划写下"如""临""深""渊"四个字。

一位内侍进来禀告："中书学生李思冲求见！"

"传！"冯太后将笔递给王遗女，钳耳庆时与王遗女将纸笔收拾好，躬身退出。

不一时，内侍接引李冲来到太华殿，李冲穿着皂色幂篱，手里捧着一个包裹，等内侍退出，李冲禀报，"太后，这里是一件幂篱，太后需易妆，扮作庶民，方可不招人耳目。"

冯太后点点头，走到镜奁前，边卸去钗环，边问："可汗明日是要去司马金龙家里吗？"

"是的。可汗数日之后要去阴山却霜。明日去司马金龙家中商议。"

卸去发簪，发髻有些松散，李冲走到冯太后身旁，从妆奁中取出那支新燕一双飞簪子，帮她绾住发髻，插在发间。

"你我商议之事，如何了？"冯太后摘去手指上的戒指。

"已找到一个人，近日便安排入禁卫军，在可汗近前。"冯太后静静看着镜中，嘴角微微笑着。

李冲不说话，递上幂篱。

这幂篱本是胡羌民族男子的装束，吐谷浑人多以其为冠。幂篱由毡笠做成，高顶宽檐，四周宽檐骨架糊褙缯帛，皂色之纱全幅缀于帽檐，使之下垂，可长至脚踝，以障蔽面部和全身。穿好幂篱，皂纱罩体，白日里亦无法辨清面貌，更遑论夜间。帮冯太后穿戴好皂纱幂篱之后。李冲唤来内侍。

"去传中曹给事中钳耳庆时！"

"处！"

中曹给事中钳耳庆时旋即来听候吩咐，冯太后命他："将屏风送至琅琊王司马金龙府邸。"钳耳庆时正要转身去办，又被叫住。

"慢着！"冯太后低声嘱咐："你们亦换掉内侍之服，扮作平民。"

"处！"

司马金龙与夫人钦文姬辰正在屋中说起明日可汗来府中商议却霜之事。可汗无事常来当年自己的侍讲先生司马金龙家里坐坐，前几日说起，数日之后就要去阴山却霜。

家人进来禀告。"中书省李大人来访。"

夫妻二人有些意外，短暂对视之后，司马金龙赶忙说道："快请！"钦文姬辰夫人起身行礼退下。

"荣则，黉夜来访，搅扰了！"

"并无搅扰！"

李冲进屋，身后却还跟着一个人，那人穿着幂篱，自帽檐垂下的皂纱，将来者的头和脸遮挡的看不清是谁，进得屋里，灯光下摘去幂篱，才见是一个年轻的女子。那女子不施粉黛，却粉面朱唇，杏眼柳眉，满头乌发只戴着一个发簪，并无更多钗环发饰，却更有一番别样的风韵。仔细看了看，司马金龙失声叫了出来："太……"。

李冲忙使个眼色，司马金龙不敢再言语。

拱手请太后就坐之后，司马金龙问道：

"不知降尊来府，有何吩咐？"

"无事，琅琊王尽忠为国，理应探问。"

"小臣不敢！"

　　冯太后坐定，四顾环视，说道："你这府上少了点物件。"

　　司马金龙不解地看看太后，又看看李冲。李冲一拍手，数名着便服的内侍自门外抬进来几块木板，这几块木板，叠在一起。内侍们将其展开立在榻侧，榫卯相接，合成一屏。竟是一围朱漆屏风。屏风遍体施以朱漆，铁线勾描，填绘五彩。一时间满室红光。

　　"琅琊王近来可好？"冯太后问。

　　"诸事皆好！"

　　"当年，你父亲琅琊贞王深得高宗器重，高宗时时挂念，常与我提及……"冯太后边说，边转头看着朱漆屏风，那上面画着"比干忠谏"。

　　"你可知这比干忠谏之典故？"

　　"臣不敢不知。比干年二十即辅佐帝乙，又受托孤重辅帝辛。辅佐君王，以忠义之心，鞠躬尽瘁。帝辛纣王暴虐荒淫，横征暴敛，比干叹曰：'主过不谏非忠也，畏死不言非勇也，过则谏不用则死，忠之至也'。遂强谏三日不去。纣问何以自恃，比干曰：'恃善行仁义所以自恃'。"

　　听到司马金龙这么回答，冯太后不住点头："为臣当忠谏，忠谏还应有七窍玲珑之心。"

　　"处！"

　　冯太后又转向"如临深渊"图，低下头仔细看看，那四个字尚未干透，冯太后走上前去用嘴吹吹那几个字，笑着看看李冲说："好了，已是深夜，我们该回去了！"

　　起身穿戴起幂篱，冯太后朝外走去。

　　"荣则兄，可知太后用意？"李冲微微一笑，将目光投到屏风之上。在灯光下，那朱漆屏风五彩夺目。司马金龙点点头。

　　"太后送此屏风，实有用意。当年在东宫，荣则兄曾为太子侍讲，如今，可汗多少还是会听仁兄一些劝解的吧！还需荣则兄，苦心忠谏！"

　　"司马金龙定当竭力进言相劝！"

　　司马金龙，躬身送别。

送走太后、李冲，司马金龙在屋内踱步沉思，钦文姬辰进来奉汤，看到朱漆屏，愣了一愣，俄而神色转缓，又婉言说道："这朱漆屏可真是漂亮！是李大人送来的？"

司马金龙摇摇头，将方才之事说了一番，钦文姬辰夫人走到屏风之前，细细端详，整个屏风之上，绘着列女、孝子、忠臣诸图。

看着屏风上的一幅图，钦文姬辰夫人被画中人物吸引，对着黄底墨书榜题念道："和帝邓后"。司马金龙走过来，二人轻声读着上面的榜文：

> 邓后者，汉和帝之后也。帝崩，长子平原王有疾，而诸皇子夭没，前后十数，后生者辄隐秘养于人间。殇帝生始百日，后乃迎立之。尊后为皇太后，太后临朝。孝悌慈仁，允恭节约，杜绝奢盈之源，防抑逸欲之兆。正位内朝，流化四海。仰观乾象，参之人誉，援立陛下为天下主，永安汉室，绥静四海。

司马金龙和夫人钦文姬辰两人转头对视，接着又看到屏风之上所绘的"周室三母"，钦文姬辰回头说道，"唉，可叹太后一片苦心！"听夫人如此一说，司马金龙也不住摇头叹息，"如今可汗要与太后角力，无论谁胜出，伤的都是皇家之根基呀！"

"可汗年少，不肯让步低头，夫君你要竭力劝阻，父亲此刻亦不知宫中纷纭，必要传书一封给父亲，此事才周全。"听钦文姬辰这么说，司马金龙点点头。

"夫人所言极是！"

"只恨不能为夫君分担，钦文姬辰有负君恩。"

这一日，可汗拓跋弘为却霜之事，来到司马金龙家中，一番寒暄，谈佛说玄，品酪浆食膏环，君臣二人抒怀畅意。可汗拓跋弘被榻上的朱漆屏所吸引，问道："此屏风色艳而笔妙，谁人所制？"

"是臣请平城巧匠斫木为屏，另托中曹给事中钳耳庆时绘就。"

"哦，钳耳庆时的笔端越发神来！"拓跋弘对着屏风赞叹，问到："此中所绘想必是些趣事，琅琊王无事可做消遣之观……"

"可汗，此屏中所绘皆旧朝往事，臣立于榻前，每日观之自省。"

"哦？"拓跋弘闻听此言，不由回头看看司马金龙，面露不解。

"可汗，请看此图——"司马金龙一幅一幅慢慢讲来，拓跋弘神情渐渐变得严肃，轻轻皱着眉头。

司马金龙心知可汗已为屏中故事所动，遂又指引他看那"如履薄冰"之图，拓跋弘注目观看，只见图中岸边垂柳已萌，绿叶细条，在东风中轻摆，水面积冰也已开始融化，可是，一个年轻的男子却双足踏在浮冰之上，脚下的冰已裂开，眼看就要落水……此图之旁，又是一幅"如临深渊"，一个年轻的男子，身后是座座山岭，然而此子却独立绝路，眼前就是悬崖，脚下是万丈深渊！"如临深渊"四字写的分外醒目，仔细看，凸出画屏几分。

司马金龙娓娓道来，"可汗，此图之意正是《诗》言：'不敢暴虎，不敢冯河。人知其一，莫知其它。战战兢兢，如临深渊，如履薄冰。'即此图画之取意。"司马金龙后面说着什么，拓跋弘似乎都没有听到，他只是喃喃自语着：

"如临深渊，如履薄冰……"

皂幂篱

皇兴五年（471），六月。

多日的行路，可汗拓跋弘一众车驾来到了阴山之北，白道岭北阜上是阿计头殿。其城圆角而不方，四门列观，城内有台殿。广德殿则在此西南，大殿四面披檐，两边设厦，厅堂彩画，斗拱绮丽，举目可见之处，皆绘有奇禽异兽。广德殿之西北又有焜煌堂，雕楹镂桷，状类古之温室。

殿前树着广德殿碑，此碑崔浩执笔。碑文云：

> 肃清帝道，振慑四荒，
> 有蛮有戎，自彼氐羌，
> 无思不服，重译稽颡，
> 恂恂南秦，敛敛推亡，
> 峨峨广德，奕奕焜煌。

刚入禁卫军，达奚买奴被眼前的一切吸引着，跟着可汗和吐万安国进入广德殿。吐万安国忙碌着安排可汗休息，又唤来内侍执白羽翟扇风送凉。看到达奚买奴四处观望，很是不快，便对他说，"你到门外去听候命令。"

达奚买奴笑着领命，跑出去了。

拓跋弘似乎还是心事重重。傍晚时分，内侍来报："京兆王拓跋子推到了。"拓跋弘稍露笑容，"快传！"

等到拓跋子推来到广德殿，拓跋弘便紧闭殿门，与之密谈要事，大殿之外只留吐万安国守卫，二人商议良久，忽然广德殿的大门打开，可汗和京兆王并肩走了出来，"传御膳！"拓跋弘和他的叔父都有些饿了。

阴山行宫的阿计头殿中，银灯海错，华烛传筵。可汗摆宴与随同却霜的众位大臣饮宴，京兆王与司马金龙坐在两旁，殿外的御食曹正在忙碌地准备着腩炙，狩猎而得的野猪肉，鹿肉切成方肉块，在贯弗（烤肉用的铁扦）之前，用葱白碎、盐和豉汁腌渍好，在火上用两歧簇炙好，内侍们将其端入阿计头殿。

司马金龙看看散发着香气的腩炙，却摇摇头，有些坐卧不安。可汗问道："先生为何如此？"

"可汗恕臣失礼，只因为臣患痔下血，如坐针毡，更不敢食此腥热之物。"

"哦？无妨，我有食疗之方。让内侍多制些野猪肉炙来，肉上撒椒、盐、葱白！此脯炙能治五痔瘘疮。"

顷刻，内侍就将野猪肉炙奉上，拓跋弘对司马金龙说："空心食用，可治久患痔下血不止之疼痛，先生今日可放心食之。"

司马金龙闻之，才遵命取食，众人大唉而后快。

"可汗，臣闻旧日，世祖、高宗每至酒酣便豪歌剑舞，今日何似当时啊！"司马金龙说道。

"是啊！如此痛快，无人舞剑，岂能尽兴！"拓跋弘兴致正浓，忽闻司马金龙一声言。

"臣有一议！"

"何议？"

"所谓，宝剑赠英雄！臣今献一宝刀，不如，令几位勇士舞剑赛之，其中胜出之能者，可汗将之赐予。"司马金龙说着解下宝剑献上。

拓跋弘笑着微微颔首。

一旁闪出吐万安国，对可汗说："臣愿为可汗舞剑助兴！"

可汗点点头。只见吐万安国走向殿中，施礼后，舞起宝剑。那宝剑在吐万安国手中，生出风来，一时竟寒气逼人。

殿中众人叫好。

吐万安国舞罢，退于一旁，又有几名武将也想讨可汗之欢，纷纷走入殿中使出浑身解数，各献其艺。

一番竞艺，却听可汗高声叫道："达奚买奴何在？"

听到令传，达奚买奴快步走入堂中。"臣在！"

"且将剑器舞起来，为欢宴助兴！"

达奚买奴领命，宝剑在手，寒光四射，于堂上舞将起来，只见一团银光护体，达奚买奴忽而斜刺宝剑，吐出剑花，忽而又蓄力含胸，将宝剑藏于身影之中，剑气所到之处，虎虎生风。众人看得眼花缭乱。

一旁的吐万安国，冷冷地看着达奚买奴，手在佩剑柄上按了又按。

"好！大家都说说，这舞剑，谁可夺魁？"

司马金龙起身奏道："臣以为，若论剑术，当推吐万安国将军和这位勇士！"指指达奚买奴，司马金龙又摇摇头，"只是……臣实难分伯仲！"

众人亦都议论一番。

"来呀，赏！"可汗下令颁赏勇士，又笑吟吟地将宝剑举起，达奚买奴眼中闪着光芒，满怀意气，目光凛凛地看着殿内众人。

可汗笑着看看达奚买奴，高声宣道，"将宝剑赐予吐万安国！"

阿计头殿里欢声四起。接着，宴会上众人觥筹频举，齐声赞颂可汗，拓跋弘露出好久未有的笑容。众人无不欢声喝彩。达奚买奴愣在当地，面露沮丧。

吐万安国接过宝剑，又特意将宝剑高高举起，向众人示意，回头看了一眼达奚买奴，才将宝剑锵的一声，收入剑鞘。

饮宴至深夜方才结束，回到焜煌堂，微微有些醉意，拓跋弘两脚交替蹬着，把靴子脱下甩到一边，仰面跌在卧榻上，昏昏欲睡。一旁的吐万安国走上近前，帮拓跋弘摘下帽子，又伸手解开他的郭洛带，帮他脱去外衣。"可汗，此次大军出征，数月劳顿，尚未歇息过来，今日又去狩猎，有些累了吧？"

拓跋弘沉默不语，广德殿内，熏香如丝如缕，萦绕在大殿之中，在灯火之中，隐隐迷迷，烟雾有着不一样的青色。吐万安国伸手拉住可汗的手，拓跋弘缩了一下，旋即又伸手将吐万安国的手慢慢握住，不再说话。

看可汗心意与往日不同，吐万安国又轻声问道：

"可汗，吩咐内侍热水沐浴？"

"嗯，不用，我确实有些累了，你退下吧。"

吐万安国有些不解，却也只好嗫嚅着答应："可汗……珍摄圣体……"说罢，起身迟疑地退出了大殿。

吐万安国走了不久，可汗呼唤："侍者！"

内侍闻声入内听命，"去宣达奚买奴来！"

"处！"内侍答应着转身去传圣意。

不一时，达奚买奴脚下像生了风一样，跑着就来到了焜煌堂。

"可汗，今日我舞剑，为何不能胜出？"说话时，达奚买奴还是满腹不解，依然因为没有获得宝剑而闷闷不乐。

可汗只是笑着不语。

"臣听闻那宝剑，剑刃锋利，可斩铁削金！"

看着达奚买奴的纯真，可汗笑着拉住他的手说："此不过小儿得饼之乐，我会给你更多！"

达奚买奴不解，眨眨眼睛，看着可汗。

可汗却不再提起此事，转而问他："在北苑，你连着脱队，迟到两次，又该怎么惩处？"

"我……"达奚买奴嗫嚅着说不出话来。

"阴山之下，野兽出没，这几日恐睡不好，今夜你就留着这里值守！"

"处！"

焜煌堂里，内侍们将热水注入汤池，池边的衣架之上挂着紫袴褶，郭落带。

汤池里，达奚买奴已经褪去袴褶，正在沐浴。

拓跋弘从衣架后转出，"可汗！"达奚买奴惊慌地站起身来，又赶紧弓身坐入汤池。

拓跋弘笑着脱去自己的衣衫，将麻巾递给达奚买奴，让他帮自己澡身拭体。

被阻在焜煌堂门外，吐万安国又气又急，来来回回在门前的林中踱步。大殿内，拓跋弘将达奚买奴拥入被中。

远远看着焜煌堂中，灯光明亮，人语隐约，吐万安国怒睁豹眼，一拳击在身边的榆树身上，转身愤愤而去。

太华殿中，每日冯太后如常作息，与平时并无不同。

这晚，李冲又来到太后身旁，递上皂纱幂篱，太后依旧穿戴好，和李冲自便门出宫。

从宫中出来，拐入一道坊里，见后无跟随之人，李冲才打个口哨，雪爪从巷中蹿出，紧跟着，后面是一辆马车，太后上了马车，李冲左右观察，护送太后来到东阳公拓跋丕府上。

拓跋丕收到密报，早早在府中迎候。

入得府中，冯太后摘去幂篱，深深一拜。

东阳公赶忙还礼："太后如此，叫老臣如何是好！"

冯太后坐在榻上，慢慢说道："东阳公是先帝之旧臣……"

东阳公闻听此言，赶忙躬身拱手，口中连连称是。

"想世祖当年，赏识东阳公，公亦忠心耿介，由此擢拜羽林中郎，赐爵兴平子。"冯太后幽幽说道。"世祖有赖东阳公，赐东阳公从驾临江，这些，东阳公你还记得吗？"

"记得记得！"拓跋丕已是满眼泪花，不敢直视冯太后。

"故而东阳公忠心不二，乙弗步浑逆贼作乱，东阳公遽以奏闻，才知叛臣之野心。那时，我与新帝寡母孤儿，茕茕无依，幸有东阳公与众位先帝之股肱忠臣，以国家社稷之心，临危而出，与我母子二人同心击贼，才有魏室之今日！"

"还赖太后圣明，老臣得皇家之恩赏，此身此世无以为报。"

"东阳公的几位公子，都还好吧？"冯太后边说，边拂去袖上的一只青蝇。

拓跋丕一惊，赶忙回话："老臣这些犬子，都愚钝无知。"

"近日可汗与你说过什么？"

"只是国事，并无其他！"

"好，可汗一言一行，侍中可不能疏忽！"

"老臣明白！"

"哦！东阳公睿智！"

"今日之事……"

"今日之事，不敢使人知道……"东阳公唯唯答道。

送太后回到平城宫外，高大的象魏在夜里黑黢黢地矗立着，太后说道："思顺，今晚月色皎洁，你陪我走走。"说着，太后将皂幂篱上的纱撩起来置于幂篱两侧，畅快地呼吸着平城的空气，任夜风吹着她的脸庞。她伸出手来，李冲赶忙令众人止步，上前将胳膊抬起，太后将手搭在他的小臂上，二人在夜色中慢慢走向平城宫，宫中的大殿，在夜色中，只有土墙隐隐还有些颜色，屋顶的黑瓦，则隐入夜空。

就要到太华殿了，李冲将太后一把拉入怀前，太后绵软的胸脯，让他的心，跳的更加热烈，"太后，今晚让臣陪你吧！"李冲揽着太后的腰，将嘴印在太后的唇上。

"不，这几日迷局未破，不可大意，又岂敢乱了心志。"冯太后一笑，嗔怪道。随之轻轻挣开，转身向前走去，李冲脸一红，低下头，赶紧快步跟上。

"那桃子分而食之了？"冯太后问道。

"司马金龙传回消息，已依计而行。"李冲答道。

冯太后望着太华殿尚未熄灭的灯火，"宏儿可安睡了！"

阴山行宫。又一个清晨。

焜煌堂的卧榻上，拓跋弘睁开睡眼正要起身，才觉自己的胳膊已经被达奚买奴压麻了，想要抽出胳膊，又怕惊醒达奚买奴，拓跋弘就侧身静静地看着眼前的达奚买奴。阳光照在达奚买奴乌黑的发辫上，照在他如松林般深密的睫毛上，翕若春华。清晨的阳光中，自行宫中飘来的一朵苇絮在焜煌堂中，慢慢飞舞，忽而向左，忽而向右，竟顺着阳光，落在达奚买奴的睫毛之上，拓跋弘用手指将其轻轻取下，达奚买奴受了惊动，发出几声梦呓，翻过身去又睡着了，拓跋弘这才顺势轻轻抽出自己的胳膊。阳光洒在达奚买奴的身上，一片雪白。

不觉两月已过，却霜之仪也结束了。拓跋弘带着车驾回到平城。

此时已是八月。

太华殿中，李冲自殿外转入。

"太后，可汗近日传出圣旨，召京兆王拓跋子推、任城王拓跋云、东阳公拓跋丕、太尉直勤贺豆跋等回平城面圣议事！"

冯太后正在案几前习书，听到这话，微微抬起头来，停了片刻，继续低头写着字，"不必在意，我已有安排！"

琅琊王司马金龙府邸中，刚刚却霜回来，司马金龙又忙着宫中事务，不曾少歇。今日，丈人将从冀州回来，司马金龙才早早回到府中。

钦文姬辰将醴酪端来，"夫君，这几日劳顿，快歇息歇息。"司马金龙点点头。

不一时，忽听通传，太尉直勤贺豆跋来到府上，司马金龙连忙与妻子迎接。

刚刚从冀州赶回来的贺豆跋与司马金龙不及寒暄，便说起却霜前后之事。

"信中所说之事，究竟为何？这便是太后送你的朱漆屏？"太尉直勤贺豆跋看着屋中的屏风。

"是啊，您看！"司马金龙将丈人引至朱漆屏前细细端详。

看着屏风上的一幅幅图画，贺豆跋眉头越皱越紧，再看到"如履薄冰"和"如临深渊"之图，贺豆跋长长叹了一口气。

"可汗近来与京兆王颇多往来，我随可汗却霜，京兆王亦在可汗左右，常常闭门密谈。"

"什么？拓跋子推？！"贺豆跋惊问道。

"正是！"

贺豆跋捻着胡须，皱起眉头不再说什么。

"丈人，可汗召您回平城，您可曾想过所为何事？"

"我虽不知所为何事，此番与你交谈，心里却明白了……"

贺豆跋沉吟半晌问到："太后还有何安排？"

"太后与李冲李大人来府上，要我依计而行……"

"哦？何计？"

"李大人留下一把宝剑……"

"如何！？"

见丈人急切，司马金龙说道："丈人，只是令我于却霜之时，见机而行，献宝剑于可汗，特特嘱咐，一定要做为众勇士角斗之赏。"

"哦？"贺豆跋不解地问："这又是为何……"

"丈人不知，可汗身边有两个亲近的男子……"

"哦。"贺豆跋恍然大悟。

数日之后，平城北苑，崇光宫尚未修好，土墙粗粝，房檐低小，台阶也并不平整，宫殿之内亦木柱无漆，地面只是夯土而成。可汗拓跋弘在这里召见众位赶回京城的王公、老臣，更是要坚定自己禅位的决心。拓跋弘刚刚宣布自己要禅位给皇叔京兆王拓跋子推，殿中的大臣们面面相觑，无人敢言。

任城王拓跋云出列进言："可汗，如今大魏盛世太平，威加四海，岂能有违先祖之制，又怎能忍心弃黎庶之望？皇权历来就是父子相传，自我皇魏兴国，从未有变。太子是大魏皇脉之正统，素来德行高洁，声誉日隆。陛下若真的要怡情养心，断绝杂务之扰，孰轻孰重，想必可汗也知道，还是要让皇家之大权有序传承为要吧。如今可汗舍弃皇储正统，移宸极为旁支，恐非先圣之意，此举只怕于情于理都难以服人。更何况，天下乃祖宗之天下，而陛下轻易皇权，恐上背七庙之灵，下助奸乱之道。此是祸福所由。陛下！

深思慎之。"

太尉直勤贺豆跋也走出来进言。

拓跋弘问道:"面前可是司马金龙之外舅(丈人)?"

"回陛下,老臣正是。"

"陛下,今欲外选诸王而禅位于皇叔者,日后秋冬二祭这宗法制度、辈次排列岂不混乱?倘若万年之后,必为后事讥笑我朝逆飨乱制,还请陛下深思任城王之言。"

拓跋弘的眉头皱了起来。

东阳公拓跋丕又进言:"陛下春秋正盛,君临四海,普天太平,万民景仰,天下归心。必欲独善其身,远离尘务,其若宗庙何!其若亿兆何!皇太子虽然素有圣德,然而实在年幼……"

话音未落,尚书步陆孤馛上前说:"陛下若舍太子,更议诸王,臣请刎颈殿庭,不敢奉诏!"听到这里,拓跋弘十分不快,转向选部尚书赵黑,赵黑却说:"臣以死奉戴皇太子,不知其他!"

拓跋弘心中已知此事不成,默然不语。中书令高允此时说道:"臣不敢多言,愿陛下上思列祖列宗托付之重任,追念周公辅佐成王之事。"

拓跋弘意气低沉,无奈地说:"那就禅位太子,只是诸位必一力辅之!步陆孤馛,你是忠直之臣,必能保吾子。就命你为太保,与直勤贺豆跋持节奉皇帝玺绶,传位于太子。"

回到司马金龙府中,直勤贺豆跋和司马金龙二人都面色沉重,窗外,疾风摇动,一场暴雨眼看就要到来。

皇兴五年(471)八月丙午日,册命太子曰:

昔尧舜之禅天下也,皆由其子不肖。若丹朱、商均能负荷者,岂搜扬仄陋而授之哉?尔虽冲弱,有君人之表,必能恢隆王道,以济兆民。今使太保、建安王陆馛,太尉源贺持节奉皇帝玺绶,致位于尔躬。其践升帝位，克广洪业，以光祖宗之烈，使朕优游履道，颐神养性，可不善欤？

丁未，诏曰：

朕承洪业，运属太平，淮岱率从，四海清晏。是以希心玄古，志存澹泊。躬览万务，则损颐神之和；一日或旷，政有淹滞之失。但子有天下，归尊于父；父有天下，传之于子。今稽协灵运，考会群心，爰命储宫，践升大位。朕方优游恭己，栖心浩然，社稷乂安，克广其业，不亦善乎？百官有司，其祇奉胤子，以答天休。宣布宇内，咸使闻悉。

拓跋宏受父禅即帝位，改年号为延兴。

群公奏曰："昔三皇之世，澹泊无为，故称皇。是以汉高祖既称皇帝，尊其父为太上皇，明不统天下。今皇帝幼冲，万机大政，犹宜陛下总之。谨上尊号太上皇帝。"群臣上奏，上尊号称陛下为太上皇帝。

乃从之。己酉，太上皇帝徙御崇光宫，采椽不斫，土阶而已。国之大事咸以闻。

崇光宫侍御高闾向太上皇帝进《至德颂》，文采斐然。

第九章　华阴山头百丈井

越谣歌

太上皇寓居北苑，终日学佛谈玄，似乎远离朝中之事。李冲却隐隐觉得并非如此。

这一日，李冲命腾儿："你去达奚大人那里传信，明日平城都门之前，邀他会面，我与他去城外游猎！"

次日一早，腾儿备好马匹，李冲轻装软靴，来在平城都门之前，达奚买奴早早就到了。李冲打量面前的达奚买奴，只见他身着袴褶，面如傅粉，一头黑亮的头发，梳成几根辫子披在脑后，身上杂衣锦彩，已非当日街头之孤游少年。

"李大人，这几日忙些什么？日久未见，买奴心中挂念！"

"啊呀呀，岂敢劳达奚公子牵挂，李思冲失礼了，还望达奚公子多多见谅，近日文书累牍，实在是无暇抽身啊！公子何时回来的？我还想听你讲讲阴山却霜之事呢！"

达奚买奴一听，更是眉飞色舞，与李冲并辔而行，讲起此行一路之所见所闻。

本想只在城外田野游猎，不想达奚买奴却一路纵马往北苑方向走去，李冲问道："我们要去哪里？"

"我有传符，北苑可畅行无阻。我们去那里打猎，里面的野物多的是呢！"

李冲一听此话，微微一笑。转而又正色劝道："禁苑可不是随意便能出入的，达奚公子，我们还是就在这城外走走，游马一圈便罢！"

见李冲不信，达奚买奴掏出一面传符，上面刻着崇光宫的字样。

"哦？此传符可出入禁苑？"

"岂止禁苑，有此传符，太上皇那里也可走动。"

听达奚买奴这么一说，李冲不再说什么，跟着他催马奔向北苑。见到达奚买奴，验过传符，禁卫们很快放行。

园中，另有一队人马亦在狩猎，仔细看看，是侍中、太师冯熙领着一群伙伴游玩。冯熙乃太后之兄，自小避乱逃至氐、羌部落，后来在长安才被太后寻回来，冯熙练得一身好武艺，又喜射猎，常在北苑射杀飞禽。

看着园中旧景，那条小河清流依旧，那只小鹿想来也早已长成一只雄健的鹿王了。李冲不由感慨。

忽然一阵扑啦飞腾之声，原来冯熙放出鹰鹫，众鸟惊惧，急朝李冲头顶之天空飞来，李冲拿出弹弓，摸出弹丸，张弓放弦，只见他拉弓勒弦，手中却并无羽箭，连勒十次，十发皆中，十只鸟应弦而落。

"李大人，这是弓？却为何无箭？无箭却为何鸟落？"

李冲一笑，"这是弹弓。"

"哦？还有此物？"

看达奚买奴好奇又喜爱的神情，李冲将弹弓递给他，那弹弓比弓要小，以竹、藤为之，弓箭之弦是一根绷直的线，弦正中间加装皮兜，可以包裹一至三个弹丸。

一番端详，达奚买奴恳求道："大人射术了得！可否教买奴习之！"

"有何不可，李思冲愿意效劳。"

"那所射出的又是什么？"李冲笑着伸出拳头，慢慢翻转过来，打开手掌，掌心中是一颗泥丸。

"这又是从何得来？"

"用平城的黄土捣匀掺胶，搓成圆球晾干即成！"

达奚买奴取过泥丸放入皮兜之中，拽开弓弦，只听啪的一声，泥丸重重击打在他握弓的手上。达奚买奴随即发出痛苦的叫声。

李冲笑着说，这和射箭岂能一样？此中尚有诀窍。

达奚买奴沮丧地把弹弓还给李冲，打马朝前走去。不一会儿，打回几只野兔，"李大人，小的无以为报，这几只兔子送给李大人，李大人不要嫌弃。"

"怎么会？多谢达奚公子！"

"达奚公子如今可出入禁苑，又是太上皇心腹之人，李冲为公子高兴啊！"

说着，李冲唱起歌来，那歌是《越谣歌》：

君乘车，我戴笠，
他日相逢下车揖。

达奚买奴一笑，眼睛弯弯地，也跟着唱起来：

君担簦，我跨马，
他日相逢为君下。

"李大人，苟富贵，无相忘，这个，买奴还是知道的。"

李冲听了点点头，说道："如今，大司马吐万安国，亦是太上皇倚重之人……"

"哼！"达奚买奴满面不屑。

李冲却故意说道："吐万安国大人娶了高阳长公主，任驸马都尉。又常在太上皇左右，达奚公子，你难道不知，二月，太上皇领军追击南侵之柔然，部众至石碛，吐万安国大人一直在君之侧，不离寸步，日夜相伴。"

李冲偷眼一觑达奚买奴，继续说道："还都之后，即擢拔吐万安国大人，拜为大司马、大将军，封为安城王！如今吐万安国大人位尊而势重，达奚公子，你我还是要小心侍奉吐万大人才是啊！"

"快莫要提他！"达奚买奴忿忿地说，李冲假意并不知其愠怒，仍边说，边故意面露崇敬之色，拱手对达奚买奴说："达奚公子一定要多在吐万安国大人面前为李冲美言啊……"

"哼，吐万安国处处与我作难！"

李冲却不看达奚买奴，只是冷冷一笑，手抚着弹弓，悠悠说道："哦?想当年，达奚公子先祖达奚箪大人所饲骟骝宝马，被南部大人刘库仁觊觎，设计盗走。那刘库仁仗恃宠信，小看达奚大人，岂知达奚大人飞奔而来，将那刘贼击得发落胸伤，至今想来，达奚大人地窟取马，何等英勇。"

达奚买奴一听此话，将头高高扬了起来，"那是自然!"

见达奚买奴生起豪情来，李冲故意提及："哦，听闻在阴山焜煌堂上，吐万安国大人剑术尤其了得!舞起剑来技惊四座啊!太上皇欢喜，还将一把世所罕见的宝剑赐予吐万安国大人!"

"哼!"达奚买奴一脸怒气，挥鞭策马，鞍下的马疼的嘶鸣一声，载着达奚买奴狂奔而去。留下李冲手握弹弓，李冲拿起弹弓并未放弹丸，用力一拨弓弦，嗡的一声，惊飞数只栖鸟。

抬眼，达奚买奴已纵马到远处，边疾驰边用皮鞭抽打着路边的草木。李冲急忙催马追赶。

"达奚公子，达奚公子!"

待到追上达奚买奴，李冲勒马侧身，悄悄对达奚买奴说，"达奚公子，一把宝剑又算什么?岂不知匕首才最配我们鲜卑男儿!"

达奚买奴听到这里，神情稍和，侧耳细听。

"所谓匕首之设，应速用近。既不忽备，亦无轻忿。利以形彰，功以道隐。"李冲见达奚买奴似懂非懂，笑笑接着说："那匕首，平日藏于袖间靴中，乃常用良物，凿木割肉，无不利落;遇险则为防身利器，出其不意，攻其不备，往往出奇制胜，鲜卑壮士皆以佩匕首为豪!不知达奚公子……"

达奚买奴听到这里，眼中露出钦羡之光，随即又黯淡下来："买奴不曾有此匕首。"

"哦?先人当年以一把匕首护身，地库取马，纵横击贼，何等英雄，竟不曾传下匕首?"

达奚买奴失落地摇摇头。

李冲宽慰道："这有何难?我便与公子留意，必为公子锻把匕首来!"

达奚买奴听闻此言，喜不自胜，道谢不迭。二人并缰前行，絮絮闲聊，李冲又问："太上皇近来喜玄修佛，不知平素都诵什么经文？"

达奚买奴想了想，"并无！"

"哦？"

"可汗，哦不，太上皇，每日只是读兵书，习骑射，那些自平城而来的僧人，虽出入北苑，太上皇也极少与之见面，僧人们只去苑中西山的鹿野佛图，在僧堂中诵经。"

听到此言，李冲心中暗暗一惊。

太华殿，冯太后正在听新进宫中的高氏读史，高氏乃渔阳太守阳尼妻，学识有文才，刚刚登基的孝文帝拓跋宏敕令其入侍后宫。

李冲到来，见太后正入神地听高氏轻声读着一篇文章，便走到太后耳边向太后简言其事，太后听后，面色无改，只说："且观其行！"抬手示意高氏继续读下去。

高氏接着念道：

> 园中有树，其上有蝉，蝉高居悲鸣饮露，不知螳螂在其后也！螳螂委身曲附，欲取蝉而不顾知黄雀在其傍也！黄雀延颈欲啄螳螂而不知弹丸在其下也！此三者皆务欲得其前利而不顾其后之有患也。

听高氏读罢，李冲轻声说道："此文出自《刘向·说苑·第九卷·正谏》。"

冯太后眼睛看着窗外，并不说话，无人能看出她在想什么。

"高氏，你先下去吧！"

高氏告辞退出。

"依你看来，目下该做何打算？"冯太后问道。

"太后圣明，就依二桃三士之计，思冲再做筹谋！"

冯太后这才稍稍面露笑容，柔声说道："思顺，难得闲暇，也好久没听你吹觱篥了，今日吹起来吧！"

李冲自怀中取出觱篥，轻轻吹起来——

曲子婉转清亮，似乎一唱一和，又似乎在思念故人。

"这，莫不是《越谣歌》？"

李冲并不停下，手指还是在觱篥上点动，他挑着眉毛，眨眨眼。

冯太后会心一笑，轻轻随着乐曲唱起来：

> 君乘车，我戴笠，
> 他日相逢下车揖。
> ……
> 君担簦，我跨马，
> 他日相逢为君下。
> ……

"也不知慕容兰如今还在不在世上，过得好不好……"冯太后忽地神情落寞起来。

李冲停下觱篥，"太后，莫要难过，近日我着意去寻访……"

"唉，慕容兰与我离散已经有十多个年头了，现在想想，她那时孤苦无依……"冯太后露出痛苦的表情，紧紧闭住双眼。

片刻，冯太后起身，去镜奁之中取出一物，此物洁白无瑕，分明是白玉琢成，有冯太后拇指般长短大小，四面方正，依稀有字，一孔自顶贯尾。

"你拿着！"冯太后递给李冲。

"这本是燕国国主所佩之双卯。双印，长寸二分，方六分，上合丝，以縢贯白珠，赤羁蕤……"

冯太后指着李冲掌心中的玉卯，说道："此为双卯中之严卯，上刻之书文曰：'疾日严卯，帝令夔化，慎而周伏，化兹灵殳。既正既直，既觚既方，庶疫刚瘅，莫我敢当。'凡三十二字。"

"燕国国主？"李冲疑惑地问道。

冯太后转头看看他，"若非战乱，慕容兰本应是燕国公主，国破后，慕容氏流落平城，慕容兰就生在我们大魏国都之中。那年世祖时，哦，那是太平真君十年（449），家中遭难，我自华阴山下的长安城中，没入平城宫中掖庭，充为奴婢，在宫中结识了慕容兰，她小我数岁，那时候她还是那么小啊……冬天，宫中的水井那么深，井台上的冰……"

冯太后闭住双眼，双肩一沉，重重叹了口气，"唉，如今算算，慕容兰也有二十几岁了。"

"太后何故与慕容兰分散……"

"那时，宫中发生乱事，慕容兰慌乱之中，将父亲留下的双卯，扯下一只给我，以为凭信，另一只，当为刚卯，在她手中，若能再见，当以双卯合璧方可。"

李冲低头看看手中的严卯，灯光下，那严卯周正温润，上面的字笔划分明，李冲翻手将其攥在掌心，沉思不语。

夜里，李冲的书房烛火隐隐约约，灯影之下，李冲正在写着什么。腾兒在门外通报，琅琊王司马金龙来见。李冲忙请。

片刻，腾兒引司马金龙到来。

落座之后，司马金龙轻声问道："思顺，深夜见邀，不知有何吩咐？"

李冲却不说话，只是看看案上的砚台，砚台之中，墨渖将干。司马金龙连忙拈起一旁的螺子墨磨起来，李冲微微一笑，濡墨继续写着。

司马金龙慢慢研着螺子墨，此时细看那砚台，方形四足，遍体细细镂刻着花纹鸟兽，此砚是平城灰色细岩雕成，砚中乃一砚盘，框以联珠和莲花，两侧各有方圆笔舔、水池，还有饮水鸟兽，莲座笔插，四面还雕着朱雀、云龙、水禽衔鱼、采芝之鹿……李冲将砚台另一侧慢慢转到司马金龙面前，那一侧刻着壮士角抵。只见两男子正在角抵。两人相角，一男子屈腿扭腰，另一男子环臂将其腰紧紧抱住，二人正奋力相斗，胜负难决。

司马金龙停下手中的螺子墨，看着李冲："思顺，我知你意，请吩咐吧！"

李冲将笔放下，拿起手中的信笺，"我今日便将此信送出，命巧匠锻出一把匕首，你要设法送至太上皇处。"

司马金龙闻言，点点头。

木兰辞

延兴二年（472），十月。

柔然来犯，屡扰边塞，更排兵五原。

北苑的崇光宫中，白日也已经有些冷了。年轻的太上皇还是意气风发，读罢兵书，他又下一道命令，在北郊加紧练兵。

"吐万安国，军帖都发下去了吗？"

"太上皇，已经发至各军，平城的都街、坊、巷、市，都张贴了。"

"好！"

忽有通传，琅琊王司马金龙来觐见。

只见司马金龙带着一个侍从，手捧一个漆盒，漆盒遍髹红漆，上面绘有龙纹，远观一团红光，那龙纹在红光中跃跃欲动。

"琅琊王何事？"拓跋弘看着侍从手中漆盒，不解司马金龙来意。

"太上皇，臣听闻近来太上皇练兵正忙，又见太上皇征兵，迎击柔然，故来为太上皇献一利器，以助圣威！"

"哦？这……"拓跋弘还是满面疑惑，"这小小盒中……"

司马金龙却不急，只是笑着："太上皇忘记了，世祖当年纵横南北，饮马长江，远逐柔然……"

拓跋弘听此言，挺直了身子。

"挥千军攻城略地，入敌营贴身肉搏，离不开此兵器啊！"

拓跋弘细细听着，目光熠熠。

司马金龙接过侍从手中的漆盒，躬身捧出。

拓跋弘忙示意吐万安国将漆盒递至近前。轻轻打开，一道白光自盒中喷吐而出，晃人眼目。

"匕首！"

"太上皇，《典论》记魏太子丕造百辟匕首三，其一理似坚冰，名曰清刚；其二曜似朝日，名曰扬文，其三状似龙文，名曰龙鳞。"

拓跋弘举起匕首，只见其通体由精钢锻成，其首环形如帽，剑格下分，刃近尖处忽窄，柄近刃长，刃状如龙鳞。一旁的吐万安国也被这把匕首吸引，细细端看。

司马金龙此时才说，"太上皇，此匕首正是依龙鳞匕首锻造，是臣遍访名匠，甄选精铁百炼千锤而成！"

"嗯，好！"拓跋弘满心欢喜。

"臣，告退！"司马金龙连忙告辞，走出崇光宫，听得宫中拓跋弘与吐万安国啧啧称奇，赏此利刃，司马金龙长长出了一口气，快步离去。

军帖贴出几日之后，李冲急急赶至宫中与太皇太后商议，榻上的冯太后轻轻皱起眉头，问起李冲："此时情形，思顺，你我还要观望吗？"

李冲连忙禀告："太后莫急，此事还需慢慢施行。"

"也是，便依你，若有不妥，你我再做计议。"冯太后揉揉鬓角，闭上眼睛。李冲忙上前为冯太后轻轻按摩。

"慕容兰可有消息？"

"这几日已安排下去，正在设法寻找。"

冯太后不再说什么。

依李冲嘱咐，腾兒几日间，都在集市中找处热闹所在，摆个地摊，售卖马具。

这一日，来了一个年轻的女子，手里已经买好了鞍鞯，来到腾兒的摊儿前，她看着看着，被腾兒手中玩着的一块玉卯吸引，那玉卯通体乳白，上有铭文。

"小弟，你手中所玩之物可否让我看看？"女子嗓音沙哑。

腾兒听到此话，仔细端详面前这位女子。只是她穿着土布衣服，头发罩在布巾里，朴素干练，落落大方，眼中却有着坚定锋利的目光。

"此物什，奇奇怪怪，也不知是做什么用的。"腾兒装作不懂，递给女子。

女子细细看过，说道："这是严卯。"

"什么檐帽，草帽的。"

女子将严卯反反复复拿在手里细看，问道："小弟，你这严卯从何而来？"

"这个嘛，不能告诉你。"腾兒边说边伸手去取严卯。

女子不舍地还给他。腾兒接过严卯，吹着口哨往空中一扔，又接住。

那女子很是担心，似乎生怕腾兒将那严卯摔落在地上。

几番不舍，女子心事重重地转身离开。

腾兒等她走至远处，赶忙收拾起摊位，偷偷跟着她，那女子一路缓缓行走，只是低头，似乎还在为严卯思前想后。腾兒随其来到郭城之南，此处悉筑为坊，坊开巷。坊大者容四五百家，小者六七十家。女子走入一坊，回到自家。腾兒左右前后细察看好，将门前景物，四周屋舍形状默默记在心上，赶回宫中。

太华殿里，李冲告诉太后，"太后，慕容兰的下落，似乎有些眉目了。"

第二日傍晚，腾兒带着李冲，换上平民之服饰，来到昨日坊间，远远听到"唧唧""唧唧"的机杼声，顺着这声音，两人走入巷中，原来就自女子家中发出。立于窗下，只听机杼声时断时续，女子不停叹息。

腾兒叩开柴门，门内正是昨日女子，"咦？昨日市上小弟？"

"这位是？"

"中书学生李思冲。"李冲拱手回答。

"木兰，是谁呀？"屋里一位老人问道。

"是来搜检的官人。"女子边回答老人，边走出院子，将身后的门掩住。

"二位大人有何事？"女子朝坊外走去，四下用目观看，问道。

"慕容兰！"李冲突然叫出这个名字。

女子一惊，抬头看着李冲，想要说什么，却没说出来。

腾兒又将玉卯拿出来，女子转身就走。

腾兒一个箭步蹿至她面前，将她拦住，女子见此情形，挥拳向腾兒面门袭去。腾兒用臂挡开，右手直击女子肋下，女子闪身躲开，却斜刺里伸腿将腾兒脚下一扫，腾兒纵身跳起。

两人一时间互不相让，打在一起。

李冲在一旁观战，只见木兰拳法身形像模像样，腾兒却渐渐露出破绽，于是赶忙跃起，跳在两人中间，将二人分开。

"太后想见见你！"李冲说道。

女子眼中泛起泪花，"太后？！她还没忘记我！"

李冲把严卯递给她："没有，太后这么多年来，一直在寻找你！"

女子定定神，带着李冲和腾兒回到家中，坐在织机旁，女子理理布匹，回忆起往事："那时节，我还在阿姆敦肚子里，谁知燕国遭逢国难，山河破碎，慕容氏一败涂地，阖族被带至平城，阿姆敦在平城生下了我。唉，身世飘萍，骨肉离乱，五岁，我就被充入掖庭，与怡安姐姐一同，寒冬汲水，盛夏洒扫，我的个子小，才刚刚过那井台一点点。"木兰用手比划着，仿佛就在旧宫之中。

"全赖怡安姐姐心疼我，总是帮我提水，自己的饭食舍不得吃，留着分给我一起吃。谁又曾想到，慕容氏中，有人触怒世祖，诏令一夜之间传遍宫廷内外，慕容氏子，悉扑而杀之，世祖……要诛慕容全族，怡安姐姐找到冯左昭仪和保母常氏，冯左昭仪教我以炭涂面，保母常氏帮我以漆和发，让我喝下暗药，我暗藏在冯左昭仪的牛车中，才逃出宫外。我流落街头，沿门乞食，幸遇花氏二老无有儿女，将我收留，为报答二老，我便改姓为花，取慕容二字之音，留慕，去容，改名为木兰。"木兰的嗓音粗哑，低沉。

"如今，怡安在宫中这么多年，当了太后，可谓苍天不负，木兰只愿太后万岁富贵！"木兰抬头望着平城宫的方向，欣慰地说道。

"问君辛夷花，辛夷已斑驳。我如今是一个嗓音沙哑，无人认识的女子了。"

"慕容姑娘，门外另备有一匹马，请随我们一起入宫吧！"

木兰稍稍有些迟疑，还是跟着李冲步出坊外。

夜色中，经过高大的象魏，影影绰绰，待到进入平城宫，看着熟悉的土房子，看着那些急匆匆低头走过的宫女内侍，木兰神情阴郁，并没有太多喜色。

太华殿里，点起了灯火，冯太后正在焦急等待。

当李冲带着木兰走进大殿，冯太后从榻上站起身来，泪光盈盈地看着木兰，伸手迎接着她，等木兰走到近前，冯太后抓着她的手，上上下下仔细打量，木兰也端详着冯太后的眉眼，两人一时竟凝噎无语。

木兰这时自身上找出刚卯，递给太后，太后欣喜地抚摩着刚卯，"思顺，你来，快念念上面的字。"李冲取过刚卯，读道：

正月刚卯既决，灵殳四方，赤青白黄，四色是当，帝令祝融，以教夔龙，庶疫刚瘅，莫我敢当。

刚卯严卯，两块玉卯并在一起，太后紧紧搂住木兰。

"快去拿些酪浆，饭食来，木兰你饿了吧！传御医李脩来！"

"当年，斩杀慕容氏，我托姑姑买通宫中内侍，才将慕容兰送出宫外，逃过一死。幸而她如今尚好，足矣！"

李脩奉命而来。"这喉疾如何医得？"冯太后急切地问道。

李脩答道："太后，《伤寒论》载，少阴病，咽中伤，生疮，不能言语，声不出者，苦酒汤主之。用半夏，洗，破，如枣核大十四枚；鸡子一枚去黄，内上苦酒，着鸡子壳中，上二味；内半夏，着苦酒中，以鸡子壳，置刀环中，安火上，令三沸，去滓，少少含咽之。"

"快去煎药！还有，将这药方，传抄于民间，普惠众生。"

"处！"

太华殿里，一会儿流动着淡淡的哀愁，一会儿又充盈着欣欣的喜悦。太后好像有着说不完的话，她让王遗女不住地端来各种各样好吃的给木兰尝，又叫来文绣大监来为木兰做衣裳。说着说着，又忆起当年，她们执手笑着，讲着当年冯左昭仪，常氏，忽而又都止声不语，各自垂泪。

"太后，慕容兰要回去了，家中尚有年迈的父母。"

冯太后点点头，"慕容兰，你不愿意再回宫吗？不愿意陪在我身边吗？"

"容木兰想想！"

冯太后似乎有些意外，但她随即便应允了，"好的，慕容兰，如今，你说什么，做什么，我都能明了。"

木兰闻听此言，开心地笑了。

"遗女，你再去丝绵布库领些丝绵，将那几件西域的金银器也拿来。"

"思顺，你还是要护送慕容兰回去，慕容兰家中的事情，你要多多照应。慕容兰，我赐你平城宫传符，执此传符，随时可出入平城宫。"

"木兰谢太后！"

送木兰回到家中，正要转身离去。木兰突然下拜，"李大人，我知你是冯太后心腹之臣，木兰有一事相求！"

"快快请起！不知何事？只要力所能及，李思冲定当相助！"

"大人不答应，木兰就不起身！"

李冲忙将木兰搀扶起来，"好，我答应你！"

"深宫之中的生活，木兰是万万不愿意的，只怕要拂太后美意。木兰已隐姓埋名多年，只爱这民间的欢乐，不愿入宫。木兰愿替父从军，只是父母无人照料，如今此事还望李大人通融周全，一来莫让太后知道，二来父母需有个托付。"

李冲问她："为何不让太后下诏，免你阿爷从军之役。"

"保家卫国，乃木兰平生之志，年幼时，木兰也曾学得一些拳脚，此次可汗大点兵。木兰愿随军出征，为国尽忠！"

李冲沉吟再三，说："好！"

离开木兰家，李冲策马至平城外招募军士之营房，军帐中，刚刚擢拔为神部长的达奚买奴英气飒爽。见到李冲，达奚买奴连忙施礼，又请李冲坐下，自袖中拿出一件器物来。

"李大人，你看这是什么？"

"好一把匕首！"

达奚买奴面露神气之色，"这是一把龙鳞匕首！"

"哦？"

见李冲似乎并不意外，达奚买奴猛转腕将匕首甩出，只见一道寒光，那匕首铮的一声刺入军帐的木柱之中，只剩匕首之柄。

达奚买奴将其拔出，又转身朝挂在一旁的明光铠刺去，不料那坚实的明光铠竟然被刺穿。

"啊呀呀！这匕首何处得来，真乃神器！"

达奚买奴满面得意，将刀刃吹吹，藏入袖中。

"恭喜恭喜，达奚大人得此神刃，必杀强敌，立下赫赫战功！"

见达奚买奴正在兴头，李冲将花木兰之事嘱托给他，请达奚买奴多加照拂花木兰。达奚买奴欣然应允，安排手下军士与花木兰编为一组。

延兴二年（472）十有一月，太上皇帝率大军亲讨柔然，将度漠袭击。蠕蠕闻军至，大惧，北走数千里。穷寇远遁。

花木兰化名花五郎，参军入伍。旦辞爷娘去，暮宿黄河边，但闻黄河流水鸣溅溅。旦辞黄河去，暮至黑山头，但闻燕山胡骑鸣啾啾。

正所谓：

万里赴戎机，关山度若飞。

朔气传金柝，寒光照铁衣。

鸳鸯诗

延兴三年（473）十二月。太上皇例行要在北苑中冬猎。

平城，纷纷扬扬的雪夜，李冲邀达奚买奴来到平城市中小酌。

酒家点起火盆，食着羊羹，烧饼，就着黍米酎，盆中火光明亮，照得酒肆暖暖烘烘，羊羹和烧饼都刚刚端来，热气腾腾，黍米酎温热甜糯，窗外，鹅毛大雪从平城的天空落下，两人对雪而饮，欢声不断。

"达奚大人，听闻此次太上皇又要在北苑狩猎？"

"是的，太上皇亦命鹰师曹这几日备好鹰鹞。要在雪中畋鹰。"

"可这大地封藏，雪满林中，鹰鹞能猎得什么？"

"这个……不知……"

"于今大雪封苑，山中林禽飞绝，田间野兽无踪，恐扫了太上皇的兴啊！"见达奚买奴不语，李冲接着说道：

"我有一法，可令明日之畋鹰不致冷落无趣。"

"李大人可是在说笑？"达奚买奴有些不信。李冲举手唤来腾儿，腾儿手中提着一个绵布包裹的笼子。将绵布掀开，里面两只禽鸟交颈而卧。雄鸟羽翅橘黄翠绿，斑斓夺目。

"这是何物？"

"此鸟名鸳鸯。鸳鸯，美贤也，有贤者二人，双飞东岳，扬辉上京。"李冲慢慢吟来，"说的是兄弟之情啊。"

达奚买奴认真听着，"那明日？"

"明日放入鸿雁池中……这里还有一诗达奚公子需牢牢记住。明日可以诗言志。"

李冲自袖中取出一张纸，放在桌上，轻轻推至达奚买奴面前。

达奚买奴接过轻声读了一读，开心地揣入怀中。

"好！"端起杯子，将黍米酎一饮而尽。

第二日。大雪初停，天空却还阴郁。

北苑中已是一片肃杀，大雪之后，天地暝暝，万物萧索。太上皇身披玄狐裘，左臂架鹰，右手勒马，站在北苑的一处高地之上，此处正好可俯瞰苑中水木，田野。大司马吐万安国穿着一件肃霜裘，神部长达奚买奴则是一领紫茸裘，里面套着朱缇衣，夺目鲜红，二人一左一右紧随太上皇左右。

走出不多远，远处的鸿雁池，如白璧一般，远望，山水林木皆落白雪，一片苍茫。天空阴云低压，立马此山巅之上，仿佛伸手就可摩云。太上皇一抖手臂，那鸷鸟似乎擦着云脚飞了出去，直奔鸿雁池，仔细看，池中有禽！

只听鸷鸟一声长啸，隐隐听得池中有鸟哀鸣，挣扎，鲜艳的羽毛亦随鸷鸟的利爪抛散四处。须臾，鸷鸟已携池中物飞回。

"太上皇，得鸳鸯一只。"

所获之鸳鸯，已被雄鹰啄破胸膛，全无气息，锦羽全是鲜血。其偶上下不去，呜咽悲鸣，声极凄厉惨切，闻之不忍。太上皇心中为之惕然，惊恐之际忙问左右："这盘旋不去，哀鸣不绝的，是雄鸟吗？"

吐万安国在一旁答话："臣以为是雌鸟。"

太上皇又问："何以见得？"

吐万安国回答："阳性刚，阴性柔，以刚柔推之，必是雌矣。"

太上皇慨然而叹："虽然人与鸟兽，类不同，形各异，却皆因情而生，因情而死，这又有何不同啊！"

拓跋弘转头看看达奚买奴，达奚买奴说道："太上皇，鸳鸯重情，悌护兄弟，不忘恩义。曹植为其兄弟之爱，做《释思赋》曰：况同生之义绝，重背亲而为疏。乐鸳鸯之同池，羡比翼之共林。”

见太上皇似有所悟，达奚买奴扬眉朗声诵道：

> 鸳鸯于飞，肃肃其羽。
> 朝游高原，夕宿兰渚。
> 邕邕和鸣，顾眄俦侣。
> 俛仰慷慨，优游容与。

“哦？这是？”

“是嵇中散的《赠兄秀才入军》诗。”

“好一首鸳鸯诗！”

“吐万安国！”

“臣在！”

“传我口谕，令可汗下诏，禁断鸷鸟，不得畜焉。”

“处！”吐万安国口中答应着，扭头看着达奚买奴满面神气，狠狠地瞪了他一眼。

平城宫中，李冲正与太后在太华殿中议事。

冯熙急匆匆赶来：“太后，这，太上皇如此行事，意欲何为？”

冯太后静静地看着哥哥，冯熙赶忙行礼，看看李冲，欲言又止。

“但说无妨。”冯太后对冯熙说。

冯熙口气也稍缓和了一些，“太后啊，太上皇如今竟不许蓄养鸷鸟鹰燕（燕之别名为鸷鸟）”，冯太后闻之，眉头一皱，端起几上的酪浆，用匕轻轻搅动。

“新君每月一朝崇光宫，又改崇光宫为宁光宫。可太上皇这是位退而身不退啊！”冯熙声音高了一些。冯太后闻之，将匕停下。

“四月，太上皇命新君下诏，以上党王拔拔观为征西大将军、假司空，督率河西七镇诸军讨伐吐谷浑汗拾寅。十月，太上皇又带兵南讨。十一月，太上皇南巡，行至怀州，所经之处都要询问百姓疾苦，给长者、孝悌者赏赐布帛。"

"这些都是应该的。"

"我看未必。如今，又不允养鹰燕，这般小事都要横加阻拦。"

冯太后皱了皱眉，李冲赶忙进言道："太后，臣昔年在荥阳，县南百里余，有兰岩山，峭拔千寻。常有双鹤，素羽皦然，日夕偶影翔集。相传昔有夫妇隐此山数百年，化为双鹤，不绝往来。忽一鹤为人害，其一鹤岁常哀鸣，至今响动岩谷，莫知其年岁。可见，禽类亦知重情，含灵蠢动，皆有真爱。"

听到这话，冯太后止住自己的怒气，她平静地对冯熙说："即刻，将所养之鸷鸟放飞，不得延误。"

"这……"冯熙目瞪口呆，愣在榻前。

延兴四年（474）二月，拓跋弘南巡回到平城。

李冲来到太华殿禀报冯太后，"太上皇将传选部尚书赵黑黜为门士！"

"嗯？"冯太后停下手中的笔，皱起眉头。

"尚书李䜣常往来于太上皇宫中，时太上皇要禅位给京兆王，赵尚书愿以死奉戴当今圣上。近来，那李䜣又奏报指责赵尚书为监藏（管理国库）时贪污……与赵黑相争于殿上……"

冯太后嘴里念道："又是李䜣！"在纸上重重写下一笔。

延兴六年（476）五月。

这一日，达奚买奴无事，来府上拜见李冲。

"达奚大人近来忙些什么？这华服可真是漂亮！"

与达奚买奴见过礼，李冲笑着问道。

"李大人，这衣服是太上皇赏赐的绸缎，平城绣女裁制而成。日前太上皇拨与我一队人马，命我训练。"

李冲听闻，忙道贺："达奚大人日见恩宠，恭喜大人！"

达奚买奴满面春风，开心地笑着。

"达奚大人，如今掌管军人，不知有何方法？"

"每日早早起来，便让他们练习拳法，午后，演练队形……"达奚买奴兴奋地讲着自己的治军方略，神采飞扬。

静静地听他说完，李冲才说道："我闻昔日治军，常常缚蒿为人，衣以青布而射之。"

"哦？如此甚好，我却日日只是命军士列队操练习武，从未如此演习。"

"嗯，不妨一试。"

数日之后。达奚买奴的军营里，达奚买奴已制成草人，命军士练习刺杀搏斗。

李冲唤司马金龙至府中，将腹中计策说与司马金龙。

移过方砚，司马金龙研开螺子墨，李冲拿起笔来，裁好纸条，于其上一一写下四个字——吐万安国。写毕，二人互相看看，商议一番，安排司马金龙和腾儿分别将纸条装好，司马金龙径往吐万安国府中，李冲与腾儿转往达奚买奴军营。

达奚买奴营中，军士们的喊杀声，闻之令人胆颤。

听闻李冲来访，达奚买奴连忙迎接，命军士暂停演练，各回营中少歇。引李冲入帐中抵掌而谈。

腾儿已悄无声息地将写有吐万安国姓名的纸条藏入那些蒿草人偶之中。

吐万安国府上。

司马金龙正递上写有吐万安国名字的纸条，低声提醒："吐万安国将军，这些时日，达奚买奴大人操练军兵，您看这是什么？"

吐万安国接过来，打开纸条，里面还有蒿草碎屑，只见上写着自家姓名，问道："这是从何而来？"

司马金龙叹一口气："那日我自宫中回府，路遇达奚买奴大人，本不想多聊，谁知他却邀我去营中小坐，将军也知，那达奚买奴如今炙手可热，我哪里敢不允，只好与之前往……"

吐万安国眯起眼睛，狠狠地盯着门外。

"军营之中，达奚买奴以蒿草绑缚木架，形若成人，又裹缚粗布，设为顽敌。"

吐万安国听着，狠狠问道："这纸从何而来？"

"啊呀，将军，这正是我要说的！"司马金龙故作慌乱，四处观望一番，靠近吐万安国低声说道："我本无意多坐，便起身佯作观看，谁知在一个草人身上，见此纸条，隐约有大人名字，便趁其不备，悄悄藏起，不敢多留，急急报与大人知道！"

吐万安国瞪着眼睛，拳头重重捶在案上。

达奚买奴营中，李冲说起当年学习弹弓之趣事，达奚买奴笑声朗朗，忽报吐万安国来到。

达奚买奴满面狐疑："吐万安国？他来作甚？"

李冲也装作不解，还未等通传，只听脚步细碎，转瞬之间，帐外已被十数名吐万安国手下包围。

"大胆，这是为何！"达奚买奴厉声问道。只见几位兵丁让开，吐万安国走至近前。

李冲忙施礼，达奚买奴不情愿地草草施礼，问道："不知将军来我营中所为何事？"

吐万安国面目阴沉，并不说话，一挥手，众兵丁迅即散入演兵之处。

达奚买奴眼看这些兵丁在草人身上搜索，不知其意，嘴里只是问着："这是干甚？"

片刻，兵丁们已将纸条搜检出来，交到吐万安国手里。

"你还有何话狡辩？！"

达奚买奴依然懵懂不解。

李冲走上前去，接过纸条只一看，大惊失色："啊呀！这！达奚大人，你却为何！"

太华殿中，冯太后提按点划，摹写描画，李冲入见。接过王遗女的螺子墨，李冲待宫中内侍退下，边研墨，边将近来宫中宫外之事慢慢讲来。

冯太后静静书写，一边听李冲所言，"太后，就在这几日了。"

冯太后将笔重重一顿，写完最后一划，才笑着说道："思顺，你看，这回写的怎样？"

数日之后。冯太后召太上皇至宫中永安殿。

李冲又命司马金龙传话给吐万安国，太上皇已被囚禁，即刻就要缉拿吐万安国。

随后，李冲命腾兒备马，前去达奚买奴之处。

行至都街，却见远处一个紫衣少年策马而来，正是神部长达奚买奴，见他正急急跃马赶往城北。李冲叫住他，"神部长大人！"

听到熟悉的声音，达奚买奴勒住奔马："李大人！"

"神部长大人！这是要去哪里？"

"太上皇让我速到北苑，恐有要事，故不敢多停！"

"太上皇？召你即刻就去北苑？"

"是啊，怎么？"达奚买奴边说边举目向北苑所在之处看看。

"神部长，是谁知会你的。"

"吐万安国手下。"

"神部长大人……"

"李大人，太上皇召唤，我得走了！等我回来再说！"

望着远去的达奚买奴，李冲心中明白了几分。匆匆赶回家中，叫来腾兒，如此如此叮嘱一番。

腾儿接令，自厩中牵马而出，往北苑奔去。

　　达奚买奴来到苑中，出示传符，禁卫军并不阻拦，径直来到宁光宫。

　　"太上皇！"

　　背对着他，太上皇还是穿着那件锦袍，却站在殿中的一边，面壁而立。

　　"太上皇，太上皇！"达奚买奴轻轻叫着。

　　走至近前，慢慢转过身来的却不是太上皇，是目露着寒光的——吐万安国！

　　吐万安国的臂上还有一只饿鹰！

　　"太上皇诏我来有事，怎么是你在这里？太上皇在哪里？"

　　达奚买奴似乎感觉到不妙，抽身要走，转过身来，却不知何时，数名禁卫军已将去路封死，他想要冲出去，背后一阵剧痛，吐万安国手中的马鞭重重抽在他的后背。

　　达奚买奴踉跄几步，被禁卫军擒住。

　　"吐万安国，你个小人，暗算我！"被擒住双臂的达奚买奴看着面前的吐万安国，眼神中交集着愤怒与恐惧。

　　吐万安国冷冷一笑，已有手下从达奚买奴靴中找出那把龙鳞匕首，吐万安国将匕首握着，抵住达奚买奴的脸，刀刃过处，血随之冒出来，"英俊之公子，神勇之少年……"

　　"啊！太上皇！太上皇！"达奚买奴挣扎着喊叫。

　　吐万安国的剑继续游走，划破达奚买奴的短襦，露出他结实的胸脯和雪一样的肌肤，"果然是雪般皮肉，哼哼……"吐万安国腕下一用力，达奚买奴痛叫失声，鲜血自胸膛上慢慢渗出，"你这雪中的鸳鸯，何等漂亮！"

　　"你假传太上皇之诏，太上皇饶不了你！"达奚买奴怒骂着。

　　"太上皇，你在哪里！太上皇！"

　　"太上皇会为你而回来吗？"吐万安国手中又一用力，匕首已插入达奚买奴胸膛。

"啊！你……"达奚买奴瞪大眼睛，惊恐地看着自己胸口的鲜血喷涌而出，再抬头想要骂吐万安国，痛苦已经使他发不出声来。

鲜血喷到吐万安国匕首的手柄上，喷在他的手上，溅到他的脸上。吐万安国退后几步，将匕首拔出，当啷一声扔在地上。达奚买奴胸口鲜血汩汩而出，身子已经直立不起来，几名禁卫军将他拖至宁光宫的另一边地下，吐万安国后退几步，冷冷地看着他，左臂往下一坠，再往起一扬，那只饿鹰张开翅膀，扑向达奚买奴胸口！

平城宫中，李冲带着腾兒疾步来到太华殿里，面见冯太后。

腾兒打开一个手巾，里面是沾满鲜血的一把寒光闪闪的——龙鳞匕首。

第十章　男儿欲作健

羽翣

延兴六年（476）。

太上皇拓跋弘枯坐在永安殿中，回想往事。这样坐着，已经有一天了。入夜，清冷的月光洒在他披散的发上，洒在他的肩头，虽是六月，但在平城宫深深的夜里，却倍觉孤寒，李冲告诉他，达奚买奴……已不在了……吐万安国，也不知在哪里。

耳边回响起《羽翣吟》，那是吐万安国常常吟唱的：

> 白羽翣，白羽翣，团团圞圞流清华。
> 愿得相思如明月，君心我心两皎洁。
> ……

也是这样一个夜里。那，还是在几年前——

延兴二年（472）。柔然犯边。

北苑的十月流急林茂，秋夜寒凉。躺在崇光宫的卧榻之上，拓跋弘想着阴山却霜前后的件件事情，又忆起那朱漆屏上的一幅幅画，沉思不语。身旁的吐万安国起身，帮拓跋弘将被子掖好，拓跋弘却还没有睡，他伸手将吐万安国揽在怀里，吐万安国的身上热乎乎的，让拓跋弘身上的寒意慢慢消退。

"太上皇何故还不就寝？"

"无心睡眠……"

"北伐蠕蠕之事，这几日准备得如何了？"

"已将军帖传至平城各处，如今也已整肃完毕。"

"若就此罢手，我怎心甘！"

"太上皇，你说什么？"

"没什么，到时候你就明白了，你会忠于我吗？"

"太上皇！安国之心，你还有怀疑吗？"

秋月的清辉穿过窗鳞照进来，榻前的羽翣因之更是洁白，吐万安国举手指着羽翣说：

"安国心如这羽翣一般，只知常伴君侧，不曾想过要离开片刻！"

"嗯，我许你就像这羽翣一样，永在我的身边。"

拓跋弘边说边将吐万安国搂得更紧。

吐万安国也将太上皇的手紧紧抓住。

"唉……"想到这里，拓跋弘绝望地叹着气。恍惚，那是一个雨夜，天空不时响起惊雷，电光划破平城的夜空，急雨洒在平城宫里。闭住双眼，眼前一个女子跌坐在他面前，掩面哭泣着……那女子慢慢抬起头来，惨白的脸，红肿的泪眼里是空洞的眼神，她是……是他的妃——年轻的李夫人。

"可汗，宏儿那么小，让我再抱抱他，他饿了，快让我再喂他一口奶吧！"

李夫人眼中忽然溢出慈爱的柔情，她挺起身子，伸出双手，乞求着抱一抱自己的皇儿。拓跋弘四处张望，宏儿在王遗女的怀中，一旁，稳坐在榻上的是面无表情的太后。

"可汗，求求你了！可汗！"李夫人哀求着，眼泪流到腮边，滴在地下。

拓跋弘想向太后求情，太后冷冷地看着他，他想要张口，又将嘴边的话咽下。

李夫人复又跌坐在地上，低头垂泪，轻声喟叹，"宏儿，长大了你要记得阿姆敦，记得给阿姆敦祭拜祭拜！"说罢，捂着脸痛哭起来。

抬起头来，李夫人看着他，问道："可汗啊！你是大魏的国君啊！可是，你连妾身都救不了啊！"献文帝心如刀绞，泪水也滴落下来。

他想要伸手搀起李夫人。

"可汗，这是祖宗之制！"身后传来太后的声音。

拓跋弘只好将手缩回。

李夫人默默流着泪，强挣扎着忍住眼泪，轻声说道："可汗，我死不足惜，只有一点心愿：不要伤害我的家人……"

拓跋弘嗫嚅着："放心，我……"

"可汗，外面下雨了，我们该回宫去了！"太后那冰冷的话语又传来。

"可汗……可汗……"李夫人抬起头，眼神中满是哀求和绝望……

太后转身离去，献文帝也被几个内侍拥着，跟在太后的身后走出殿外。

殿里李夫人放声哭喊着，"阿耶啊，当初为何要让我入宫！"

大雨洒在羽翟之上，洒在罗伞上，飒飒有声，冯太后不动声色，走在雨中。殿中突然发出一声瘆人的尖叫，"啊！……"

忽然，一切都沉寂下来，雨声也听不到了，脚步声也听不到了。

拓跋弘推开身旁的内侍，任由大雨浇在他的脸上、身上，抬头，黑无边际的天空，茫茫浩浩看不分明的暴雨，就如一条条鞭子，抽打在他的脸上，抽打在他稚嫩的肩头和年轻的心上。

太后加快脚步，在众内侍的护拥之下，没入雨帘之中。

不知过了多久，待内侍将神情木然的拓跋弘搀扶回大殿。浑身湿透的拓跋弘脸上满是水痕，分不清到底是泪水还是雨水。

拓跋弘昏睡了过去。

依稀可辨的，那是皇兴四年。拓跋弘患毒疮，在永安宫中卧榻静养。昏昏沉沉中，身上的痛处，一时似拔去痈肿，稍得舒缓。睁开眼，是谁在榻前——是宏儿。四岁的宏儿正在为他吮去疮中的脓血。皇儿如此忠孝，他怜爱地起身把宏儿抱在怀里。可是，永安宫的门被推开了，刺眼的光亮中一个女子的身影站在眼前，将宏儿从他的怀里一把拉开，宏儿低声哭着，回头看着他，就这样被拉走了。

延兴六年（476）五月末，太华殿中。

年幼的可汗拓跋宏与太皇太后一起并坐在殿中榻上。

高允、高闾等众臣列于殿中。

冯太后示意高允高令公宣读可汗诏书，"任高闾为中书令，给事中。李思冲以例迁秘书中散，典禁中文事。"

待年轻的皇帝拓跋宏与众臣退下，冯太后留下高允、高闾、李冲三人。

冯太后对高闾说："高大人，你来说说，太上皇这些年来所行之事。"

高闾说道："延兴三年（473）十一月，太上皇南下巡视，停驻在怀州山阳。叱干虎子在路上拜见申诉，言其事奉先帝，蒙受重恩。后来却横遭强加之罪，被废黜到此，呜咽流泪。太上皇便复其枋头镇将之职，诏令叱干虎子侍从巡行，问及政事，几十里内，应对不绝。"

冯太后说道："那叱干虎子为人素来刚简，也是为官之大忌，正因如此，我才检其过错，黜其为镇门士。不想太上皇竟……"冯太后笑笑，"高大人你再说来！"

高闾赶忙回话："延兴二年（472）二月和十一月，太上皇两次亲率大军出征。去年，太上皇在平城之北大阅军兵，朝野惊动。"

冯太后看看高允，"高令公，你说！"

高允回道："如今，太上皇正年富力强，又善兵马，蠕蠕每闻太上皇御驾亲征，皆望风而逃，北窜千里之外以避之。这些年来太上皇随时调动军队，过问政事，百姓敬服，声望日隆啊！"

冯太后听罢，对李冲说，"李思冲，你留下。"

两位高大人闻言告退。

冯太后对李冲说，"太上皇兵权不放，国政亦插手，如今事事与我争锋……"

李冲说道："臣在怀荒便知，兵权事关重大，不可小觑，如今太上皇可随时调兵，太后要深思啊！"

冯太后挑起娥眉，"你与我草拟诏书！"

"处！"

延兴六年（476）六月，皇上下诏命令中外戒严，京师平城气氛紧张，宫禁之中更是戒备森严。诏令将京师之中现有之兵士，分作三等。若调第一军，则相应遣第一兵随之而出；第二军，第三军，依次行动。不可一次调遣。

永安殿里，拓跋弘面色憔悴，早已没有了往日的朝气。

殿门吱呀一声被推开了，进来的是李冲。

李冲手中端着椒酒（毒酒），走到拓跋弘面前，直直看着他。年轻的太上皇神情凄然，眼中还有泪光。稍稍收敛神色，他低声向李冲哀求：

"可否让我见见吐万安国。"

"太上皇，吐万安国已经死了！"李冲盯着拓跋弘，一字一字慢慢说出来。

拓跋弘一下被击垮了，跌坐在榻上。

"吐万安国死前，让臣将这紫袴褶带给太上皇。"放下椒酒，李冲递过紫袴褶。

拓跋弘接过紫袴褶，"这是达奚买奴的？"他急切地问着，打开衣服，里面却是，吐万安国常佩在身上的那把短剑。

"啊……"拓跋弘放声痛哭，那凄厉的哭叫声让李冲不敢直视，泪水顺着脸庞滴落在拓跋弘的胸前，他把紫袴褶贴在脸上，又紧紧握着佩剑，仔细端详。

"我本天地一孤客，为何要生在这帝王家！为什么！"拓跋弘呐喊着。

"如今，落得如此地步，我，我是个最可怜的人啊！"拓跋弘用吐万安国的佩剑划着自己的脸，手，戳着自己的胸膛，鲜血顺着伤口滴落在紫袴褶上，紫袴褶渐渐沾湿，染成一片暗黑，"我这个天下最可怜的人啊！"

拓跋弘的话语越来越混乱："达奚买奴，吐万安国，你们在哪里啊！"他悲泣着，仰天痛哭："可我保护不了你们啊！"

"我自己都不能自保啊，啊！啊！啊！"

"我这一个可怜的无用的人啊！"拓跋弘用佩剑在腕上深深切了下去……

李冲身子微微一动，欲要上前，但他止住自己，将椒酒放到拓跋弘近前，转身关上永安殿的门，内侍立即将其重重落锁。

皇苑中，大司马、大将军、安城王吐万安国已被禁军紧紧围住……

"让开！我要见太上皇！"吐万安国眼神狰狞，布满血丝。手中的刀对着禁卫挥舞着。

"太上皇不会见你的，他陪着达奚买奴，正在为达奚买奴诵经超度呢。"从宫中赶来的李冲冷冷地说。

"不信，我不信！"

"不信？你看这是什么？"李冲掏出一件手札。

"太上皇手谕：褫夺吐万安国封号，赐死！"李冲展开手札一字一字念出来，就像羽箭一样，字字锥心。

读完，将那手札打开让吐万安国看。吐万安国情急之中，更不细究太上皇手谕是真是假。

"太上皇，你让我的心痛死了！"吐万安国将飞凫箭刺入自己的胸膛，鲜血喷溅出来，吐万安国踉踉跄跄伸手扶住一旁的白羽翣，连人一起摔倒，鲜血自他的锦襦喷出，洒在白羽翣之上，点点血红……

太华殿里，冯太后正在和王遗女对弈。太后手中之子正要落下，听到李冲走进来，手中玛瑙棋子停在半空。

"太后，收局！"李冲边说，边把太后手中的棋子按在棋盘之上。

几日后，改元承明（476）。

六月二十日。载着太上皇遗体的辒辌车，车旁内侍举着羽翣，沉默的官员和随从们，自平城出发，向云中金陵方向走去。

拓跋弘谥献文皇帝，庙号显祖，葬云中金陵。

太皇太后下令，诛杀李䜣。

雄鹰

太上皇去世月余，皇帝拓跋宏如平常一样，来到太华殿。

冯太后正襟坐着，等待众臣来议事。

拓跋宏忽然跪在冯太后面前，迟迟不起。冯太后有些意外，随后问道："宏儿，有事便说来！"

"太伊姆（鲜卑语，奶奶），儿臣想为阿姆敦追尊谥号，还想为父皇资福。"

冯太后思忖片刻，慢慢说道："好！难得你有这片孝心！"

拓跋宏这才起身。

承明元年（476）秋七月，追尊皇妣李贵人为思皇后。

八月，为先太上皇资福的法事，也在沙门统昙曜法师的主持下紧张准备。

一场淑雨，将平城的天空、宫城洗刷得干干净净，平城城南，一条大道通向永宁寺。御驾之上，年方十岁的拓跋宏，稚嫩的面庞，有着超乎年龄的沉稳目光。眼前，黄土垫好的大道，被骤雨洒过，不起微尘。拓跋宏举目四顾，只见大道青林垂影，绿叶为文，参天大树遮挡着炎炎日光。树林之外，如浑水依着平城，向南奔去，在日光下清波浩荡，水光潋滟。再远望永宁寺，只见高塔摩云，紫阁罗列，间有嘉木掩映，远远便有清香传来，拓跋宏慢慢露出笑容。

"皇上来了！""皇上来了！"离永宁寺还有好远，路边已经跪满了四方赶来的臣民，他们不敢高声，但人群中依然爆发出一阵阵的欢呼。

"他是那么年轻啊！""这就是我们的皇上啊！"

臣民们翘首看着拓跋宏，又谦恭地都伏下身子，以额触地，跪拜皇上。

拓跋宏躬身，向两边的臣民伸出手，示意他们起身。

臣民们跪拜后抬起头瞻仰着年轻皇上的圣容。

永宁寺外，沙门统昙曜法师已经早早恭候在路边，皇上拓跋宏御驾停下，慢慢走下车辇。

"皇上！已在寺内设好太法供，僧人一早便开始为先太上皇诵经资福。"昙曜轻声禀报。

拓跋宏点点头，缓步走入永宁寺。

寺中梵呗声声，香烟缭绕，佛事庄严祥和。永宁寺乃先太上皇拓跋弘为皇儿拓跋宏出生荐福而兴建之寺。寺中构七级浮屠，高三百余尺，基架博敞，为天下第一。

拓跋宏先来到太法供之前，梵呗之声随之响起。递上皇家之供，又将所供之物摆放整理一番，退后几步，施礼转身，仰头看这高及云天的浮屠，心中不由想起父亲。

走至塔前，唤过昙曜，取来杨柳枝，拓跋宏持杨柳枝拂去塔身浮尘，又洒清水抑尘，绕塔三匝。扫塔毕，来到寺中戒坛，此处，自愿为僧尼的一百多名良家男女，从八方而来，等待着天子亲手为他们剃去头发。拓跋宏为他们剃发，又亲手发给他们僧服，令众人勤修道戒，为先太上皇乞求福祉。

回到宫中，拓跋宏带着昙曜，来到冯太后面前，说自己要为先太上皇建造建明寺祈福，再开武州山石窟数所。

冯太后静静听他说着，不由细细端详着自己的孙儿。眼前这十岁的天之骄子，恍惚中似乎是刚刚去世的太上皇。那眉梢的英气，那眼角的机敏，那不肯低头的羁傲，真是和第豆胤（拓跋弘鲜卑名）毫无二致。这分意气，狂情，与他的父亲又有什么分别？

再看看一旁的昙曜，这些年来，拓跋弘每每以雅薄时务为由，喜玄好佛。在崇光宫中览习玄籍，在鹿野佛图中持戒颂经，都少不了这昙曜法师，只是，禅位后，拓跋弘不仅犹躬览万机，还频频阅兵、出征、田猎、巡行各地，也不知这昙曜是如何与之谈虚论空的。

冯太后又想起，当年恭宗（拓跋晃）同样，以凉州僧人释玄高为师，与他的父亲世祖（太武帝拓跋焘）争权……

想到这里，冯太后笑着说："好啊，只是沙门统昙曜法师，事务繁多，又要译经，就让钳耳庆时去帮忙吧！"

昙曜和拓跋宏很是意外，互相看了看，拱手施礼："遵命！"

这拓跋宏就和他的父辈一样，天生着一股神力，有着一身使不完的劲儿。每日退朝之后，他便与禁卫军们学习对打，又常常出郊外练习骑射征战，还将禁卫军编成几组，指挥对垒。一日，与冯太后用过膳，对着赐膳的几位大臣，拿起吃过的一只羊髀骨，弹指击之。羊髀骨虽经烹煮，但仍坚硬结实。谁知，拓跋宏指上发力，几下便将羊髀骨弹碎，众臣大为惊异。他还带领将土狩猎，在他父亲经常田猎的北苑，驰骋往来。拓跋宏膂力过人，箭法精准，每每大获而归。

夜来，为这些事所困扰，冯太后卧在榻上，命点起香饼，望着弥蒙的青烟，冯太后仿佛又看到近来可汗的举动，有些不快。

看着袅袅的青烟在殿中弥散开来，就像隔着一些青纱，朦胧青纱之后，那影影绰绰的岂不是旧年的时光吗？

那还是在长安的日子，父亲喜欢燕国旧俗，将府里的一处庭院，修建得如燕国民居模样，年少时的父亲，喜射猎，又从燕国之习，豢犬驯鹰，那园中便养着几只良犬，一隅蓄养着几只鹰。

父亲曾几夜不眠，独自驯鹰。母亲在深夜要为父亲煮些参汤，补充体力。冯燕还记得：那苍鹰悍野高傲，难调难伏，从被缚那一刻起，就暴烈不羁，挣扎反扑，鹰爪虬劲如铁钩钢牙，扑打抓挠，啄击唳啸，将铁链抖得哗哗作响，于那深秋的风中发出一阵阵悲愤的鸣叫。秋夜愈发苍凉，让人闻之寒意自脊骨升起。

第一天，父亲布好绳网，绳网之外是甘甜的清水，鲜嫩的羊肉，再将鹰置于其中。苍鹰虽然饥渴，却看都不看一眼食物。

见父亲在网绳之外，那鹰愤怒地一次次向他猛扑，但每一次都被铁链牵绊，重重地摔倒在地。鹰的体力在徒劳的扑击中一点点耗去，雄鹰的两只眼血红，父亲的眼睛也是血红的，冷冷看着它，和鹰对峙着。

第二天，它隐隐觉出腹中的饥饿，更加愤怒急躁了。但它还是不肯低头去乞求食物，只是啄击着束缚它的铁链，仿佛不知疼痛，鹰喙已鲜血淋漓，鹰还是不停啄击，任它嘴角渗出鲜血，直至血越来越多，滴在地上。夜晚来临，雄鹰的气力也慢慢衰减，在暗夜的氛围中，它的戾气也几乎消散殆尽。

当第三天黎明来临时，疲惫不堪的鹰已经没有往日的雄风。黑硬的血痂挂满嘴角，滞塞了鼻孔，偶尔还会发出悲愤的声音，但那声音喑哑无力，已毫无底气，再也没有更多力气扑打飞腾。先前一身锦般毛羽，已经黯然无光，凌乱而不洁。如黄金般明亮金黄的鹰眼，已经困倦得不时眯上，昏昏欲睡。这时，父亲手拿棍子，不停地叫醒它，令它不得入睡。

等到夜幕四合，夜寒风冷时，父亲与手下众兵士撮手而呼，发出猎手们才会的野兽的嗥叫。雄鹰开始感觉到危险和无助，它收紧翅膀，身子却微微战栗，眼光中流露出恐惧与哀求。

父亲这时，将它架于臂上，轻抚它的头部。雄鹰任父亲轻轻抚摸它的头顶、脖颈、背脊，不再挣扎啄击。它的眼神驯服温顺，身体也慢慢放松。这时，父亲端来清水，将鲜嫩的羊肉放在掌心，饿了几天的鹰，将羊肉叼入口中，这鹰终于驯成了！

每个深夜母亲为父亲烹羹，做饭，陪着母亲，小小的冯燕也快撑不住了，等到给父亲送去饭食，看过父亲驯鹰，冯燕都是伏在母亲的肩头睡着……

那时候的自己，也和宏儿一般，是个孩童。可是，宏儿……

宏儿四岁那年，太上皇拓跋弘患恶疮，小小的拓跋宏竟亲自给父亲吮痈。

受禅那天，宏儿流泪痛哭，悲泣不能自胜。太上皇问他为什么哭，宏儿说："代替父亲，心中痛切。"此话是出自一个五岁孩童之口啊！

听得门外有人，是郭氏进殿，为她端来羹汤。冯太后端起来啜了一小口，那羹应该是刚刚烹好，将冯太后的嘴烫得生疼。"啧！"冯太后皱起眉头。

"无妨，是我走神，且把这羹放在一旁，让它凉一凉！"冯太后把碗递给郭氏。

寒月，平城已是北风萧瑟，呵气成霜。这一日，朝堂之上，拓跋宏见冯太后高兴，便将先太上皇曾讲给他听的那些祖先攻城略地、开疆扩野之英勇往事说起来。面对着那些俯首的朝臣们，年轻的天子，意气风发，神情似乎都异常起来。

待他讲罢，冯太后问道："你只听到了那些英雄冷血无情的杀戮，你知道他们的结局吗？"孝文帝一时错愕，愣在当地。冯太后又说道："你只知道一路杀掠来征服异族，可曾想过怎样让天下归心？"年轻的皇帝并没有好好体会冯太后的话语，竟与冯太后理论起来。

"太皇太后所说，实乃妇人之见，大魏战马所踏之处，无不披靡，如今却这般灭自家威风，岂不扫兴！"

冯太后娥眉轻轻挑起，冷冷地笑了一声，"王琚何在？"

一旁闪出内侍散骑常侍王琚，"太皇太后，臣在。"

"将拓跋宏外衣褛（脱、剥）去！推入侧殿！"

"处！"王琚转身招呼几个内侍上前，将拓跋宏剥去外衣，带入旁边的侧殿。

殿内众臣面面相觑，不敢出言。

侧殿中，拓跋宏一脸无助与茫然，瑟瑟发抖地四顾这大殿，殿内空空四壁，寒风满屋。正要说什么，王琚已经恭身退出，将门锁闭。

夜里，呼啸而来的北方之风，从门缝窗罅里钻进来，小皇帝缩在屋角哭泣，昏昏睡去又被冻醒，却无人来看望他，更无一点饭食和水送来。

忽然，门锁被打开了，一个黑影抱着一团东西从门外悄悄走了进来。小可汗满面恐惧，看着这个人影越来越近，拓跋宏想叫，可是，他已经浑身冰冷，舌根紧缩，牙关也是僵硬的。他瞪大眼睛……

沙棘

"皇上，莫怕，是臣李思冲！"

原来是李冲！

拓跋宏稍放心些，李冲压低声音，"皇上不要高声，夜里躲在这草毡之中！"李冲将怀中所抱之物放在拓跋宏身旁，是一捆干草，里面是一卷羊毛毡。

说罢，李冲将干草铺开在地上，又将羊毛毡披在拓跋宏身上，将拓跋宏搂在他的怀里。北风里，拓跋宏早已浑身冰凉，手脚已经僵硬。李冲又从怀中掏出膏环，递给拓跋宏，探手取下腰间的革囊，打开囊上之盖，送至拓跋宏嘴边，"皇上小心，不要烫着嘴。"拓跋宏身体冻得如木头一般，奄奄一息，没有一点力气。舌头也说不出话来，喝了些热的羊酪，又吃了些膏环，似乎缓过一些气力。

"皇上，再吃点，莫怕！撑过这两天，容臣想办法！"李冲用手温暖着拓跋宏冻僵的双手，又将拓跋宏的脚放至自己的胸口，拓跋宏慢慢身子热了起来。

"李大人，我们该走了！"门外，王琚轻声提醒。

李冲帮拓跋宏将毡子又往紧围了围，又留下剩余的膏环，将革囊带在身上，轻轻起身与王琚锁门离去。

第二日，当平城冬日的第一缕晨光照入侧殿，照在拓跋宏稚嫩的脸上，他睁开眼睛，醒了过来。昨晚的饭食和羊毛毡帮他度过了第一个艰难的夜晚。

靠在侧殿墙上，拓跋宏紧紧裹着羊毛毡，眼前浮现着父亲的模样……

延兴三年七月，拓跋宏正依却霜惯例，巡行阴山。父亲却急命使者往阴山迎领他转道西南。父子二人于八月，同时到达河西。吐谷浑汗拾寅请罪，呈上降表。得胜回朝的路上，父亲一边带着他巡察国土，一边给他讲述先祖的伟业，力微、禄官、猗㐌、郁律和什翼犍的豪情与军功，让年仅七岁的他深深折服。父亲告诉他，"拓跋族，靠得是征战，讨伐，才一代一代走到今天，有了今日的大魏，任何时候都不能丢了武功。"

可是，太后却教导他要读圣贤之书，学为政之道，更要体恤百姓，以德服人。

阳光带来一点点温暖，使得侧殿少了些寒意。拓跋宏往紧裹了裹羊毛毡，接着思量……

延兴三年九月东归平城。当他站在太伊姆面前，说起这几月的征战和见闻，太伊姆并没有不高兴，只是问他："你可曾想过，你不回朝，离开京师这几个月，政事谁来处理？朝堂空虚，万一生变如何赶回？"

拓跋宏被问住了，摇摇头，说："这些都不曾想过。"

想到这里，窗外的一缕冬阳照在拓跋宏的脸上，双目被光明照耀，拓跋宏此时方悟出：太伊姆才是老臣谋国之心啊！

拓跋宏悟到了太伊姆的用心，为自己的年少轻狂而悔恨起来，泪水不由流了下来。

夜里，寒风灌入侧殿，拓跋宏又是一天没吃东西了，好在头天晚上李冲给他送来的饭食，让他能支撑到今日。侧殿里到了夜半，愈发寒冷，拓跋宏就这样，昏昏地，迷糊一阵，冻醒一阵。他心里默默念着李冲说的那句话："振作起精神来，撑过这两天……"

李冲府上。

灯下，李冲正在屋中踱来踱去，腾儿走进来禀报，宫中王琚大人来到。李冲忙迎进王大人。王琚进来，看看腾儿，李冲令腾儿退下。王大人这才在他耳边说了几句，李冲登时一惊！

"王大人，当真！"

王琚点点头。

李冲皱起眉头，忽然想到了什么，"王大人，请速回，容我计议。"

送走王琚，李冲吩咐腾兒牵出马来，夜色寒风中，李冲策马向咸阳王府奔去。

咸阳王府中，封昭仪与拓跋禧俱已就寝，听闻李冲求见，面露疑虑更衣会见。

屋中复又燃起灯火，拓跋禧揉着睡眼，不开心地随着家奴来到屋中，封昭仪亦满面不解，身后跟随贴身奴婢，来见李冲。坐于榻上，她急急问道："李大人，夜色已晚，何故匆匆来府？"

李冲环顾家奴，封昭仪意识到了什么，露出不安地神色："俱都退下！"

"昭仪！太皇太后要废去皇帝！"

"哦？为何？"封昭仪话刚出口，突然她一声惊叫："禧儿？！"

随之，封昭仪坐直了身子，目光惊惧，面容因惊恐而扭曲。

李冲点点头。

封昭仪嗓子发出一声不易听到的绝望，泪水涌出双眼。身子一软，瘫坐在榻上。

一旁的拓跋禧见状，也明白了什么，连忙扶起母亲："阿姆敦，禧儿不去当皇帝！"

封昭仪惊恐万分，连忙用手捂住拓跋禧的嘴，用眼神示意他不要出声。

拓跋禧懂事地眨巴着眼睛，不再说话，看着自己的母亲。

封昭仪擦擦泪痕，却从榻上起身，走到李冲面前，深深施礼。

李冲连忙回礼："昭仪，不可！"

"李大人，我是一介女流，先太上皇驾崩之后，我只求能将先太上皇之裔苗抚育成人，以不负先太上皇之隆恩，我母子无意与先太上皇嫡子比肩，更不敢与皇帝争位。"

说着，封昭仪痛哭起来，双膝一软跪在地上。

"李大人啊，我寡母孤儿，只求平淡了此一生，万不敢僭越，还请李大人想想办法啊！"

李冲连忙挽起封昭仪。

"此事不难，只是昭仪与咸阳王，需依计而行！"

封昭仪听到此话，连忙擦干眼泪，唤过拓跋禧来。

李冲将心中之策细细说来，封昭仪连连点头。

"禧儿，你记下了吗？"封昭仪低头问拓跋禧。

"孩儿记下了！"

封昭仪拉着拓跋禧，二人一齐躬身施礼，又让拓跋禧给李冲磕头。

李冲忙止住，"事关紧急，昭仪，此时不是拘礼之时。夜来还需你与咸阳王多多商议，莫要露出破绽。李冲告辞了！"

"李大人，慢着！"封昭仪回头从案上拿起一个萨珊波斯国之银盘，递给李冲。

"请大人一定收下，若能成大人之计，必不敢忘今日之恩。"

李冲推开银盘，转身离开。

又一个清晨到来了。冬日的平城宫外，静悄悄地。一辆围着毡子的暖车，在止车门前停了下来。咸阳王拓跋禧应诏入宫。

太和殿里，炭盆的火烧得精旺，殿内温煦和暖，冯太后梳妆毕，身披貂裘，坐在榻上。李冲刚刚进来，听得王琚又报，尚书右仆射丘穆陵泰、太尉拓跋丕求见，站在太和殿里，两位老臣也似乎都感觉到了什么，一种不安的情绪在太和殿中蔓延。

冯太后却不动声色，只是将手中的七宝念珠慢慢捻着。

李冲拱手说道："太皇太后，皇上天资聪颖，宅心仁厚，只是年少，即使犯错，也是无心。还请太皇太后念皇上年少宽宥！"

尚书右仆射丘穆陵泰问道："太皇太后，臣见咸阳王拓跋禧今日入宫，却是为何？"冯太后抬眼扫过几位臣子，淡淡说道："只是召他入宫，问问近来功课。"

众人安静下来。冯太后的目光转向尚书右仆射丘穆陵泰："丘穆陵泰大人，这几日我听宫中女尚书读史，汉废帝刘贺荒淫无度、不保社稷而被废为庶人，大人可知此史？"

听太皇太后此言一出，众臣胆战心惊。

尚书右仆射丘穆陵泰忙回道："太皇太后明示，臣不敢妄言。"

李冲说道："当今圣上，敦厚和睦九族之亲，太皇太后英年正盛，仁和宽慈，实乃大魏之幸。"

太尉拓跋丕上前进言："太皇太后，皇帝之位，不可轻易，君位一年三易非国之祥兆！"

一旁，李冲又拱手劝太后："太皇太后，可再思考，兹事体大，若真决定如此，恐国朝再生事端，民生不稳！"

太后似乎并未为众臣所动，"传咸阳王。"

不一时，拓跋禧自殿外蹦蹦跳跳闯入大殿，只是对着冯太后施礼后，便在大殿中四处奔跑，玩耍。

王琚招手唤他，他却躲在柱子之后，不时露出脑袋看看。

王琚忙跑过去，谁知拓跋禧又跑到了另一边，冯太后停下手中念珠，皱起眉头。

在殿中跑了几圈，拓跋禧又跑到太尉拓跋丕面前，仰头看着拓跋丕，趁其不备，一把将拓跋丕腰间的玉卯拽去，拓跋丕气得四处追赶。

拓跋禧却早将玉卯丢在屋角，看到冯太后榻前几上有羹汤，便径直走上前去，端起碗来，仰脖喝下，任羹汤洒满胸前，华服上一片污渍。

丘穆陵泰和拓跋丕见此叹气摇头，冯太后也面露怒色。

此时，李冲上前进言，"太皇太后，如今，皇上已在寒室之中，两夜三天了！衣单无着，未进餐饭……"

冯太后脸色微变，拓跋禧此时却看见冯太后手中的念珠，径直伸手来取，冯太后面露不快，李冲连忙上前劝住拓跋禧，令内侍将其领至殿外玩耍。冯太后轻轻叹一口气，唤过王琚，附在王琚耳边，悄悄嘱咐。冯太后又给李冲使个眼色，李冲领会，与王琚一道退出大殿，王琚安顿郭氏去取姜汤，李冲与王琚快步赶往侧殿。

打开侧殿之门，拓跋宏坐在一道阳光之中，借着这一点微温，撑着寒冷困乏的身体。李冲连忙脱下自己的衣服，除去拓跋宏身上的干草、羊毛毡，将衣服包在拓跋宏身上，郭氏端来了姜汤，李冲端着姜汤喂拓跋宏慢慢喝下，王琚在一旁为拓跋宏暖着手，郭氏为拓跋宏搓着双脚。不一时，内侍们将拓跋宏的衣服送了进来，众人帮拓跋宏按着四肢，渐渐他的身体不再僵硬，喝了姜汤后，身子也暖了过来，脸上慢慢有了些红润，穿好衣服，李冲背着拓跋宏来到太和殿。

冯太后站起身，问道："宏儿，你知错了吗？"

拓跋宏跪在地下，浑身还在战栗，重重地磕着头，"宏儿知错！"

晚上，冯太后做了一个梦，她梦见一只巨大的燕子，两只翅膀受了重伤，燕子无法起飞，发出凄凉的哀鸣。

梦醒后，冯太后一直无法释怀。见到李冲，问起此梦。李冲略一思索，向冯太后进谏，"燕子的'燕'字与太皇太后名字相同，代表的是太皇太后您，而那一对受伤的翅膀，正是显祖和当今圣上啊！"

冯太后听罢，沉默不语。

李冲又自怀中取出一物，递给冯太后。

乃父亲留给李冲的犀比，犀比的钩首是一个龙头，正与钩腹的螭龙相对而望，龙首大，螭身小。冯太后见此物精巧，拿在手中，左右端详，李冲此时，躬身跪在榻前。

"思顺，快起来，何故如此？"

"太后，这犀比是父亲传下来的，此器有名。"

"哦？这犀比还另有名谓？"

"是，其名为——苍龙教子"。

冯太后听罢，又细细观看，果然，那大龙正回首望着螭龙，小小的螭龙，目视大龙，似在聆听教诲。

"好个苍龙教子！"冯太后手持犀比，微微颔首。

已是初冬，从宫外方山回来，半下午的阳光却暖暖的，如浑水似一条白练，在日晖下闪耀着银光。冯太后叫王遗女把窗幰支起。一路行来，山色却也好看，低矮的草木已褪去绿色，染上金黄。阳面的那些，一蓬一蓬的，红红黄黄，冯太后翘首观看，"快停车。"牛车慢慢停了下来，冯太后看着那些小红果子，不由口中生酸，唾津四溢，掩着嘴，"去采些来！"王遗女忙告诉车后的散骑常侍王琚，王琚点了几个小内侍，去路边丛中采摘。只听先前踏入丛中的小中官发出惊叫声。

"竟都没见过这沙棘吗？"冯太后又好笑，又无奈。

"小心些，莫要把衣服划破！"王琚发声提醒着。

不一会儿，几个小内侍一人举着一大枝橙红耀眼的沙棘回来复命，王琚折下一枝递给王遗女，只见王遗女捂着腮帮子，忙不迭地摇头，咽下口水她才说："我的牙可受不了，不要不要。"王琚笑着递给一旁的另一位侍女郭氏。

"你素来不喜食酸辛之物，许是常在阿真厨品尝得太多了？"冯太后笑着接过王琚递上的一枝沙棘，又将其折至一指长短，小心地吃起来，一时酸甜可口，冯太后也不由满口生津。

回到宫中，冯太后命人去凌阴（冰窖）取来如浑水之冬冰，将其凿为冰沙，盛在蓝色的瑠璃碗中。深蓝浅白，清凉拂面而来，再将沙棘捣碎，浇于其上，一如碧空白云，暮色红霞。

殿外忽传，皇帝来到文华宫中，向太皇太后问安。

冯太后停下手中之匕，将瑠璃碗放下。待小皇帝进殿，施礼毕，冯太后示意侍女郭氏不要声张，只管把沙棘枝递给拓跋宏。拓跋宏被这干枝上缀满的颗颗橘红耀眼的小果吸引，欢喜地问道："太皇太后，这是？"说着便伸手握住。谁知一碰到沙棘枝，他便疼得将手缩了回来，将沙棘枝丢在地上，低头细看，自己白皙柔嫩的手已经被刺破，指头上、手掌上渗出几处血珠。拓跋弘委屈地抬起头来，不解地看着冯太后。

"这沙棘，红红艳艳，惹人喜爱，酸酸甜甜，令人垂涎。可谁又知道，这沙棘遍体生刺，每一枝每一节都暗藏着尖利的针棘？"冯太后慢慢言道。此时，拓跋宏才低头细看地上的沙棘，果然，在红果之间，有着根根尖刺。

"皇帝啊！这些针棘就如同你即将面对的险阻，不被这些针棘刺痛，皇帝你不会知道，身边有多少危险！今日之举，就是提醒皇帝，如何不让针棘将你刺伤。我所能做的，就是除掉这些针棘，让你不被它们伤害。"

冯太后拿起侍女盘中的剪子，一点一点将沙棘截断，再细细铰去沙棘上的刺，放在盘中，侍女将剪好的沙棘枝，端到拓跋宏面前。拓跋宏小心翼翼地伸手取下，细细一颗一颗咬下沙棘之果，那沙棘入口，初极酸涩，拓跋宏微微皱了皱眉，随即恢复了神情，不动声色地慢慢将一枝之上的沙棘果都吃掉，抬头对冯太后说："榛棘须揃，酸尽甘来，宏儿知了。"

春正月乙酉朔，诏曰：

　　朕凤承宝业，惧不堪荷，而天贶具臻，地瑞并应，风和气晼，天人交协。岂朕冲昧所能致哉？实赖神祇七庙降福之助。今三正告初，祇感交切，宜因阳始，协典革元，其改今号为太和元年。

第十一章　凉州乐

大明咒

太和元年（477）秋七月。太和、安昌二殿成。

平城的夜幕降临了，快要修建好的朱明门里，灯火渐渐明亮来。

新建起的太和殿淡淡散发着白垩的气味，大殿榻上，冯太后静静坐着，一手支着头，一手捻动着七宝念珠，念珠上的珍石宝玉颜色不一，那是采自平城外深山之中的玛瑙、玉石。念珠在太和殿的灯火下温润晶莹，随着冯太后的轻轻捻动，发出细碎的声响。王遗女端了酪浆，自素帏后轻轻步入，"太皇太后，方才去阿真厨，嘱咐庖厨做了热的酪浆，趁热喝下吧。"冯太后就像没有听到一样，王遗女走至近前，才见，冯太后眼中莹莹似有泪光，"太皇太后……"王遗女担心地问道。

只见榻前，放着太师冯熙送来的步摇冠。那步摇冠状似一兽首，乃故燕国森林草原中常见之瑞兽——神鹿之首，鹿首之上有角，鹿角又分出两支，每支又分出几小杈，鹿首有竖起之鹿耳，鹿耳之耳尖之上，鹿角的每枝杈上，皆缀金叶。又于鹿首之缘，鹿耳之边，鹿角之桠上，点饰细密联珠，内嵌深蓝浅白之宝，步摇冠流光溢彩，在灯下熠熠闪耀光芒。

"太皇太后，多么漂亮的金步摇冠啊，太皇太后这漆一般的头发，戴上该有多美啊！"王遗女赞叹着。

冯太后也不回答，目光凝视着殿中烛火。

一旁的郭氏，丢个眼色过来，王遗女不敢多说。

"太皇太后，秘书中散，典禁中文事李大人到了。"王琚轻声奏报。

冯太后敛起神情，说道："宣。"

王琚将李冲领进太和殿，郭氏放下殿中垂帘，王遗女将殿中烛火一一熄灭，只留榻前之灯，三人一齐退出大殿。

"思顺！"冯太后伸手召唤李冲近前，李冲大步走至榻前，冯太后将手中的念珠放在几案之上，玉山推倒，靠在李冲胸前轻轻抽泣起来。

"怡安，思顺在这里，不要哭。"李冲抱着太后，轻轻抚摩着她颤抖的肩头。

看见榻前的步摇冠，李冲问道："太皇太后又思念故国，想起故人了吧？"

"哥哥今日送来故国之物，怡安怎能不起故园之情，又想起父母双亲……"说着，又啜泣不止。

李冲低头看看灯火下的怡安，朝堂上那冷静刚毅的太后，如今在他的怀里，茕茕无依，柔弱不安，让他不由想起旧年北苑里那惹人怜爱，无助无依的小鹿。

他将太皇太后搂得更紧，怡安止住哭声，静静地蜷缩在李冲的拥抱中，就如同一只幼鹿一样。在森林、在草甸、在虫鸣声中，感受着夏日的热烈，迎接着暴雨狂风。李冲将怡安抱起来，抬起她的脸，与怡安深情地对视着，将唇印在她的眉间，唇上，他温暖有力的手在怡安的身上游走着，怡安无力地发出轻轻的呻吟，眉头忽而皱起，忽而低垂，任李冲将她带到那暴风雨中，带到那隐秘的大森林中。李冲，仿佛策马在凉州，驰骋在温圉河边，那天梯山，温圉河，冰雪正渐渐消融，隐隐地，那河水的源头上发出沉闷的声响，他能感知到，滞塞着积雪凌汛的上游，已经积蓄起力量，快要撞开河床的冰了！

"思顺……思顺……"怡安轻轻地喊着他。

"怡安，怡安！"李冲喊着太后的名字，带着她一起穿越过温圉河，又飞驰出密林，回到了太和殿，两人从大殿上空跌落在榻上，瘫软在彼此的怀抱中……

一旁灯火明明灭灭，接着越来越明亮，啪啪啪地爆燃出几个灯花。

时空静寂，不知何年。

怡安抬眼望着李冲，眼前的男子让自己如此心动，欢喜。

李冲深情地望着她，把她的头发轻轻拢起，"太皇太后思念故国，思顺亦有故国之事请求。"

怡安点点头。

"哥哥去世已近三年，如今侄儿守孝期满，思顺想将哥哥与父母之枢，归窆回故乡安葬于凉州先茔。"

怡安沉思不语，片刻之后才说："这么多年了，棺椁恐怕也糟朽了吧？路途如此之远，故人遗骨是否依北凉习俗，火化之后放入坛中？"

"怡安想的周到，前些日子，我已妥善行事，故人遗骨已都火化。"

"嗯，如此甚好。好吧。尽孝尽悌，怎能阻拦，你去吧！……想你幼年失怙失恃，全赖哥哥一力抚养，理应尽兄弟之情义，你父亲敦煌宣公李宝，亦是人中龙凤，一方豪杰，只是生不逢时，唉……"怡安坐起身来，又想起朝中旧事，便慢慢说道："当年高宗皇帝（拓跋焘）有意怀柔河西王，便将妹妹武威公主嫁到北凉，谁知河西王沮渠牧健明里称臣纳贡，暗中包藏祸心。武威公主下嫁北凉，备受冷落，与沮渠牧健嫂李氏生出嫌隙。李氏与沮渠牧犍的姐姐密谋，买通服侍武威公主宫中侍女，在武威公主的饮食中投下毒药！也是武威公主命大，未被毒死，却命如游丝，数日不醒。北凉御医也一筹莫展。此时，大魏使臣李盖到来，才知公主中毒，急发八百里谍报。消息传到平城，高宗雷霆震怒，急派良医，带着平城的黄芪、萱草，乘御用传车，疾驰北凉，救回公主一命，重兵护送回到平城；沮渠牧犍将李氏隐匿，只不交出。"

李冲静静听着，怡安目光望着北方，"他怎知，高宗气势正雄，英雄顾盼。故国也刚刚被高宗……"李冲知道，怡安口中的故国，说的是她的故乡——燕国。停了停，怡安接着说："高句丽也被赶到渤海以东去了，灭凉——只是早晚的事！"转头，怡安看着李冲，两人无言相对。

"路途遥远，又多险阻，你……"怡安担心地问道。

"怡安，我与侄儿元伯（李韶）只带家奴数人，家奴腾兒颇有膂力，更精弹弓，我自小亦学过些武艺，尽可放心。"

"何时动身？"

"只要怡安允准,明日一早即出发。"

"去吧,回去看看,也是好的。只是,不要贪图近路,须走大道才是!还有,一心赶路,切莫勾留途中人事!"

"思顺谨记!"

"不可醉情山水,莫忘体察风土,探问民瘼!大魏如今需学习的很多,你要将凉州之旧制详为记录。"

李冲点点头。"思顺将从平城出发,取道盛乐,经统万镇西行,过薄骨律镇至姑藏凉州。"

怡安听后,颔首赞许。"这几日,我刚刚抄好《大明咒经》一卷,你且去往天梯山,代我供养!"案上,一卷《大明咒经》刚刚抄就。李冲转目看到那卷上所书:

舍利弗。非色异空。非空异色。色即是空。空即是色。受想行识。

亦复如是。

心中不由诵出大明咒:

揭帝揭帝。波罗揭帝。波罗僧揭帝。菩提僧莎呵。

又想起什么,李冲说道:"请太后赐丹书铁券(外形如筒瓦状的铁制品,护身防家之用)、斋库刀(相当于尚方宝剑)!"

"好,随身带着,也可助你此行顺遂。"怡安复又依偎在李冲怀里,轻声嘱咐:"早些回来!"

李冲搂着怡安,摩挲着她的肌肤……

清晨,带好路照(通行的证件),将丹书铁券、斋库刀藏于车中,李冲与李韶、腾儿、厍狄渏四人护送着父母和哥哥的遗骨回凉州归窆先茔。雪爪摇着尾巴跑前跑后,他们出发了。

几人白日赶路，夜里投宿驿馆，若遇路途无处寄宿，便驻扎穹庐休息，轮流夜晚警戒。如此风雨兼程，行过数日，不敢少歇。几日间过盛乐，牛川，塞外天地开阔，眼前自是另一番景象。

这日，一路行来，地势舒缓，他们走入一处广袤之草原，这里草高天低，水丰草茂。从清晨走至傍晚，草原如绿色的氍毹，铺展在脚下，没有尽头。

库狄旜哼唱起敕勒歌来：

敕勒川，阴山下。
天似穹庐，笼盖四野。
天苍苍，野茫茫。
风吹草低见牛羊。

众人也跟着哼唱起来，李冲掏出觱篥，随着歌声，吹奏起来。

此时，夕阳之余晖洒下金光，将草原镀得一片金黄，夕晖将他们几人的身影投射在草原之上，影子长长的，要照到身后数十丈开外。

忽然，腾儿喊起来："那是？"只见天之尽头，金色夕晖之中，一个黑点，起伏着，朝他们奔来，几人注目，才知，是一骑轻骑自草原深处而来，骏马上一个草原的汉子，躬身俯首，如同一只雄鹰展着翅膀，骏马扬着金色的鬃毛，跃起金色的轻蹄，踏着金色的草原，来到他们面前。

那人说着鲜卑旧语，李冲听不明白，一旁库狄旜与之对话，才知，马上男儿是鲜卑慕容氏后裔，听到李冲的觱篥声，便掉转马头，来寻找这歌吹敕勒歌之人。

马上男子与库狄旜聊过几句，便熟络地如同兄弟一般，那男子解下身上之革囊，打开囊上之盖，喝了几口，便递给库狄旜，库狄旜转身指指李冲，男子笑了，将革囊盖好扔给李冲，李冲会意，打开革囊也喝了一口，那是草原之酒，随后，李冲递给侄儿元伯，几人皆尝一口，那男子开心地笑着。不住地叫着库狄旜"阿干，阿干"。库狄旜回头对李冲说："主人，鲜卑语称兄长为阿干。他比我小，便叫我阿干。他们是慕容吐谷浑部族之后人，吐谷浑西迁时，他们的先人没有跟住大队人马，流落在草原之上，今晚，邀请我们去做客。"

看看天色，再望望茫茫草原，李冲点点头。

那男子高兴地把厍狄伽拉上马背，二人在前方引路，开心地说着，笑着。带着李冲一行，朝着天地交接之草原深处走去。

阿干歌

草原深处，几缕炊烟冉冉袅袅，牧草散发着浓郁的香味，还有点燃牛粪的烟火味，那些穹庐在一湾河水之畔搭建着，有人赶着牛回到穹庐旁的圈舍中，看到李冲一行，停步注目，马上的男子，圈指而吹，发出一声清脆明亮的哨声，穹庐中的人们走出来，见到有客人，他们招呼着聚拢过来，高兴地与李冲众人致意，厍狄伽和草原上的鲜卑人交谈着，又有人将革囊递来，李冲接过来大口喝着，与他们笑着。腾儿将车辆辎重停放好，又将马匹牵到河边，放马任其饮水食草。

此时，天空落尽余晖，渐渐，深邃的天幕上星光缀满，一道银河横贯天空，那些追逐水草的牧人们，已将羔羊放血去皮，架于火上烧烤，不久肉香便四散开来，李冲想起什么，招呼李韶去取出所带之花盐、印盐，送给草原上的鲜卑人。

他们传看着这洁白如雪，又如花朵般绽放的盐，传递给一位面容慈祥的长老，长老细细看着手中的花盐，又看看大小如豆，四四方方的印盐，自腰间取下匕首，削刻下一点碎屑，用舌头尝了尝，随之点头微笑，又刻下一些，传给众人品尝，草原上，腾起一片欢声。

长老高兴地拉着李冲坐到篝火前，又招呼李韶、腾儿也坐下，厍狄伽早已与众人相熟，大声说笑。篝火烧得正旺，羔羊也烤好了，美酒已经斟满，长老拉着李冲的手，来到烤好的羔羊前，羔羊肉的油脂香气伴着鲜肉的味道，在篝火的热浪中，更加香浓，旁边是碾碎的花盐，盛放在木碗中，长老用匕首划开羊肉，又将匕首递给李冲，李冲也用匕首割下一块羊肉，蘸上花盐，与长老分而食之。人群发出欢呼，围着篝火，美好的夜晚开始了，所有的人都开怀畅饮，放声高歌，纵情舞蹈。

长老和李冲坐着，欣慰地看着快乐的人们，与李冲边饮酒，边聊着天。问起李冲此行何为，李冲告诉长老是要千里辗转，回到故乡，为哥哥归葬安家。

听厍狄旃转述罢，长老闻之动容，举起碗来，与李冲一饮而尽。说道："好啊，兄弟亲情是最值得珍惜的！"长老目光注视篝火，慢慢讲起往事：

他们的祖先慕容鲜卑首领慕容涉归，有两个儿子，老大是小老婆生的，叫慕容吐谷浑，老二是大老婆生的，叫慕容若洛廆。慕容涉归在临死前，把自己的部落分成两部，大部落由嫡子，老二若洛廆统领；庶子，老大吐谷浑则分得了一千七百户。

有一年春天，两兄弟的马在河边喝水的时候互相打了起来，若洛廆很生气，传话给哥哥吐谷浑："莫贺（鲜卑语，父亲）临死前已经给我们分了家，你却还不走远，以至今日马群争斗。"

吐谷浑听了很伤心，他对弟弟说："春天来了，兽性皆有蠢动，故而争斗打架，并不稀奇，可是弟弟你却迁怒于人。指责我不离开，如今我马上就走，走的远远的。"

听哥哥这么一说，若洛廆有些后悔，就派族中长史七那楼去追上已经出发向西而去的哥哥。

吐谷浑说："我虽是阿干，却是庶出，不敢与嫡子争雄。你们既然留我，那么就看看上天的意思。你们把马往东边赶，如果马朝东走，我就随你们回去。"

七那楼把马往东赶，每次走出几百步，马就长嘶悲鸣，转头又朝西跑回。

不知试了多少回，没有一次能让马回头向东。七那楼亦感天意难违，只好跪别吐谷浑，回去复命。

慕容吐谷浑便带领他的部落一直向西迁徙。途中有生病不能随行的，便留在了草原上。就是今天长老他们的族群。

阿干吐谷浑离开后，若洛虺想念哥哥，无限悲伤，便自作一首《阿干歌》，时常击节歌唱。若洛虺的子孙们每当乘辇出巡时，都会在辇后鼓吹这首歌。这歌也传到了草原，在长老的族群中，人人皆会。

李冲听罢，起身施礼："长老，李思冲愿拜您为阿干！"

长老听到这话，连忙起身，扶住李冲。"大人不嫌弃，我愿与大人结为兄弟！"

李冲命腾儿端过酒来，捧给长老，二人郑重地端起酒碗，一饮而尽！

草原上的牧人们，都兴奋地欢呼着："阿干！阿干！"

长老复又举起酒碗，高声说道："我们皆是大魏的臣民！我们是亲如一家的弟兄！"

人群中发出欢呼。在长老的领唱声中，歌声热烈地响起来：

> 阿干西，我心悲，
> 阿干欲归马不归。
> 为我谓马何太苦？
> 我阿干为阿干西。
> 阿干身苦寒，
> 辞我大棘住白兰。
> 我见落日不见阿干，
> 嗟嗟！人生能有几阿干？

人们的歌声逐渐汇成一声，越来越悠远，洪亮，呼唤着阿干。歌声就如同那草原的风，飘过篝火，传到四野之中，传到敕勒川，传到阴山下，传到遥远的凉州……

　　草原的慕容鲜卑后人，盛情勾留，李冲一行又停驻几日。想起怡安嘱咐，李冲不敢再耽误时日，招呼着李韶几人，与草原的长老、阿干作别。草原上的鲜卑人热情豪爽，将马背，车上，放满了风干的牛羊肉，又往他们的手中，塞满食物，李冲除将所带之盐全部留下，又将携带之丝绸布帛各取数匹留下。

　　长老又取出羔裘所制之皮袍两件，交给李冲，"大人，将此草原臣民之心意送与太皇太后和皇上，为两位抵御风寒，愿大魏如这草原常青，如这河水长流。"

　　李冲整肃衣衫，双手接过这份厚重之礼，几人翻身上马，挥手告别。当日那马上的男子，带着几个族人，依依不忍，将李冲一行送出几十里外。

　　几人不敢再有耽搁，一路行来，过了数日，又一个夜晚即将来临，远处的大山在暮色中更加寂静沉默，云中镇在夜色中隐隐召唤他们，城中已无往日之繁华喧嚣，镇中偶尔车马经过，便归于寂静。

　　腾兒和厍狄姽，牵马前行，寻找驿馆。

　　行至镇中路口，一队军兵疾驰而来，将李冲迎面截住。

　　腾兒和厍狄姽连忙掏出兵刃护在车马之前。

　　"敢问，来者可是李大人？"为首的军人问道。

　　"正是。"李冲让腾兒递上路照。

　　那军人看过路照，翻身下马，施礼说道："失礼了，李大人！小人奉侍中、云中镇大将司马大人之命迎候李大人多日了！请李大人前往廨署！"

　　那军人吩咐手下一人前去通传，其余人马护送李冲前往云中镇廨署。

　　司马金龙接到禀报，早已站在廨署路口等着，见李冲到来，急忙迎上前去，待李冲下马，拱手施礼，"思顺啊！一路劳顿，快入廨署歇息！"。

　　李冲还礼："荣则兄，只怕兄公事繁忙，故而不敢惊扰。不意竟在此相遇！"

　　"思顺你一向如此谦恭，今日老友异地重逢，如此客套实实不该啊！

你我二人谈何惊扰！”司马金龙拉着李冲，走进廨署。

云中镇廨署的一处院子里，灯火通明，夏天凉爽的夜风穿过院子，拂动院中绿树，扬起屋中轻纨。

屋内，几位仆人忙着摆放饭食，司马金龙与李冲步入屋中，“思顺，无有他人，只有你我几个，你又尽孝悌之义，今晚我们畅饮为你一壮行色！”说着，招呼众人落座。

李冲将腾兒和库狄㛤也叫进来，坐在下首，几人各自面前的几案上，已摆满羹汤、美味。

司马金龙命手下：“端上酒来！”

酒有着别样的香气，在屋中奇香扑鼻。端起那酒，色淡淡而金黄，李冲问道：“这酒不是桑落酒？”

“并非桑落酒，乃是平城和酒。”

司马金龙招呼众人端起各自面前之羽觞：“此酒需用酒一斗；胡椒六十枚，乾薑（晾干的生姜块茎）一分，鸡舌香（今之丁香）一分，蓽拨（胡椒科植物，有辣味）六枚，下筶（筛子），绢囊盛，内酒中。一宿，蜜一升和之。”

司马金龙说罢，举起羽觞低头轻轻嗅一嗅，陶醉其中，一饮而尽。

李冲亦饮下这甘美的香醑（美酒）。

席间美食与平城无异，众人已是饥肠辘辘，司马金龙却不举箸，点检几案上的菜肴一番，他拍手召唤家仆，问道：“贵客到来，将那道美馔端来！”

仆人说道：“庖厨正在细作，还需片刻。”

“嗯，来，各尽觞中酒，再品案上肴！”

司马金龙频频劝酒，又与李冲言笑，不一时，家仆将烹好之美馔用食盒提来，香味瞬间飘满整个屋子。

几位家仆来到每人面前，打开食盒，取出漆盘，一种从未闻到过的香气，扑鼻而来。细看盘中：

薄如蝉翼，白如春雪之物，罗列其中，上有金黄之配料，如金镶美玉，又似雪里金花。送入口中，竟是鱼肉，其色白如花瓣，入口并无鱼腥。

"金齑玉脍？"李冲惊喜地问道。

司马金龙微笑点头，说道："此肴本是建康名吃，父亲最喜食之，家中之厨善制此味，只是代地无有鲈鱼，父亲每因无鱼而苦恼，如今在这云中镇，君子津中黄河鲤鱼鲜美，我便常购得鲤鱼代之，却也爽口，于今思顺兄贵客远来，故而芹献，不知可合思顺兄口味？"

"美味啊！"李冲不住点头，"这金齑玉脍如何做出来的？"

"思顺兄，我已将做法细细写出，即时奉上。"

仆人将一封雪白的素笺盛于盘中，递至李冲面前，李冲打开，见上面写着"八和齑""金齑玉脍""盐""白梅"等主配料字样，笑着收好，放入怀中。

众人连日赶路，饭食简单，今日饱餐一番，又品金齑玉脍，皆欣喜畅快。李冲与司马金龙叙起旧情，说起在中书学同窗之时光，甚是快慰，两人不知喝了多少酒。一旁李韶不胜酒力，已喝至面色酡红，见夜色已深，李冲与司马金龙告辞："荣则兄，明日还要渡河，今晚已是尽兴，多谢荣则兄之盛情！"

司马金龙朗声笑道："好！明日我送你们到君子津，今夜早些安歇。"

众人在廨署中住下，想着家事国事，李冲却睡不着，披衣起来，打开屋门，步出院子，入小园缘径而行。

"思顺！"迎面竟是司马金龙。

"荣则竟也未眠？"

司马金龙笑笑："方才夜读史书，反而清醒，故至小园漫步，思顺为何不睡？"

李冲笑着说道："只因金齑玉脍实在味美，至今回味，不忍睡去。"

听罢，司马金龙大笑起来。

二人会心笑过，李冲正色道："一味美馐即可知南北文明之别啊！"

司马金龙颔首赞许："思顺，如今大魏日渐隆盛，只是教化迟滞，此乃牵绊国家兴旺之羁縻，改制开化，才是当务之急啊！"

"是啊，思顺此次送父兄归窆，即负沿路考察民情之任。一路行来，见百姓生活，颇为感触。"

司马金龙亦连声喟叹："我们皆是自故国来魏之人，知南北相异，风化不同，太皇太后苦心，你我皆知，可惜先太上皇并不理解。当年，太皇太后赠朱漆屏，我又怎能不解其中深意？几番苦劝，先太上皇年轻气盛，又与太皇太后每每抵牾。唉……"

一轮明月洒下清辉，照着小径，二人园中交谈，各诉衷肠，直至月到中天，才各自回房歇息。

胡旋舞

第二日黎明，李冲早早起来盥洗，静坐默诵《大明咒经》数遍。司马金龙早已安排家人备好羹汤，送入各人屋中，待众人用过早膳，司马金龙命仆人捧来绢帛数十匹赠予李冲做路上资费，推让再三，李冲拗不过，只得收下，随后一行赶往君子津。

送李冲几人登船，司马金龙站在渡口，踏歌唱到：

> 阿干西，我心悲，
> ……
> 我见落日不见阿干，
> 嗟嗟！人生能有几阿干？

李冲在客船之上亦击掌轻声和着，与司马金龙惜别。

几人乘船渡河，下船行过不久，一座白色的城池出现在眼前，城池白色墙体，角楼高耸，马面林立，城中宫殿楼观，崇台秘室独特雄伟，昔年大夏国都城的轮廓和规模依然清晰。如今这城是大魏的统万镇。

当年，赫连勃勃命叱干阿利为将作大匠，强征岭北各族十万民工，修筑城池，取"统一天下，君临万邦"之意，命名为"统万城"。当时蒸土筑城，锥入一寸，即杀作者而并筑之，故而坚不可摧。

看着这结实的旧城，李冲摇摇头，对李韶说："赫连勃勃造了这坚固无比的统万城，最后不还是被北魏大军攻灭？"

"是啊！蕞尔之国，竟滥用民力至此！如此奢华！怎能不灭亡！"李韶说道。

李冲叹道："古人所言不虚：山河之固，在德不在险。"

几人走马通过统万镇。城中刮起一阵旋风，卷积着枯叶、尘土，慢慢腾上高空。当年这风曾拂过赫连勃勃英气勃发的战旗，也曾将城中彻夜不息的欢歌吹向田野，如今，却只夹杂着荒芜，颓丧，遁出城外。

又行数日。只见雪山莽莽，黄水滔滔。

终年积雪的洪池岭（今乌鞘岭）下，绿意葱茏的平原上，远远地浮现出一座雄伟的城市——姑臧城。凉州已在脚下了。

走入姑臧，街市上热闹非凡，那些来自西域的粟特人，高声叫卖着，货摊之上可见平城熟悉之物，亦有未曾见过的。这正是当年博望侯张骞凿空，流通万国货物的丝绸之路啊！丝路的最东端，就是平城！

几人走在姑臧城中，看着这异域的风情，沉迷其中。

李冲细细看着这些炫目的西域货物，又见不少商人用金银币交易，便走到一个店铺前，那店铺的主人却是贩卖大魏物产的，他的摊位前摆放着柔软绚丽的丝绸，那流动着华光，又有着绮丽色彩的丝绸，在西域是无上珍品。一个来自西域的商人，站在摊位前，与店家几番交易，买下了几匹丝绸，然后，从他的衣服里，数出几个金银币来，一个一个递给店家。看到这样便利即可结算，李冲很是欣喜，便向店家问询，店家说道："那绢帛一旦割裂，不成整匹，便不值钱了，粟谷虽可按量等值而交付，却不便携带，更无法买到贵重之物。这金银币，价值高，随身可带，买家卖家都方便。"

李冲向店家求来几枚金银币，细细看来，店家一一分辨着说道："那是贵霜王朝金币，上面身穿长袍、头戴圆顶皇冠的就是他们的可汗，那几个银币是安息国、萨珊王朝的。"

李冲正想问店家如何能换几枚。忽然，街市中传来喧闹之声。两个少年打闹着从街道外跑来，穿行追逐在人群中，到了近前，李冲连忙避让，还是有一个撞在他的身上，摔倒在地。李冲连忙将之扶起，说话间，却围上来几个成年人，骂骂咧咧地指着李冲，怪他将人绊倒，腾兒连忙挡在李冲面前和他们理论起来，那几个人伸手便要揪住李冲，被雪爪咬得不能近前。一旁，李韶和库狄旐亦被围住，眼看得言语不和，竟动起手来，李冲四面看看，才知，他们几个已经被围住不能出去，"看护车辆！"李冲赶忙招呼众人，谁知，车子已被一个人执鞭催马，将马儿赶着疾驰而去。雪爪如一只箭般，射出人群，一个弓身腾跃，跳在车上。

"就在此处等我！"李冲拔出宝剑，舞出一团剑光，护住身体，那些人见状，纷纷后退，让出一条路来，李冲几步跳出，朝着车子追去。

身后，腾兒亦随之跑出。

车上，雪爪一点一点靠近那个偷车人，奋力一纵，自其背后一口将其咬住，那人发出惨叫，与雪爪搏斗起来。

腾兒举起弹弓，雪爪和那盗贼正纠在一处，射出弹丸恐伤雪爪，二人疾步追赶，马车却越跑越远，正在此时，身后一队人马飞奔而来，自李冲和腾兒身边驰过，为首一人大声告诫前方盗贼："狂徒休走，将车停下！"

不一时，那队人马已追上马车，将盗贼逼停，擒其于马下。雪爪紧紧咬着那贼不放，李冲吹了一声口哨，雪爪才松口，回到李冲身边。

李冲和腾兒奔跑赶来，马队上的军人，回首问道："你们是车主？"

李冲忙回话，军人又说："还请二位与我们回廨署作证。"

跟随军人前行入得廨署，李冲等人列于大堂之上，将事情经过详说一遍，一旁官吏听闻李冲姓名，颜色有变，连忙通传。

不一时，一人大步自外走来，"李大人在哪里？李大人在哪里？"

走进来的是南平王加平西将军，凉州镇将拓跋浑。

"李大人啊！有失远迎！"

拓跋浑快步走至李冲面前，施礼致歉。

回头，拓跋浑问身旁官吏："李大人所坐车马，可曾找回，物品齐全否？"

"当时便追回，只是车上物品还请李大人检点认领。"一旁官吏提醒。

来到院中，车马已停好，拓跋浑陪同李冲细察，询问李冲方知，李冲此行是为故人移厝归窆。更不敢怠慢。"李大人，还请多多海涵！"

李冲回礼："无妨，是我车载之物未加妥善隐藏，引得盗贼起了歹念，南平王不必自责。"

"李大人，归窆之事还需做些什么？尽管嘱咐。"

"确有几事还请南平王相助。"

"请说！"

"一者，我想将故人遗骨葬于天梯山下，《葬书》曰：'气乘生气也。气乘风则散，界水则止，古人聚之使不散，行之使有止，故谓之风水。风水之法，得水为上，藏风次之。'故而，烦请大人协助派几个引路之人，堪舆之师，打墓之工，于天梯山下寻一处藏风聚气之所，妥善安置先人遗骨；二者，此次凉州之行，我还领皇上、太皇太后之命，需详细了解凉州旧年之赋税，人口；不知大人可否帮忙？"

"有何不可！"拓跋浑痛快地答应了，"李大人少做歇息，晚上为李大人设胡旋舞筵上，一洗风尘。"

李冲拱手致谢，拓跋浑告退。

入客房不久，李韶等人检点车马回来，向李冲禀告："大人，盛放丹书铁券、斋库刀之木箧遗失！余物皆完好。"李冲一惊。那包中，还有冯太后手抄之《大明咒经》。

"季父！告知南平王寻找追回？"李韶问道。

李冲摇摇头，"先不要声张，晚上还要与南平王饮宴。"

夜宴就在凉州镇将廨署中，拓跋浑邀李冲一众人坐定，席间凉风习习，拓跋浑与李冲谈笑，言及夜风清凉："李大人自平城来，这凉州之夏可比平城如何？"

"平城夏日亦凉，却少了这温围河之水，天梯山之雪，凉州之名不虚！"

两人相视而笑。有仆人将菜肴一一奉上，案上珍馐美馔，玉盘鲙鲤，金鼎烹羊。不一时，又端来红艳晶莹的蒲萄酒，案头却无杯盏。见李冲等人满面疑惑，拓跋浑微微一笑，示意仆人。只见两个仆人置一小案于堂前门外平台之上，众人不知所以。又有一仆人端来一个漆盘，盘上衬着丝帛，帛上又置一锦盒，打开锦盒，取出一个如羊脂般润泽的白玉杯，轻轻放在小案之中。那白玉杯盛了一杯月光，杯口在月华之下闪耀异彩，流动奇光。

众人正看之不尽，仆人们已不知不觉端入碧绿色的小酒杯，放于各人案前。

拓跋浑忽然击掌数声，仆人们将门窗关闭，又将堂上烛火逐一熄灭。众人更不解其意。堂上此时黑暗无光。李冲几人，正在疑虑，只见案上的杯子，莹莹发出微光来，那光幽幽深绿，愈来愈亮，又过了不一会儿，那杯子就如同囊萤一般，荧光通体，放射华光。抬头，满堂上，每个几案前，都仿佛点了一盏绿色的灯，灯光照着案前各人的脸，清晰可辨。李冲不禁伸手端起杯子观看，只见杯子有一团流光萦绕，似雾似水，氤氲氲氲，杯子所近之物，皆为绿光映射。真乃耀盈尺之灿灿，彰合拱之皓皓。

"这莫非就是凉州之夜光杯！"李冲问道。

"正是！拿酒来！"拓跋浑边说边击掌，仆人们将灯火点起，打开门窗。夜风清凉如水奔入堂中。

只见堂外那玉杯，愈发光洁明耀。

"此杯想必就是常满之杯？"

"是啊！李大人广闻博识，所言不差！"

李冲继续说道："汉时东方朔《海内十洲记·凤麟洲》中记，周穆王时，西国献昆吾割玉刀及夜光常满杯，刀长一尺，杯受三升，刀切玉如切泥，杯是白玉之精，光明夜照。暝夕，出杯於中庭，以向天，比明而水汁已满於杯中也，汁甘而香美，斯实灵人之器。"

拓跋浑微微颔首，命仆人捧常满杯巡堂示与众人，细看，常满杯已是微微沁出细细甘露，如美人香汗，又似天雨轻洒，那些甘露汇集成滴，轻轻滑入杯底，杯中之甘露已浅浅有一枚银币般厚了。

一番巡看，仆人将常满杯又端出堂外，置于案上。

此时，蒲萄美酒已斟满夜光杯。

拓跋浑复又击掌，自堂外，走进两队乐伎，共二十又八人，分作两组，左右相对，乐工或上身袒露，或斜披天衣，肤色、发式各不相同，乐器有筝、排箫、竖笛、方响、筚篥、五弦、横笛、腰鼓、都昙鼓、答腊鼓、羯鼓、毛圆鼓、拍板、钹、竽、箜篌、法螺等。所奏正是《凉州乐》。

又有舞伎四人，于堂上空地铺好小圆茵毡，那毡边垂索一周，毡中有联珠纹。二舞伎绯袄，锦领袖，绿绫浑裆裤，赤皮靴，白裤袴。二舞伎红抹额，绯袄，白袴袴，乌皮靴……

乐声响起，烛火明耀，那几个舞伎身上的轻绸带随着身体的舞动，乘风飞举，巾帛飘扬。

她们急速地旋转着，只在小圆毡上起舞，并不踏出圆毡半步，舞伎旋转腾踏，衣袂都随之飞舞起来，那翩翩的舞姿，扬起一阵阵的香风，整个堂上跳跃着鲜艳夺目的流光。

胡旋舞筵酒翻红浪夜光杯，露洒白玉旋歌飞，极尽欢愉。

此时，一名兵士入内，走至宾主面前，低声禀报道："大人，逃逸之罪犯隐匿在天梯第五山！"

拓跋浑下令："明日派一队人马前去缉拿！"

李冲听在耳里。

胡旋舞筵直至深夜才散去，主客皆尽兴而归。回到房中，李冲对李韶等人说："明日我们就去天梯第五山找回失窃之物。"

第十二章　桃皮觱篥吹陇头

阿苹来

　　姑臧的晨光较之平城不知晚了多久，黎明即起，天光仍是极微。李冲静坐屋中，默诵《大明咒经》数遍。虽然夜里醉饮，迟迟才归，但拓跋浑并未贪睡，早早来到客房，招呼李冲一同用早膳，其间，李冲趁机问道："不知今日南平王廨署可有事务？"

　　拓跋浑笑着说，"还是廨署之平常事务，事毕，即可与李大人叙旧饮酒。"

　　李冲闻言，不禁着急，"哦，南平王公务要紧，不必为我贻误公事。"

　　此时，一位军人入内禀报："大人，军兵十人已装束完毕，可否行事？"

　　拓跋浑听言，说道："可！"

　　李冲问道："李思冲斗胆相问，不知派军士去往哪里？"

　　拓跋浑笑着说："与李大人有关！"

　　李冲连忙拱手："哦？公事本不该多问，李思冲失礼了！"

　　拓跋浑摇摇手："正是昨日于市中抢夺李大人车马之贼供述，其同伙隐匿于天梯第五山，故今日派人马去缉拿余党。"

　　"南平王！"李冲连忙向拓跋浑请求，"可否允准我与随从一同前往！"

　　"那天梯第五山，在姑臧西北，距此近百里，夜里方可抵达，食宿不便，怎敢让李大人……"

　　"南平王！自平城来，一路急驰，露宿风餐已是平常，如今区区不足百里之路，亦是小事，不必担心。更何况，李思冲想借此时机，多看看凉州风土，回朝也有交待，更不枉故土之行。"

　　听李冲这么一说，拓跋浑也不阻拦，连忙嘱咐军士："快去备马！一路多加照应，不要怠慢了。"

　　"南平王！还有一事！"

"尽管说来!"

"昨日捉拿住的犯人,可曾质问清楚?"

拓跋浑转头看看一旁的军士。

"一番拷问,已将草寇所藏之地供出。"军士回道。

"可知路途是否通畅,以及第五山情形?"

"这些……"军士迟疑不语。

"南平王,我想请大人允准,提出昨日之囚,为我们领路向导,以添胜算。"

"好!就依李大人!"拓跋浑颔首赞同。

用罢早膳,李冲一行与军士们押着昨日的犯人,纵马过西苑城,自凉风门出城。

一路不敢少歇,途中只停下秣马,及至傍晚,终于到了天梯第五山前。秣马时,李冲即与那囚犯谈起第五山,囚犯说,山上有十数个古寂山洞,皆高悬于半山之上,并无路途可以登攀。想要登上第五山,需自洞中垂下绳梯,缘绳而上。

李冲等人与军士们,放马于一处小树林中,众人也席地歇息,蓄养体力。等待时机。

军士中派出一人前往打探,李冲令腾兒同行,以做照应。

过了不久,二人回来。说道:"这第五山绝壁而立,所开之悬崖石室无路可达。"

那些军士一筹莫展。

李冲沉思片刻,叫来军士解开囚犯身上所缚之绳索,囚犯见此,连忙跪地磕头施礼。李冲扶起他,与他交谈得知:其同伙皆为旧日鲜卑之军士,与蠕蠕作战被俘,后蠕蠕退兵,他们趁乱逃出,辗转回到凉州,却无处谋生,才致如今盗抢度日。

李冲听罢,与那囚犯说道:"你可愿免去刑罚?"

"愿意!大人,小的愿意!"

"嗯，只要你听我的，回去后，我便与南平王说情，我不追究你抢夺之事，南平王自然就免去你的刑罚！"

那囚犯跪在地上，倒头就拜："大人宽恕，小的知错！"

"你可想救你的伙伴兄弟？"李冲又问。

囚犯听到此话，一愣，随即磕头如捣蒜："大人仁慈，我等经年所犯之法，实罪不可恕，但若大人能网开一面，赦免兄弟之罪，小的愿做牛做马报答大人！"

李冲点点头，又说道："今日若不能将山上众人拿下，拓跋浑大人绝不会干休……"

"大人救命！"

"若再派来大部人马剿灭，这半山石室，无有水源，不需费力，只要围而困之，不消几日，恐怕就……"

那囚犯跪在地下，"大人，指条明路给小的！"

"我有一个办法，不知你听不听。"

"听！听！"

"好！我命你去劝说他们，我这里可写下约定为誓，只要肯下山归降，我可保尔等：一者赦免死罪，二者免去责罚，三者，编入凉州镇军，此后衣食无忧，又可尽报国之心！"

"大人，小的愿意前去劝说。"

李冲又如此这般教与囚犯所劝之话，细细嘱咐之后，命腾儿取出所带纸笔，写下誓约为证，加盖私印，交给囚犯。

夜里，那崖壁上无人可登的山洞里亮起灯光，隐隐能听到人声，李冲示意，军士几人送囚犯至山下，由他独自前去。

囚犯至山前，撮口而呼，有火把自半山窟中亮起，随后有人探身察看。随后，自窟中送下一根绳梯，那囚徒攀着绳梯一点一点上至半山，进入窟中。

窟中，囚犯将李冲所教之话慢慢说与众寇："兄弟们，你我终日无着，只靠抢夺盗窃，终不是长久之计，今日幸遇李大人，为我等免去罪责，又谋得军中生计，兄弟们可不能再糊涂了，今日就随我一起下山，听从李大人吩咐，回姑臧去！"

"你怕是忘了我们的约定了吧！当年自蠕蠕归国，我们受尽冷落欺侮，如今这李大人，素昧平生，肯为我们免去责罚，谁信？"窟中一寇说道。

囚犯出示李冲手书，"这是李大人方才怕众弟兄不肯相信，当着我的面写下的誓约，以此为定，上有李大人印章为证。"

众人半信半疑，传看一番。

为首之寇，问道："李大人所言当真？"

"我见李大人面带仁慈，举止光明磊落，不似奸宄之人。何况……"

囚犯顿了顿："何况李大人就是凉州后人，其父亲正是李宝李大人！"

众人此时神色俱缓，那囚犯又缓缓说道："你我兄弟都是热血男儿，当年为国击贼，虽俘犹荣，今日回乡，当尽卫国之责，岂能作乱为祸，为人不齿？"

说到这里，众囚神情激愤又哀恸，无不唏嘘。

此时，一阵觱篥声自山下悠悠传来：

阿荤来，阿荤来，

十有一拍拍莫催。

壮士卷芦叶，夜吹簌罗回。

胡霜凋折柳，边风吹落梅。

龙城寒月覆如杯，阴山狐狸奉首哀。

真人作，统九垓，

一拍始，天地开，五拍六拍奎斗回。

合歌金槽双椤桫，黄宫大弦声若雷。

驾鹅颈，羚勃胎，

鲜卑齐上万寿杯，大驾岁还龙虎台。

阿荤极，阿荤愁，

九九八十一春秋，黄雾迷涿丘。

桃皮筚篥吹陇头，二十四弦如箜篌。

东青雕，雄纠纠，白翎雀，雌嘤嘤，

鲜卑老将涕交流。

为君弄，兜勒兜，兜勒兜，

将军怒发竖钜铻，龙跳虎掷走蚩尤。

众人听到这熟悉的鲜卑马上之曲，纷纷掩面而泣。

"弟兄们，听李大人的，咱们都不要再似先前那样作恶了。"

为首之寇，站起身来，招呼大家，"把窟中物品都收拾起来，我们下山吧，这日子我们也过够了！"

众人听言，起身各自收拾，将所抢夺之物杂彩丝绢、一一归置起来，又将绳梯放下，依次走下第五山。

待众人皆下来，那寇首将火把置于绳梯之尾，引燃绳梯，绳梯本就干燥，一经点燃，便烧将起来，火苗朝上，一时顺着绳梯越烧越旺，众人见此，不再留恋。寇首又命自山脚某处，牵出所抢夺之橐驼、马匹。

山下的军士此时将众人接住，众寇交出武器，跟随军士朝树林走去。

李冲已站在树林外，等候众人。见到李冲，众寇纳头便拜，李冲将其寇首扶起，又招呼众人起身。

"李大人，我等愿降服于大人，从今后弃恶从善，日后便听从大人安排，不敢违背！"

"好！信守约定方为君子！我写有手书，加盖私印为誓，定为各位免去责罚，谋得军职！"李冲转头请随从之军士回避："我还要与这几位私聊几句，请暂避开。"

待军人转身退出近前，李冲对寇首说道，"我要检点各位带下山来之物品，先将我失窃之物寻回。"

寇首忙将李冲引至囊橐箱篋之前。

李冲示意腾儿逐个打开，检视一番，找到丹书铁券、斋库刀、《大明咒经》。"其余物品中，有各种贵重之物，几个大的驼囊之中，盛放丝捆、丝绸、织物、毛毯、皮货，还有兽瓶、长颈瓶等等，李冲命仔细存放。又开一皮囊，内有金银币，李冲于火把下，只是各样分拣十数枚。随后命腾儿兜起衣衫，将那钱囊中之金银币倒于其上，令众人分而取之。

众人面面相觑，不敢伸手，李冲说道："那些金瓶银盘贵重物品，需要上缴，也要给南平王一个交待，故而不可私分，这些金银币，我取其数枚，是我大魏至今未铸钱币，我要带回平城呈给皇上和太皇太后，以便日后铸造钱币借鉴。余下之金银币，你们均分开，以做日常之用，不要担心，我来做主，尽管拿去。"众人听此，才由寇首将金银币分作数份。见李大人行事如此，众人也都谦让，金银币分到最后，竟剩下不少。

李冲见状，将剩下之钱币按照人头分开，一一交到各自手里。

众人无不拜服。

李冲此时唤回军士："夜路难行。况一日劳累，我们就在此处露营，各位轮流值守，看护好囊驼马匹及缴回之物品。"

众人皆听从安排，又点起篝火。李冲亦无心睡眠，取出觱篥，吹起那曲子来，众人静静听着：

> 阿莘来，阿莘来，
> 十有一拍拍莫催。
> 壮士卷芦叶，夜吹簌罗回。
> 胡霜凋折柳，边风吹落梅。
> 龙城寒月覆如杯，阴山狐狸奉首哀。
> ……
> 阿莘极，阿莘愁，
> 九九八十一春秋，黄雾迷涿丘。
> 桃皮筚篥吹陇头，二十四弦如箜篌。

……

鲜卑老将涕交流。

为君弄，兜勒兜，兜勒兜，

……

昙无谶

一夜无话。

众人不到黎明都已醒来，整装出发，辎重不少，因之行路缓慢，路中也只是秣马少停，等回到姑臧，已是夜半。

拓跋浑一直在廨署中等待，本意众人缉盗必周折，又冒夜而回，定是疲惫不堪，谁料李冲与众军士竟轻松而归，更惊异于带回之众寇，皆神色安然。拓跋浑满面不解。

李冲与他携手步入堂中，细细说来，拓跋浑才恍然而悟，起身抓住李冲的双臂，赞道："李大人神勇多智！众皆宾服！"

"南平王，我与归顺之人有君子之约，还需大人成全。"

拓跋浑点头答应："李大人尽可放心。既然归顺，又缴回所盗抢之物，寻其失主一一发还，此事不再追究，其罪可免；我安排他们编入镇兵中，每月发给粮饷。"

"多谢南平王！"

拓跋浑又将堪舆之事与李冲交待一番，约定明日即前往天梯山，为李冲故人归窆。

"李大人此行可否要回敦煌？敦煌宣公李宝李大人昔年驻守敦煌，遗爱至今……"拓跋浑叹道。

"蒙南平王关怀！幼承庭训，先府君之教导，李思冲怎敢轻忘？只是敦煌比之姑臧，远之又远，平城还有政务不能太过耽误，安排好先府君及几位故人归窆之事，我便只在姑臧寻访先人旧迹即可。”

拓跋浑点点头，安排众人用过饭食，各自歇下。

先人归窆之事，不敢轻慢。

第二日，李冲盥沐更衣完毕，拓跋浑来到客房，拿出一札手卷交与李冲：“李大人，所需之人工，物品，及各项事宜，皆已完备，只待李大人吉时归窆。家事我便不多搅扰。又念李宝李大人之清德，昨夜我手书此《赠李宝诗》，请归窆时，焚于敦煌宣公墓前，以做追思。”

李冲接过诗札，只见拓跋浑所抄之诗正是当年段承根赠给父亲大人之诗：

世道衰陵，淳风殆缅。衢交问鼎，路盈访玺。
徇竞争驰，天机莫践。不有真宰，榛棘谁剪。
于皇我后，重明袭焕。文以息烦，武以静乱。
剖蚌求珍，搜岩采干。野无投纶，朝盈逸翰。
自昔凉季，林焚渊涸。矫矫公子，鳞羽靡托。
灵慧虽奋，袄氛未廓。凤戢昆丘，龙潜玄漠。
数不常扰，艰极则夷。奋翼幽裔，翰飞京师。
珥蝉紫闼，伏节方畿。弼我王度，庶绩缉熙。
自余幽沦，眷参旧契。庶庇馀光，优游卒岁。
忻路未淹，离辔已际。顾难分歧，载张载继。
闻诸交旧，累圣叠曜。淳源虽漓，民怀余劭。
思乐哲人，静以镇躁。蔼彼繁音，和此清调。
询下曰文，辩讦曰明。化由礼治，政以宽成。
勉崇仁教，播德简刑。倾首景风，迟闻休声。

拓跋浑说道：“段承根乃姑臧人，好学机辩，有文思。当年甚为敦煌宣公李宝李大人所敬待，故而作此诗赠与李宝李大人以表敬意。"

李冲看罢书卷，赞声不绝："南平王书法精妙，金钩铁画，又是写给先府君之书，李思冲想请大人转赠于我，日后置于案头壁间，时时观之赏之，也可慰我思亲之情。"

"李大人不嫌弃，拓跋浑又岂敢拂此美意？"拓跋浑爽快答应。

将书卷装好，与拓跋浑道别，李冲携众人护送故人遗骨，自姑臧城之朱明门出，前往姑臧城南之天梯山。

姑臧冬温夏凉，城外有松柏五木，丰美水草，宜畜牧。绿洲星罗棋布。河流汇潴，天空鹰隼高，野阔牛羊小。

天梯山在姑臧城南，路途亦近百里。直到夜晚降临，李冲等人才来到天梯山下。

放好马匹，扎营歇息，等待明日归窆故人遗骨。

夜里，众人歇下，各自睡去。李冲坐在田野之中，虫鸣声声，篝火哔哔啵啵烧着，抬头一道银河横贯天际，姑臧之夏，天梯山在乾坤之中，格外沉毅宁静，一时天机清旷，心地光明，忘却物我。朦胧半醒之间，耳边忽然响起诵经之声，是从天梯山崖所出，是，是那些洞窟之中的声音。声音越来越洪亮，是《金光明经》！李冲坐起来四顾，其他人却沉沉酣睡，似乎都没听到，再看看，天梯山的每个洞窟，都次第亮出金光，熠熠耀耀。

篝火之外，有个老僧自远而来，站在天梯山前，远远看着李冲。老僧面容很熟悉，李冲突然想起，那年在太行陉天井关……是的，是那西域老僧……李冲不敢惊动他人，悄悄起身，朝他走过去。老僧慢慢走着，总在前方不远。走至断崖之下，一处洞窟大放光明。老僧径直走入，李冲亦趋步紧随。不知走了多幽深，又不知沿着石阶登到多高远，进入一个洞窟之中，不见了老僧。正看着这满壁金身，老僧竟不知何时站在了他身旁，"你可知这天梯山之来由？"老僧并未开口，但每字每句清晰可闻。

李冲摇摇头。

"释迦牟尼悟道之后，为报答母恩，上三十三天忉利天为其母摩耶夫人讲解大法，离开人间三个月。讲法之后，佛陀动身返阎浮提，时在九月二十二日。帝释天神命毗首羯摩天神幻造三部天梯。于是，天空出现奇景。在佛祖脚下出现的这三部天梯，中间是吠琉璃天梯，为佛世尊及侍眷等所行道路；右边是黄金天梯，上有梵天；左边是水精天梯，有帝释、欲界诸天神围绕在佛陀身边，并为佛陀支撑伞盖宝幢。为了让幻造天梯的天神毗首羯摩王欢喜，天梯一半的路程，佛陀是一步步走下来的，另一半才示现神变而下。"

听此一番论说，李冲如痴如醉。

"故天梯是为孝亲之意。先凉王沮渠蒙逊为了去世的母亲能够往生极乐，便于这天梯山上开凿石窟。为母车氏造丈六石像。"李冲回头四望，那窟之正中，果然有一尊石像，慈眉低垂，仪容超绝，相好炳然。

"当年，凉王沮渠蒙逊太子出征邻国，出征前他让我为太子占卜，卜得大胜，太子凯旋。谁知，太子死于乱军之中，凉王雷霆暴怒，愆罪于我……"

"您！您就是身携桦树皮写就的《涅槃经》，自天竺而来的高僧——昙无谶？"李冲瞪大了眼睛。他意识到了什么，可是又想不起来。

"若凉王只罪责我一人，也就罢了，他却由此决定禁绝佛法，更要遣散沙门，眼看一场劫难就要来临！"老僧只是静静看着李冲，并不张口，说话的声音似乎从他腹中发出。

"我见此状，只得运起神通，将凉王为其母所造之石像泣下落泪，凉王率众来此，见母亲之像果然悲容黯淡，两行泪痕，才感怀佛法，念起亲恩，收回灭佛之令。"

听到这里，李冲泥泥痴痴，更身心俱服，再三礼拜。

老僧身后，又闪出一人，正是父亲李宝，父亲并不说话，只是微微笑着，眼中满含爱意与期许。李冲眼睛一热，流下泪来："父亲大人！"

仿佛还是当年镇北将军廨署里，李冲端坐在案几之前，一笔一划地摹写《金光明经》：

我为大王国土人民治种种病

渐渐游行至彼空泽

见有一池其水枯涸

有十千鱼为日所曝

今日困厄将死不久

惟愿大王借二十大象令得负水济彼鱼命

父亲就在身边，慈爱地看着他。

李冲昂头背诵："子曰：'为政以德，譬如北辰，居其所而众星共之。'道之以政，齐之以刑，民免而无耻。道之以德，齐之以礼，有耻且格。'"

父亲点点头，目光还是那么勇敢坚毅，微微笑着，看着他……

父亲渐渐隐去。李冲哭着呼唤："父亲！父亲！"

老僧举起手来，示意他举目瞻仰佛像，只见佛像背后有一罅隙，更射出万道金光。李冲泪眼迷蒙，忽地被老僧自背后一推，跌入光明之中。

"大人！大人！"听得腾儿等人四处呼唤，李冲猛地坐起，自己竟在一个洞窟之中，呼唤之声自窟外传来。李冲连忙起身，脸上湿湿的，拭去泪水，忽然觉出怀中多了一卷书，掏出来一看，是手写的《金光明经》一部，《大明咒经》一部。

昨夜所见之昙无谶大师，已不知去了哪里，回头看看，那丈六石像就在眼前，李冲不及多想，赶忙答应着跑出窟外，来到山下。

众人见他自山中洞窟出来，方才停下寻找。

"大人，何时竟进了洞窟？"腾儿上下打量着他，见并无异样，才不再追问。

李冲回回神，招呼众人移厝归窆。

此时，站于山前，李冲神绪稍宁，四顾看看，天梯山山色赭黄，岩石粗粝，类平城之武州山。举目，石崖之上可见洞窟罗列，万佛壁立。低头，温圊河水自山前流过，与平城武州山皆为碧水断崖之制，何其相似！极目远瞩，姑臧寒凉,那天梯山巍峨峻拔,故而山巅常年积雪。山势形如悬梯,无路可登。念起昨夜之洞窟,灭佛之险,不由想起平城,想起怡安,淡淡生出思乡之情。

山下,勘好之墓穴前,几人忙碌,走至近前,墓室的砖也砌好了,李韶亦与库狄㧑将归窆所用之五谷瓶、金错泥筒(同"筒")备好。这些器物都已在佛前供过。金错泥筒竹筒状,下有三马蹄状短足,外壁饰金错龙虎纹,中有三小圆耳。陶制五谷瓶数对以镇墓。李韶已将瓶内装好面粉、粟粒、云母片等物,放入铅人。李冲执笔以朱砂为墨,在瓶腹书下镇墓文:

> 太安五年冬月。重执先府君训,身死。适治八魁九坎。自注应之,今厌解。天注、地注、岁注、月注、日注、时注,生人前行,死人却步,生死道异,不得相撞。急急如律令。

几人将器物准备好,连同遗骨,分别放入各位故人砖墓之中。

此时,太阳自东方升起,放大光明,照耀大千世界。李冲嘱咐众人依潜埋之制,将墓穴关闭,垄土封之,并不树碑。一切完毕。又令腾儿取出冯太后手书《大明咒经》,沿着昨夜老僧昙无谶导引之路,走至山下,果然在草木榛棘之后,现出一条石阶,沿此向上,入一石室,李冲径往里去,一切与昨夜梦境无二,及至丈六金身之前,石室外阳光焜明,竟不见那罅隙。一番细究,才于佛像之旁寻见孔窍,李冲走上前去,将《大明咒经》款款放入。

耳边,经声梵呗隐隐响起,石室外众鸟啼鸣。

苏合香

归窆之大事已毕。李冲几人在凉州镇将廨署中歇息休整。拓跋浑则派人将凉州之旧年档案《计口出献丝帐》《计资出献丝帐》《资簿》找到,送入李冲房中查阅。

不觉已是半晌，李韶送入羹汤，"季父，从这凉州档案之中可有获益？"

李冲放下手中之卷，对李韶说："计口征税！"

"哦？如今宗主督护，比之有何不同？"李韶放下羹汤，立于李冲身旁，看着旧档问道。

"宗主督护，民多隐冒，五十、三十家方为一户。"李冲忧心忡忡。

"五十、三十家方为一户？户数多被宗主隐匿不报了！那所征之税……"

"是啊，若要国库充盈，民生平稳，只可计口征税！"

"看来《后汉书》所载不虚：姑臧称为富邑，通货羌胡，市日四合，每居县者，不盈数月，辄致丰积。凉州富庶与这计口征税分不开干系！"

"是啊，谚云：秦川中，血没腕，唯有凉州倚柱观。天下扰乱，唯河西独安，姑臧能物埠民安，商贾辐辏，酒肆遍地，在这西北盛极一时。"

李韶又问："这些旧档都是什么账簿？"

李冲一一指给他看："《资簿》重在登录各户的土地流转，以掌握百姓所有之资产。《计资出献丝帐》则依各户之资产多少征收赋税。《计口出献丝帐》记录，每口人出丝一两，以此征收赋税。"

李韶听罢，说道："这些都与户籍密不可分。由此可见，古早之凉州历来户籍之制完备。更循户籍之底册，征收赋税。"

李冲点点头："户籍上对各户田地多少、优劣、流转皆详细记录，家口人数更是清楚。"

李韶应和道："想要赋税征收有章可循，就必须摸清人口，建起户籍来。"

李冲望着窗外，似乎在筹谋着什么："看这《资簿》，凉州之赋税，当计资以里，按户而征。各色田、园，依优劣将田分为常田、卤田、演田、石田、无他田、沙车田，分出等级，以此计资，若有流转，必知会于廨署，不可缺漏隐瞒。若要不遗漏户数、人口，需逐户入籍，应自邻里、乡党督查。"

李韶静静听着，似懂非懂。

"元伯，你将此旧档各誊抄一份，带回平城，我呈与皇上、太皇太后，以作资治之鉴。用过午膳之后，我们去姑臧城中看看。"

午后，李冲一行四人，带着雪爪，在姑臧城中走访。这姑臧真乃河西之门户，可谓通一线于广漠，控五郡之咽喉。姑臧城外有城，街衢绵延，各城之间有二十二门相沟通，车马商旅，往来不绝。姑臧城南又筑城，起谦光殿，画以五色，饰以金玉，穷尽珍巧。殿之四面各起一殿，东曰宜阳青殿，以春三月居之，章服器物皆依方色；南曰朱阳赤殿，夏三月居之；西曰政刑白殿，秋三月居之；北曰玄武黑殿，冬三月居之。其傍皆有直省内官寺署，一同方色。

李冲一行，穿行于市廛之中，只见香车宝马，熙熙攘攘。商贾云集，货物充盈。馆舍酒肆，装饰华丽，更有凉州女儿满高楼，羌管悠悠，歌声悦耳，可谓：此处歌歇，彼处舞起。

走至一处酒楼，忽然听得楼上人声纷乱，店中一奴仆满面惊恐，冲出店门。李冲等人见状，步入酒楼。原来，午间来了两位粟特男子，叫了酒菜在楼上包厢里享用。店中奴仆见久久不结账，便端了些羹汤去，却见房门紧闭，推开门后，一具无头之尸倒在血泊里，而包厢之窗户大开，另一客不知所踪。

李冲站在包厢门口，鼻子捕捉到一股特别的香味。仔细观察这被杀之粟特男子，只见他身上穿着翻领窄袖长袍，脚穿长筒革靴，腰束万钉宝钿金革带，悬挂腰刀，右手握拳放于腹前，左手半合。李冲走过去，抬起他的左手，掌心有残留的香粉，那味道很特别，是珍贵的西域香料——苏合香的香味。顺着死者左手，不远处地板上掉落着白色的粉末，李冲捻起一撮放于鼻前轻轻嗅之，却与死者手中香味不一样。李冲掰开死者右手，里面是一枚鸽卵大小的苏合香。

听得楼下人声嘈杂，众人向门外望去，李冲将苏合香放入怀中，只见店中奴仆引着廨署中的军士来到包厢。李冲起身亮出斋库刀，报出身份姓名，军士连忙施礼。李冲与军士说道："不意遇到此事，并无越俎之意，请向拓跋浑大人通报，我亦会与拓跋大人详述经过。"

李冲与军士详细勘察一番，记录之后，将案发之包厢封闭。又遣军士将死者之遗体运至城外寺庙暂存，以待破案。

"你可知，这粟特商人都在哪里落脚？"李冲问店家。

"大人，尽在姑臧城青阳门外。"

李冲点点头，对李韶说，"你和库狄旃暂回府中，誊写账簿旧档及姑臧城图。我与腾兒去寻找凶犯！尽快了结此案，我们也好及早返回平城！"

"季父，万万小心。"

"嗯，自当留意。"

出青阳门，城外广袤的土地上，驻扎着众多粟特商队。是常居此地的粟特商人聚落而成，往来的粟特商队在此和本地商人互通有无，交流信息和信件。他们在这里短暂停留，有的长住在这里，白天进城游商贸易，夜晚回到这里休息。

可是，凶手在哪里呢？

在空地的中央，有一个帐篷，李冲和腾兒奔这个帐篷走去，掀起帐篷的布帘，一股刺鼻的西域香料味道扑面而来，帐篷中央摆放着一个火盆，布帘带进些风来，火苗随之舞动起来。一个穿着长袍的女巫背对着他们，正嘴里呜哩哇啦念着咒语。听到动静转过身来，那女巫师手脚上的铃铛哗啦啦发出声响。她鹿帽金衣，击鼓回旋。披散着头发，额头裹着一块深色的头巾，头发遮住了大半个脸，只露出画得乌青的眼睛和下垂的眼睑，松弛的薄的像两张刀片一样的嘴唇。女巫师的胸前挂着些惨白的骨头珠子，野兽之牙，还有些花花绿绿的石头。女巫看着他们，忽然一抬手，身后的火盆腾起一团火焰，长袍之后的帐篷外，似乎闪过一个人影。看到李冲，女巫师露出欣喜爱慕的神情，她笑嘻嘻地盯着李冲，伸出手来摸着李冲的脸。李冲躲过，从怀里掏出苏合香让女巫辨认，女巫看到苏合香，面色有变，想要从李冲手中夺过，被李冲一把扼住手腕，腾兒上前问她贩运香料的商队在哪里。女巫呜哩哇啦尖叫着，指着帐篷外的一处营地。李冲松开手，带着腾儿转身出帐外，望那个方向而去，一阵风吹来，雪爪鼻头湿湿的，顺着风向，似乎闻到了香味，带着李冲和腾儿向前方寻去。

这处营地，扎起数个帐篷，一个大帐前，守着几个戴着船形小帽、身带短刀和箭袋、手握望筒的武士，腾儿与之说明来由，武士准其步入帐内。帐篷前铺设着一椭圆形地毯，一位头戴宝冠，身穿翻领窄袖长袍，腰间一面悬挂箭袋，一面配带短刀，软底尖头皮鞋的萨保（粟特商队的首领），在帐内与几位粟特商人正在低声私语，他们面色阴郁，商谈着什么。

见李冲进来，萨保和商人们停下交谈，警觉地盯着李冲和腾儿，腾儿用粟特之仪施礼，并用粟特语将来意说明，萨保这才起身与众商人一起邀请李冲坐下。一个仆人取来一壶葡萄美酒，为众人斟满叵罗（碗形酒器）。

李冲问起昨日之事，萨保皱起眉头，用熟练的凉州之语说道："昨日，商队中的一个商人，迟迟未回，不知去了哪里。"

李冲掏出苏合香，递给萨保，萨保大惊失色！"这苏合香从何而来！"

李冲将昨日之见细述给萨保，萨保惋惜摇头。"这苏合香是我们商队中的康拂耽延所贩货物，他身上应有一个革囊盛放这苏合香。康拂耽延为人聪敏，从商更是头脑灵活，他的香与别人不同，上面有他自己的戳记。"李冲仔细一看，果然在苏合香上有一处印记。上面是个粟特文字，不仔细看，那文字就隐没在苏合香的纹路颜色里。

"康拂耽延在姑臧可有熟人？"李冲问道。

"听说他在这姑臧与一个胡姬交好。"

"那胡姬叫什么？在哪里？"

"禄珊妮！城中莲花楼！"

李冲起身施礼，与萨保告别。走出帐篷，商队其他的人都在各自的帐篷边席地餐饮，一些杂耍艺人在营地中表演一些轻松的小技艺。橐驼骡马饮水休息。有的粟特人与随行兽医一道，将药灌入生病的橐驼口中。忽听得马蹄声人声，喧闹起来，几个军士也来到营地，想必是来寻找线索，李冲也无暇多管，招呼腾儿疾步向城中赶去。

第十三章　侧侧力力

空中之花

　　城中莲花楼里，弦歌不绝，豪客满座。楼上的西域美姬们，正自窗口
洒下金银五色之花瓣，招徕客人，楼下欢声笑语，往来的粟特人，大多说
着一口流利的凉州话。李冲径直上楼寻找禄珊妮，被店主拦住，"大人，
禄珊妮可不是寻常人可见的。"精明的店主，眨着机灵的眼睛。

　　听到这话，李冲将苏合香拿出来，晃了晃。店主眼前一亮，赶忙带着
李冲来到一间包厢前，腾儿守在门外。店主推门让进李冲，只见一个女子
背对着门，倚在窗前，抛洒花瓣，并不回身。

　　李冲用手摩挲着苏合香，香味慢慢散出来，那禄珊妮身子一动，"康
拂耽延，你为何又来！"

　　"可惜他来不了啦！"李冲说道。

　　禄珊妮听得人声有异，话中有话，连忙转过身来："你是谁！"

　　只见禄珊妮穿着窄袖圆领红裙，肩上是黄色披帛，两弯漆画之眉，一
双含情之眸。果然姿色明艳，眼波撩人。

　　李冲亮明身份，又掏出斋库刀给她看。随后将康拂耽延被杀之事说出，
禄珊妮惊得大哭起来，手中还拿着的花朵，洒落一地。

　　"他素来是你常客，你必定知道，谁与他有仇！"李冲问她。

　　禄珊妮呜咽许久，才抽泣着说道："若说有仇，只有一人似与他有些
误会，可是，不会的，怎么能是他？他不会做出这等事来！"

　　"他是谁？"

　　禄珊妮擦擦眼角的泪水，眨着长长的睫毛，怔怔地说："粟特商队中
另有一人是我的常客，是贩卖白石墨（西域之昂贵物品，可制化妆品药品）
的胡安诺盘陀。"

"胡安诺盘陀!"

"康拂耽延于金帛上素来悭吝,若不是每次来,都带些上好的香料给我,我亦是不理会他的。那康拂耽延为了见我,给了店主不少好处。如今他竟……"

"胡安诺盘陀与康拂耽延是多年熟识,不意因我,竟生了嫌隙,一次在莲花楼因我争执起来。此后便常与我说起不满康拂耽延,我却未曾多想。昨日他匆匆而来,说今日有事要与我相商,不想竟是此事!"说着禄珊妮又哭了起来。说话间,听得楼下有人喧哗,是一男子与店家争吵,"是他!他来了!这该如何是好?"禄珊妮识得胡安诺盘陀的声音,拭去泪痕,望着李冲。

李冲立刻走到门前,"腾儿,快去廨署禀告拓跋大人!"

转过身来,李冲又对禄珊妮说道:"人命关天,不可放走此人!你且与他周旋!"李冲将手中斋库刀又在禄珊妮面前刻意挥了挥。禄珊妮点点头,将李冲带至屋中帘幕之后藏身。

禄珊妮刚刚坐定,门被一把推开!

"禄珊妮!"进来的正是胡安诺盘陀,碧眼金发,褐色胡须。他将禄珊妮搂在怀中,温存良久。

"何故才来?"禄珊妮眉目之间尽露缠绵。

"康拂耽延……"

禄珊妮手微微颤抖,"康拂耽延怎样?"

"他被我杀了!"

听到这话从他口中说出,禄珊妮知此事不假,一阵眩晕,软在胡安诺盘陀怀中。

"不要惊慌,我,我暂避一些日子,便回来接你!我们去平城!那平城极其雄伟,商贾云集,人物风流,我带着你去那里经商,我们过平淡的生活。离开这个寒凉之地。"

胡安诺盘陀轻轻摇着禄珊妮,禄珊妮半晌才回过神来,"你为何将他杀死？”

“哼，康拂耽延催逼太紧，我借他些绸缎周转，一时归还不了，他便时时催促，又仗着有几个臭钱，常在我面前炫耀，那日又说起他与你相好，要我趁早不要与他相争，我怎能忍下这口气！”

“于是，你就……”禄珊妮怔怔地嗫嚅。

“我便以要换些香料为由，约他至酒楼之中……”

“如何？”

“我于蒲萄酒中放入曼陀罗（麻药）……”

“那曼陀罗轻易不可得，你是从何得来？”禄珊妮问道。

胡安诺盘陀愣了一愣，看看禄珊妮，“这个……”

禄珊妮见状，忙说道：“我近来又发寒哮，听说用些曼陀罗可镇咳，只是极难买到。”

胡安诺盘陀听到这里，才转而放心：“美人何不早说？我再去找城外女巫师要些来！”

“胡安诺盘陀！”李冲自帘后转出，“你可知罪！”

“你是谁？！”胡安诺盘陀大惊，一步跳开。

李冲箭步上前，揪住胡安诺盘陀，胡安诺盘陀已自腰间拔出短刀乱刺。李冲用斋库刀一一挡开。此时，房门被自外踢开，拓跋浑已带着军士步入屋中，胡安诺盘陀推开窗户要跳窗而逃，只见楼下也已被军士围住。

腾兒拉开弹弓，连发两弹，一弹击中他手腕，短刀落地，一弹打在他腿弯，胡安诺盘陀疼得跪在地上，不能起身。

几个军士上前，拿住胡安诺盘陀，又细细搜身，搜出一个革囊，内有几枚苏合香，细看，正是康拂耽延之遗物。

“康拂耽延的头颅在哪里？”李冲问胡安诺盘陀。

“……青阳门外营地……”胡安诺盘陀不甘地回答。

拓跋浑下令，“押解胡安诺盘陀去驻扎之地，寻找死者头颅！”

李冲与军士们一同策马来到粟特人驻扎的营地，胡安诺盘陀将众人带到女巫师帐篷前，军士们将帐篷团团围住，拓跋浑一时难决，雪爪却已绕至帐篷之后，吠而刨地，拓跋浑急令手下上前掘土，果然挖出一颗人头，正是康拂耽延头颅。

李冲对拓跋浑悄声耳语，二人下马带几个精悍军士，进入帐篷。

帐篷中，那女巫瞪着眼睛，挥舞手中的法器，嘴里呼的一声，喷出火来。

李冲与拓跋浑闪身躲过，拓跋浑大喝一声，在外听令的军士拥入帐中，将女巫围而缚之，谁知，女巫嘴里念着呜哩哇啦的咒语，身子扭着扭着，竟自所缚绳中，脱身而出，众人正惊诧，女巫自背后抽出一把匕首，原来是用藏在袖中的匕首割断。女巫将匕首放入口中，以刀切之，舌断在地，又将匕首划破自己的肚子，刀刃竟通出于背，又搅动匕首，血流四处。扔掉匕首，女巫两手将腹中肠胃掏出。拓跋浑惊叫道："断舌复续，刳腹抽肠！"

果然，那女巫捡起地上的断舌，放回嘴中，舌头复合如初。两手又将掏出之肠胃脏腑逐个塞入腹中，念动咒语，腹部便也恢复如前。

"此皆是障眼之幻术，将她与我拘住！"

众军士将女巫围住，揪去其长袍，只见袍中掉出些内脏、皮囊来，细看这些内脏，似牲畜之脏器，刺破革囊，则淌出血水。

女巫挣扎着，身上的铃铛哗哗乱响，却再施不出幻术来。

"将此处细细搜寻一番，查找物证。"拓跋浑号令部下军士。

几名军士在帐篷中仔细查找，片刻之后，陆续回报："搜得压胜之物！"

又有人来报："查获曼陀罗！"

"押解回廨署审问！"拓跋浑命令道，转身让李冲先行，二人走出帐篷，此番拘捕，早已惊动了那些西域的粟特商人，帐篷外，围着神色紧张的粟特人，拓跋浑见状，忙对众人说道："此事与尔等无关，不必惊慌，可如往常一般，放心经商。"

李冲也松了一口气，说道："我却总信，人心似铁终非铁，天道如炉真如炉。"

　　拓跋浑带领手下军士押解胡安诺盘陀与女巫回廨署，李冲与拓跋浑施礼作别，"拓跋大人先回，我在城中寻访旧迹。"

　　拓跋浑施礼回廨署而去，李冲转身带着腾儿与雪爪，在姑臧城外慢慢游历。

　　坐在父亲曾饮马的温圉河边，河水流银洒金，淙淙作歌；走在父亲曾走访百姓的姑臧街头，笑容擦肩，人事依稀，时光仿佛倒流回几十年前。李冲慢慢走着，任阳光洒在额头，洒在他的马鞯上。

　　腾儿与雪爪在这安宁祥和的街头也开心地信步穿行，李冲要招呼他们慢些，一伸手才发觉，自己手中还握着那苏合香，李冲嗅着这美好的香气，微微一笑，赶忙抬头在街市上寻找，不一会儿，便找到一家粟特人开的香料铺北市香行社，粟特人灵巧善言，操着流利的凉州话，一一售卖，只见铺前摆放着各种西域之名香：沉香、檀香、熏陆香、公丁香、青木香、藿香、苏合香、詹糖香……李冲接过粟特店家递来的各种香料，观色闻香，心中却想着平城的怡安。香味有的馥郁秾艳，有的淡如游丝，有的清凉奇异，有的熏熏醉人，李冲一时难以取舍，只好各样都买一些。

　　精明的粟特人似乎早看透了李冲的心思，倚在门柱上，漫不经心又面露不屑地说："光买香，不买香囊，美人怎么会高兴呢？"说着拈起一根银色细链，链子一头是个清光耀眼的银制镂空圆球，李冲识得，此乃"香熏球"，又叫作"卧褥香镱（通'炉'）""被中香镱"。内有香囊，机关巧智，虽外纵横圆转而内里常平。可置之被褥，故以为名。

　　腾儿亦好奇，见他不解，李冲转动香熏球给他看："这奇巧之具，球内机环转运四周，而镱体常平，能使不倾之。"

　　腾儿看着，问道："这是为何？"

　　李冲说道："这熏球里的两个环形活轴小盂，总是平而不斜，故而无论熏球如何转动，只是两个环形活轴随之转动，而小盂却并不倾倒。这样一来，小盂中盛放点燃的香料，亦不会颠覆，不用担心香灰洒出，更不必担心引燃衣被。"

李冲点点头，"此熏球可放于被褥中，亦可挂在帷帐上，还可随身携带。"

腾兒赞不绝口，二人各买几个，准备转身离开。谁知，又被粟特商人叫住，那商人神秘地转入店铺里面，自柜子下方，小心翼翼地找出一个物什，双手捧出，竟是一面铜镜，"大人，美人梳头贴花黄，你不给她带个镜子回去吗？"李冲一看，忙摆摆手，笑着说，"镜子倒不稀罕，想那平城，铜镜铜器皆为手工上作，何必千里买此沉重之物。"

"哎呀呀，大人你可不识货啊！"粟特商人着急地比划着，招呼李冲看那铜镜。李冲便将那铜镜捧于手中，镜为八角菱花形，镜面打磨得光亮清晰，照之毫发可辨，背后之图案亦极为精美，四株折枝花绕着一朵菱花，花形成钮，周遭还铭有一圈文字，李冲看罢并未觉得有什么稀奇。

粟特商人见他并不着意，悠悠说道："我这镜子却是一面魔镜。"

李冲一笑，"莫不是又要使出幻术？"腾兒也在一旁笑出声来。

粟特商人见此，佯装生气："你来看！"

只见他走出店铺，站于街市之上，让日光照在镜面，镜面反射之光照在对面店铺的窗棂上，李冲见此，笑着摇头。粟特商人，并不着急，却示意李冲回头看看，李冲回头，竟看见，店铺里随即却也出现了一团光亮，李冲和腾兒细细一看，那光亮之中还有……二人不由目瞪口呆。

粟特商人此时满面得意，转身收起镜子问道："我说是魔镜，可骗你们？"

李冲和腾兒此时方知这镜子之神奇，拿过手里再细细观看，口中念道："见日之光，长毋相忘，富未央……"

"怎么样？还不买一个给美人？"

李冲正面背面，反复端详这个铜镜，不住点头，"妙不可言！"

检点好香料、熏球、铜镜，交结清金帛货款，李冲便要离开，那粟特商人卖出不少东西，也是十分欢喜，却又拉住李冲。

李冲不解，粟特商人却更神秘地左右看看，自怀中掏出一份手札来，在李冲耳边说："这个算我与你交个朋友，送你一份礼物。"

李冲接过这手札，只见上面写着"密教房中术"，落款处写着"昙无谶传"。

"哦？此乃当年昙无谶能使鬼治病，令妇人多子之男女交接之术？"

粟特人不说话，眨眨他机灵的眼，看着李冲，见李冲翻看手札，他又狡黠地笑笑，"大人，这可是秘本啊，买都买不到的！"

李冲也和他眨眨眼，相视一笑，将手札放入怀中。拱手施礼转身离去。

忽然，李冲看到在街头人群中，有个熟悉的身影，剃发长须，身穿袈裟。是老僧，昙无谶？！

老僧看看他，眼神中似乎想要说什么，但只是注视了李冲一会儿，便回头随人群走去。李冲挤过人群，去追老僧，却被迎面而来的一群人挤到路旁，再去寻找，那老僧已不见了踪影。

李冲低头看看怀中，再抬起头来，前方彩阁花楼上，空中那些缤纷的花朵，还自楼上绝色美人手中抛洒着，随风轻飏起来，落在他的眉梢，又掉落在衣衫上，耳边讽经诵偈声自四面传来：

> 舍利弗，非色异空，非空异色，色即是空，空即是色，受、想、行、识，亦如是。

是《大明咒经》！

见日之光

姑臧之行就要结束，拓跋浑在廨署中再摆欢宴，与李冲一行作别。

不敢多做流连，几人收拾行装，于次日早早出发，拓跋浑再三挽留，又将姑臧特产，西域奇珍赠予李冲，并呈献皇上与太皇太后之礼，又修家书，嘱托李冲一并捎回平城。一路相送，出得姑臧十里之外，远见尘土散去，方才回城。

李冲一行跋山涉水，晓行夜宿风霜无阻，一路倒也平安无事。

此时已是太和二年（478）。

这一日回到平城，恰夜色初暮，李冲未敢惊动他人，与众人回到府中，放马卸货。听到郎君回来，郑氏携众子女来拜见，李冲一一问过学业、女工，见子女几个都行止如仪、彬彬有礼，李冲甚为欣慰，将姑臧带回的西域之珍，各自赏赐下去，子女们欢喜退下。

李冲与郑氏相对而坐，细说相思之情，拉起郑氏的手，来到案前，从一匣中取出香料，郑氏闻得奇香袭人，正取在手中，逐个嗅之，李冲又将香囊拿出来，提起银链，令香囊在郑氏眼前晃动，郑氏不识此物，低头莞尔一笑。李冲教她打开香囊机关，将香料盛入小盂，合起香囊放于她的掌心。

二人正说不尽离别经年之事，道不完姑臧风土奇遇，忽然秋官来报，李冲的从甥（堂姐妹的儿子，即从父兄弟——堂兄弟的外甥）阴始孙来求见。

"这阴始孙几日前便来过，说他自小双亲离世，生活无着，我那些日子曾接济了些粮食布帛，不想他隔几日便来，想要谋个生计。只是，并不深知此人。"郑氏说罢，李冲示意她暂避，召阴始孙进来。

阴始孙面貌清瘦，见到李冲，又将其从小便孤苦一人，家贫饥寒之事说了一遍，李冲安慰一番，"从甥近日得良马一匹，正与舅父出行做个坐骑。"李冲此时生起困意，也未多问，思忖阴始孙倒是有心之人，几分宽慰，命秋官带去用餐，又送些资费与他，打发回去。

夜色已深，郑氏服侍李冲盥洗睡下，多日之奔波劳顿，一年之千里往来，都化作清梦，李冲酣然入睡。

次日天刚亮，李冲带着腾儿入平城宫去觐见圣上、太皇太后。直至宫中，方知，皇上与太皇太后率百僚与诸方客去了鹿苑，李冲也便带了腾儿，往鹿苑一路行去。

鹿苑门外，有卫兵把守，李冲随身带着斋库刀，见有此刀，卫兵慌忙放行。问及皇上与太皇太后，才知二圣带着众官和宾客往虎圈观虎。李冲顺着鹿苑林中之路缓缓前行，这里依旧一似当年，水流淙淙，风入古松，林木深深，翠湿人衣。

　　李冲四处看看，想遇到迷路的小鹿，想看看崖间的老树，却听到密林后响起的欢呼声。虎圈前，人们在期待着猛虎的狂啸和驯虎人的表演。

　　赶至林后，远远可见皇上与太皇太后刚刚在御座坐好，众人安静下来，等待着虎圈里的精彩驯虎。几声鞭响，忽然自林间生出一阵冷风，虎圈中迟迟不见驯虎师现身，冷风急急地穿过树林，吹过观虎之席，众人倍觉寒意，虎圈门亦被风刮开，众人大惊，一只吊睛白额斑斓猛虎不知何时，已跃至门前，只见它伸爪推开虎圈之门，蹿出虎圈，观虎席上，众人还在呆呆等待驯虎人出现，那猛虎已快步腾跃，登上楼阁，顺着廊道，直奔御座。此时，人们才发出尖叫，左右逃散，皇上与太皇太后一时无处躲避。

　　"护驾！"皇上将太皇太后挡在身后，身边的侍卫哪里见过这般阵势，都惊恐无策，观虎席上众人惊慌，四处奔逃。李冲担心怡安及皇上之安危，从腾儿的背后抽出弹弓，腾儿见状，跟随李冲边疾步向前，便取出弹丸递给李冲。二人朝猛虎箭步赶去，惊叫逃跑的人群却如河水决堤般满溢过来，李冲被挤来撞去，举步艰难。眼看那猛虎已逼近御座，龇着牙，喉咙里发出沉闷的吼叫。李冲奋力又跑出几步，在林中掏出弹丸，定睛凝神使出全身力气，拉开弹弓之弦，照着那猛虎左目射出一弹，迅疾又拉满弓弦，再发一弹，此弹找准猛虎鼻子射出，那猛虎之鼻柔嫩，最不堪击，眼睛亦是软弱之处，受此流弹痛击，猛虎嘶鸣一声，登时疼痛地闭住眼睛，伏地不能动弹，只是啸叫，不再向前。此时一人方持一戟跑来，李冲认得此人，正是散骑常侍、侍中、吏部尚书，太原郡公王叡。王叡执戟击虎，那虎不堪受疼，负痛而退，被赶来之驯虎人围而捉之，捕回虎圈。此时左右侍卫亦回过神来，同王叡一道将皇上与太皇太后护住退往阁上。

　　王叡此时，被众人拥戴，皇上与太皇太后亦大加赞赏。见此，李冲退后几步，隐入林中。

　　太和殿里，经过昨日的惊吓，太皇太后起得迟了一些，似乎身体也有些不适。李冲早早来到宫中，在太和殿外等了好久，冯太后才召他进去。

"思顺，何日回平城的？归窆是否顺利？"太皇太后坐在案前梳妆，面色有些苍白。

"太皇太后，前日回来，一切都很顺利。"李冲轻声回答。

"哦，似乎清瘦了许多。"太皇太后自镜中看着身后的李冲，端详一番。

李冲走至近前，"太后昨日受了惊吓，这些日子在宫中静养些时日罢。"

"哦，你亦听闻昨日虎圈之事？"

"是的。"

"若不是王叡忠心护驾，昨日实在凶险！"

李冲不言语，只是听太后问话，"姑臧风土想必与平城大同？"

"太后，人心皆归大魏，故而若论国情民风，实乃大同，若说风土习俗，却大不同。"李冲回禀。

"那姑臧，粟特商人往来，西域货物交易，必是繁华十分。"冯太后说道。

"是的，太皇太后，思冲自姑臧带回一件铜镜，献给太皇太后。"

"哦？平城所制铜镜已是精美，为何又自姑臧带回？"

"太后看过便知。"

李冲走至窗前，将窗子打开，手举铜镜迎着窗外射进之日光，将铜镜背面对准太和殿白垩涂就的墙面，只见，日光竟透过铜镜，墙上现出八角菱花图案，镜子背面的花、铭文清晰地投射到墙上。

冯太后被眼前的景象惊呆了，她轻轻地念出那一圈铭文"见日之光、长毋相忘、富未央……"看着日光之下，肩头，眉梢都闪着晨光的李冲，冯太后站起身来，走到李冲身边，前后看着这面铜镜。

"怡安，这是我的心愿……"

冯太后伸手将李冲的手握住，将镜子贴在胸口，又依偎在李冲怀里："思顺，你最是个有心的人！"

李冲低头爱怜地看着冯太后，见她神情憔悴，"怡安，为何面色如此？"

"这些日子，心神不宁，夜不能寐。"冯太后说着，转身回至榻前，"此番回来，拜见皇上了吗？"

"正要前去。"李冲捧着"见日之光"铜镜，走至冯太后面前。

"嗯，快去吧，我要歇息一会儿。"郭氏走上前来接过"见日之光"镜，收在妆奁中，转身服侍太后躺下。

李冲告辞，转身退下去往太华殿拜见皇上。

太华殿中，皇上拓跋宏正在翻看奏报，见李冲进来，忙起身招呼："中书，何时回来，父兄归窆之事可都圆满？"

李冲连忙施礼回答。

"凉州风土如何？黎民可安居？那粟特人商贸又是怎样？"年轻的皇上一连提出好多问题。

李冲欣慰地看着眼前的皇上，一一做答，细细讲起此番凉州见闻。又将草原臣民所贡之物，南平王敬献之姑臧特产，西域珍品呈给皇上，一一览毕，皇上欣喜难禁，更雄心万丈。

李冲慢慢说起吟唱阿干歌的草原部族，年轻的皇上听得入神，不住颔首；又说起凉州姑臧城中的粟特人、集市，皇上微微笑着："如今平城中，西域来的商人可还乐业安居？"

"大魏如今盛世太平，四方归心，平城又人烟辐辏，那些精明的粟特人怎么能舍得离开呢？"李冲连忙回应。

拓跋宏点点头，"当年博望侯张骞凿空，西域才与平城之间成此坦途大路，实属不易啊！平城如今的器物你在凉州可曾见过？"

"见过，平城之丝绸、铜器、瑠璃乃凉州姑臧市中常见之物。佛教亦十分兴隆，更有凉王开凿之天梯山石窟，与平城武州山石窟形制大同。温圉河水自山前流过，皆为碧水断崖之制。"

"哦？"见拓跋宏似乎对凉王沮渠蒙逊之事更为在意，李冲借机讲起沮渠蒙逊为其母造丈六石像之孝行："皇上，那凉王沮渠蒙逊世家好佛，故而凉王亦尊崇佛学。蒙逊之母车氏乃西域龟兹国人氏，龟兹举国信佛，蒙逊母亲车氏自小便学佛，深信佛理，常念六道轮回。蒙逊乃一孝子，不敢违逆母亲。因此，于姑臧城外天梯山之水边崖际，开凿窟室为母造丈六石像于山寺。那时，自天竺传经过来的昙无谶来到凉州，受到了蒙逊的特别礼待，蒙逊请他在凉州定居译经，昙无谶等九人在凉州所译经卷，有八十二部三百余卷。不少外来僧人也长住凉州，译经弘法。"

"蒙逊是个明白之人！"拓跋宏说道："尊佛孝亲，一来乃孝养之道，以此教化民间；二来大造佛像，宣扬佛教，令众生知悉离苦得乐之理，安抚人心。此真治政之苦心啊！"

李冲连忙点头："圣上英明！"

接着又说道："圣上有所不知，那蒙逊曾灭佛！"

"哦？快说来！"

"那年，蒙逊遣世子兴国（沮渠兴国。沮渠蒙逊的次子、太子）攻枹罕（今甘肃临夏县附近），大败，兴国遂死于战斗之中，蒙逊恚恨，以佛事无灵，下令毁塔寺，斥逐沙门。当时，有将士入寺礼拜，见蒙逊为母所造丈六石像涕泪横流，大惊之下连忙禀告蒙逊，蒙逊听闻，赶往山寺，至寺门，举体战悸，如有犯持之者，急唤左右搀扶而进，见其为母所造丈六石像泪下若泉，赶忙稽首礼谢，幡然悔悟，深自尤责。于是登设大会，从此更加敬佛信佛，又招集沙门各回塔寺，弘扬佛法。蒙逊之子沮渠牧犍亦信佛礼佛，宣扬佛事。"

拓跋宏侧耳细听，若有所思。

"圣上，武州山石窟进展如何？"李冲问道。

"如今武州山石窟由钳耳庆时主持建造，我有些时日未曾前去了！"

"窟中造像，依臣之见，亦须细细考量啊！"

"哦？"拓跋宏听李冲这么一说，似乎有些明白。

"圣上，你是否知道释迦、多宝二佛并坐之事？"李冲问道。

"中书请讲！"

李冲说道："凉州高僧鸠摩罗什所译之《妙法莲华经 见宝塔品第十一》记，尔时佛前有七宝塔……此宝塔中有如来全身，乃往过去，东方无量千万亿阿僧祇世界，国名宝净，彼中有佛，号曰多宝……于是释迦牟尼佛，以右指开七宝塔户……即时一切众会，皆见多宝如来，于宝塔中坐师子座……尔时多宝佛，于宝塔中，分半座与释迦牟尼佛……尔时，大众见二如来，在七宝塔中师子座上，结跏趺坐。"

拓跋宏听到这里，眼中露出笑意："二佛并坐……好！召钳耳庆时！商议武州山石窟今后之营造！"

北门之叹

太和三年（479）正月十一，坤德六合殿成。

三月初一为朔日，日食。初二在京都平城特赦。

初春的平城，刚刚又下了一场雪，整整一天，雪落了厚厚一层，似乎还未有停下的意思。

半下午时，李冲忙完事务，去太和殿问候冯太后。远远可见西面新建成的坤德六合殿轮廓分明。思贤门里，郭氏招呼着宫中的侍女，将太和殿中的氍毹，移至殿外的雪地上，将氍毹反铺于雪上，各执剥光了的麻杆，轻轻击打，她们说笑着，将氍毹上之经年积尘敲落雪上，等到一番击打，卷起氍毹，雪地上落了厚厚一层灰尘。

看着这些忙碌、互相说笑的侍女，李冲也不由笑了。

"李大人。"郭氏上前迎接。

"太皇太后与皇上巡行回来，此时可有闲暇？"

"请大人稍候！"

郭氏转身回殿中禀告。

不一时，郭氏请李冲入殿。

太和殿虽新建成，却只是白垩涂壁，少有装饰。连年来，冯太后更是俭素，衣着发髻间不见华饰，所穿衣物亦只是缦缯（无花纹的丝织品）裁制而已。

殿中，王遗女指点着又一拨侍女，擦洗宫中所用之器皿，又有侍女取来炭灰，以湿布蘸之，将铜器慢慢擦拭，不一时，铜器便重放金彩，光可鉴人。

冯太后倚在榻上，面色憔悴，见李冲进来，颔首示意。

"太皇太后，身体可有不适？"

"无妨，这些日子巡行，有些疲倦。"

二人正说话间，郭氏进来通报，"太皇太后，皇上来问安。"

"快请！"冯太后抬抬手。

皇上于今，虽只是年逾舞勺（十三岁）的少年，行止言谈却倒像个成熟的男子。入得殿内，先向冯太后行礼，又向李冲问好，坐在榻前，关切地询问冯太后几日来坐卧饮食。

"这几日胪胀，所进之膳，食之无味。"

"太伊姆连日来巡行，想是疲惫了，这几日只进些粥食也好。"

已时近傍晚，皇上传话，令阿真厨做些粥送来。一宰人（掌管膳食之官）随后进粥。冯太后接过所进之粥，正要食用，突然皱了一下眉头，粥中隐隐可见一只蚰蜒。冯太后顿了一顿，并不在意，只是默默举匕将其舀出，端起碗来，将粥一口喝下。

拓跋宏在一旁觑见，登时发怒："侍奉太皇太后，理当万分谨慎，这入口之食，怎会混进不洁之物，尔等是如何尽职尽忠的？实该死罪！"

太后并不恼怒，轻轻一笑："只是无心之过，不必因此动怒，那蚰蜒是个走动之物，谁能防住它会掉进粥中。"

宰人此时已是惊恐万状，跪下请求宽恕。

冯太后回头对皇上说："这宰人服侍我多年了，想必也是一时着急，此刻夜色昏暗，不曾留意。"

皇上还是怒不可遏，指着那宰人，"严查今日阿真厨，都有几个宰人值守，俱拘押起来严加审问！"

冯太后轻轻闭住眼，叹了一口气："宏儿，何必动怒，只是一件小事。你我深居宫中，每日饱食三餐，时时更换衣履。何时因饥寒而担忧？今日因粥中一点不洁，便要人头落地，血溅宫闱。你可曾想过，那宫外衣食无着的百姓又有多少？"

听到此处，拓跋宏愣了一愣，面色凝重，明白了过来，慢慢冷静下来。

冯太后用眼神示意李冲叫宰人快走，李冲连忙招招手，示意那宰人赶紧退下，宰人谢过恩典，躬身退出太和殿。

"此次外出与你巡行至代郡温泉问民疾苦。你也亲眼见到，百姓多困穷。上服度则六亲固，宫内应率先裁撤用度、内侍。"

"今后太和殿上膳，案裁径尺，羞膳滋味减于故事十分之八。"冯太后转头对王遗女说。

"处！"

"我意将宫女年长者，允其出宫，配给鳏夫且贫困之民为妻。"冯太后又对拓跋宏说道。

皇上只是点头。

冯太后停了片刻，轻轻叹了一口气："上天垂象，圣人择之。我们巡行刚刚回来，朔日便日食。故而平城特赦，但愿以此可趋吉避凶。皇上！"

拓跋宏思索一番，答道"太伊姆教导，宏儿谨记。子曰：为政以德，譬如北辰，居其所而众星拱之。"

冯太后此时才长长舒一口气，似乎稍有了些气力。

"可曾传御医李脩来诊治？"拓跋宏问一旁的王遗女。

"来过了，说是无妨，开了些汤剂。"王遗女低首答道。

"李脩还有其他医务，让他专心去医治百姓。"冯太后挥挥手。

"皇上，我举荐一名良医。"李冲向皇上说道。

"哦？是谁？"

"荥阳续三石。"

"好，召续三石入宫！"

回到家中，李冲思索今日宫中之事，郑氏来奉汤。

"夫人，宫中近来要节省用度，府上不可有奢靡浪费。"李冲边翻阅案上之书札，一边安顿郑氏。

"夫君，府上一粥一饭，半丝半缕素来不敢轻弃，我亦常训导家人奴婢在外不可招摇。"

李冲听到这里，点点头，"夫人，你这些年操持家务，十分辛劳。"

放下书札，李冲伸出手将郑氏的手握住，轻轻摩挲。

"禧儿（李冲长子李延实，字禧）、锺羌（李冲次子李休纂，字锺羌）功课如何？"

"每日都认真读书，不曾惹出事端。"

"嗯！孩子们也都知书达礼，离不开你的教导啊！"

郑氏有些羞涩，亦紧紧握住李冲的手："夫君夙兴夜寐，殚精竭虑，我做这些，只是份内之事。"

李冲于灯下又细细端看郑氏，自荥阳与郑氏结为连理，于今已是十三个年头过去了，二人终于在平城相扶相持。看看郑氏，依然容颜不曾改变，李冲将她的手抓得更紧。

太和中，李冲迁内秘书令，南部给事中。掌管禁中文事，并参议国政。

秘书省中，李冲案头两份文书，令他沉思良久，一份是当年诬告他和四哥李佐入狱，为父报仇的来护写来的辞官之表；一份是中书教学博士李道固（李彪）进言陈事之文书。

李冲知道，如今自己蒙圣宠，位高权重，综摄内外，来护因此惴惴不安，而今平城中有官员告来护贪污，故而来护多次奉表辞官，李冲低头看看来护的辞官之表，苦笑着摇摇头，"来护表中之担忧，是恐我公报旧日私仇，以防我加害于他。我之心胸哪里有这般狭隘！"

将来护之表放至一旁，拿起李道固的文书，却又让他兴奋不已，那文书乃《上封事七条》，所陈之事平章古今，商略人物。读来文笔酣畅，说理透辟，翻空出奇。只是这李道固家世孤微，朝无亲援，若不举荐而就此埋没了，实实可惜。

忙罢一日之政事，出得平城宫，李冲骑马回府，却被一人当街拦住，那人直言问道："李大人主持选官，如今骑了我的马，不知我为官一事何时能成？"李冲听到此话，知其中必有隐情，连忙让腾儿将马牵住，自己翻身下马。

"此马当真是你的？"李冲问道。

"如何不是！去问你的从甥阴始孙！"那中年人见李冲并不回答，只是问起马来，愈发恼怒，大步走上前要去自腾儿手中将马牵过。

那人怒气冲冲，嚷嚷着："阴始孙说他是李大人你的从甥。李大人如今主持选官，平城中无人不知，那阴始孙吃了我的酒食，收了我的骏马，允诺与我，说不日便向大人提起此事，提拔我做官，如今送马数月，没有半点消息，不是我今日在这街中等候拦着，何时才能做官？"李冲听后大惊，上前施礼："君子息怒，此事我毫不知情，实乃阴始孙一人所为。为官之事，不能草率，恕不能为！请同我回府上，待我传阴始孙当面对质，若君子所言不虚，将此马牵回，数日来所费马资几何，我双倍奉上。"

回到家中，问明阴始孙，李冲暴怒，关锁自己在书房之中，不见任何人。

郑氏几番劝慰，才得以进入，只见书房地下，撕碎的纸片扔得满地，李冲在几案之上，奋笔疾书，正在向皇上写请罪之书。

"夫君，息怒！"

"明日便报官，拘押这个小人！"

太华殿上，天子正襟危坐，正在与群臣商议政事，各位重臣一一奏报。

待到李冲奏报时，李冲神色凝重："圣上，臣李冲请罪。"

"哦？何罪之有？"皇上不解。

李冲将有人求官于阴始孙，而阴始孙辄受其贿赂而不言，纳马于冲，两头欺瞒之事细细说来。自请皇上降罪，又请捉拿阴始孙，严加惩处，以正民心。

听此，言道："中书耿耿忠心，犯此小错实非本意，免去追责。阴始孙假中书之名，谣言惑众，卖官鬻爵，实属不该。可依法惩毖。"

李冲此时神色稍和，连忙谢恩。

"中书，近来你主持选官，有何主张？"

"皇上，恕臣直言。选拔官吏应广纳良才，历来以门荫地望取官之法，臣以为应一力摒除。"

皇上微微点头。转目问群臣："近世高卑出身，各有常分，此果如何？"

群臣有的摇头，有的不语。

李冲见状，反问道："臣斗胆相问，不知皇上遴选官吏，是为了擢拔国之英才，还是为荫护世家子弟？"

拓跋宏一笑："自然是选国之栋梁。"

李冲又问："圣上，如今选官专取门品，才能之士少有机会担当重任！"

听到这里，拓跋宏略一思虑，说道："中书，依你之见？"

李冲说："傅说本是筑城之奴，却以才能成为商之宰相，辅佐殷商高宗武丁安邦治国，武丁中兴；吕望（姜子牙）垂钓于渭水之滨，辅佐姬昌建立霸业。他们又怎能以门第选得！"

李冲继续说道："《诗经》亦有'出自北门，忧心殷殷。终窭且贫，莫知我艰'之叹！"

听李冲说得有理，群臣附议，纷纷赞成。

可汗终于点头："今后高明卓然、出类拔萃者破格录用。"

"皇上，臣今日有一保一举！"李冲又奏道。

"好！"

"南部郎来护，历来谨小慎微，廉而无私，如今被人诬告贪赃，臣知其品性，保此人无罪！"

"准！"殿中的皇上目光炯炯，听李冲继续说："李道固，家世寒微，少孤贫，有大志，好学不倦。受业于长乐监元伯阳，称美之。其文才思飞扬，其人品行高洁，臣举荐其作官，现有其《上封事七条》呈请皇上御览。"

拓跋宏展卷览之：

古先哲王之为制也，自天子以至公卿，下及抱关击柝，其宫室车服，各有差品。小不得僭大，贱不得逾贵。夫然，故上下序而人志定。今时浮华相竞，情无常守；大为消功之物，巨制费力之事，岂不谬哉。夫消功者，锦绣雕文是也；费力者，广宅高宇，壮制丽饰是也。其妨男业害女工者，可胜言哉！汉文时，贾谊上疏，云今之王政可为长太息者六，此即是其一也。夫上之所好，下必从之。故越王好勇而士多轻死；楚王好瘠而国有饥人。今二圣躬行俭素，诏令殷勤，而百姓之奢犹未革者，岂楚、越之人易变如彼，大魏之士难化如此？此盖朝制不宣，人未见德使之然耳。臣愚以为第宅车服，自百官以下至于庶人，宜为其等制。使贵不逼贱，卑不僭高，不可以称其侈意，用违经典。

又：

臣又闻前代明王皆务怀远人，礼贤引滞。故汉高过赵，求乐毅之胄；晋武廓定，旌吴、蜀之彦。臣谓宜于河表七州人中，擢其门才，引令赴阙，依中州官比，随能序之。一可以广圣朝均新旧之义，二可以怀江、汉归有道之情。

帝览而善之，连连称赞。欣喜之余，又赐李道固名为"彪"。

诏曰：

彪虽宿非清第，代阙华资，然识性严聪，学博坟籍，刚辩之才，颇堪时用。兼优吏职，载宣朝美，若不赏庸叙绩，将何以劝奖勤能。特迁秘书令。以参议律令之勤，赐帛五百匹，马一匹、牛二头。

自此，李彪愈见皇上礼遇。

夜里，李冲在书房，夫人进来探望，二人聊天。

郑氏见李冲疲惫，去厨房做些羹汤，推门出来，见一人立于庭前等待通传，郑氏在花影之后徐行，那人并未看到。此时，一个送柴薪的贫贱之人，背着柴禾进来，夜里看不甚分明，撞到那人身上，柴禾之斜枝钩挂住那人衣服，那人气急，将那负薪之人一把推开，柴禾散落一地，那人还不解气，揪住仆人就要挥拳，此时，有人唤他，"李大人有请！"那人才放下负薪之人，转身还狠狠地骂了几句。这些都被郑氏看在眼里。

堂中，李彪献上新近所作之文，请李冲过目，李冲大加赞赏。李冲与李彪相谈甚欢。

李彪走后，郑氏入内奉羹，提醒李冲，"夫君，方才就是你常提到的李彪李道固？"

"是啊！少有之人才！"

"夫君，依我看来，对此人还要多多留心。"

"为何？"

"此人虽有才情，只恐无有德行。"

"何出此言？"

郑氏笑笑，"夫君仁德。总将人心比作自心。又怎知那些人畏惧夫君之权位，将自己的私心恶行都隐藏了起来。"

李冲沉吟不语。

"为国选材，更应德才兼顾，夫君岂不知：口能言之，身能行之，国宝也。口不能言，身能行之，国器也。口能言之，身不能行，国用也。口言善，身行恶，国妖也。治国者敬其宝，爱其器，任其用，除其妖。"郑氏说罢，见李冲轻轻皱着眉头，再次劝道："还请夫君明鉴。"

"夫人所言不差，我都记在心上。"说罢，李冲将将胡须，沉思良久。

第十四章 快马须健儿

饥民图

太和七年（483）

三月。

冀州大旱……

定州大旱……

秦州地震有声……

肆州风霜，杀菽（豆类）……

四月。

相、豫二州大风……蝗害稼（蝗灾）……

太和八年（484）

三月。

冀、定、相三州暴风、蚄虸害稼……

四月。

济、光、幽、肆、雍、齐六州暴风……

济、光、幽、肆、雍、齐、平七州蝗……

五月丁亥。

月在斗，蚀尽。占曰"饥"……

六月。

相、齐、光、青四州蚄虸害稼……

武州水泛滥，坏民居舍……

十一月丙申。

并州地震……

十有二月，诏以州镇十五水旱，民饥，遣使者循行，问所疾苦，开仓赈恤。

平城久旱。太华殿里，一封接一封的奏报，堆放在案前，拓跋宏同样忧心似焚，焦头烂额。

殿外，忽报李冲觐见。

这几日，领拓跋宏之命，李冲在外巡查访问各地灾情。

"连日车马未停，中书一路辛苦。快坐下！"

正要开口询问灾情民生，李冲却呈上一图。

"这是？"

"臣受命循行，邀中书博士蒋少游一同前往。沿途巡访，将目睹之状写于图上。圣上，各地民情，俱在其中。"

展开李冲所呈之图，卷首写着《饥民图》，拓跋宏一惊。

眼前，一片灾后流民之受难景象，扑面而来：

首先映入眼帘的是坞堡下绝望的苞荫户，图中，大旱之年，苗不盈尺、蔓草同枯，苞荫户望天而号。

另一幅图上，坞堡中的部曲来收租调，没有逃走的苞荫户无法交上，只好拆屋负梁抵债。坞堡的部曲威逼恫吓，怒目追索，带往堡中。

接着是蝗灾过后，赤地千里。无数流民携儿牵女，身无完衣，悲苦茫然呜咽哭泣……

另一幅图上，灾民四处啼饥号寒，口嚼草根野果，奄毙沟壑，累累不绝……

又一图上，数州水灾，河决堤溃，冲舍漂庐，沃野变为江湖，陆地通行舟楫。只见一片泽国，滔滔洪水中一个男子随波浮沉，岸上一个女子领着几个孩子，呼天抢地。

后面之图，妻离子散、家破人亡者不计其数，饥殍遍野，啼号待救者十之八九……

还有因饥饿而成盗贼，偷盗打劫之饥民。

拓跋宏的目光停在一幅图上，注视良久：这图上，又绘着卖鬻男女者。逃荒流民，饥馁难行，只好商量卖掉年长的女儿，女儿牵着母亲衣角，哭不忍去，母亲骨瘦如柴，无奈悲泣，举家抱头大哭。

掩卷，拓跋宏皱着眉头，迟迟不语。

"大旱致稻菽绝收，田园荒芜，树木枯槁，青草绝迹，赤地千里，饿殍载途，旱荒过后，继之瘟疫和地震，白骨盈野……"说到这里，李冲见皇上面色凝重，不再说下去。

太和殿里，冯太后身体依旧疲惫，形容亦消瘦了一些，续三石正在榻前问诊。

拓跋宏携李冲一同前往太和殿里，向太皇太后问安。

"太伊姆，好些了吗？"

冯太后抬起手招呼拓跋宏坐下，王遗女将冯太后扶起靠在隐囊之上。"这几日有太医博士续大人诊治，好了许多。"

"哦，服的什么药？"拓拔宏问续三石。

"菴藺子，此药味苦，微寒。主五脏瘀血，腹中水气，胪胀，留热，风寒湿痹，身体诸痛。"续三石答道。

皇上欣慰地点点头，续三石施礼告退。

"太伊姆，灾俭连岁（因天灾而歉收），伤及民生，近来各州又屡发天灾，人多饿死……"

冯太后锁起眉头。

拓跋宏示意李冲呈上《饥民图》。

"太皇太后，臣与中书博士蒋少游前往州县循行，此图为各州县灾情。"言毕，李冲将《饥民图》徐徐打开。

冯太后看着图卷，眉头越锁越紧。撑起身子想要坐直，身子却往后一仰，险些摔倒，王遗女连忙自后扶住。

"可有什么救急之措？"冯太后已是面色苍白。

李冲奏道："请于各民饥之州，施粥济难。"

冯太后点点头："大赦天下！广施粥食！速速行之！"

回到太华殿，拓跋宏便传令，以各州民饥，诏郡县为粥于路以食之。

诏书颁布之后三日，一场瑞雪普天而降，平城被久违的大雪覆盖。

定州上言，为粥给饥人，所活九十四万七千余口。

冀州上言，为粥给饥民，所活七十五万一千七百余口。

雪夜，平城温润安谧，似乎回到了旧日时光。

郑氏与家人、奴仆都已安睡。

漫漫长夜，茫茫飞雪。灾区惨状又如《饥民图》中一样，一幅一幅浮现眼前。李冲起身，披起貂裘，推门走入中庭。

"坞堡……"

李冲叹一口气。坞堡之制，宗主皆是豪强大族。他们倚仗坞壁聚族而居，控制着大面积的田庄，那些困苦无着的农民只能作为"苞荫户"，受其欺凌压榨。苞荫户大多没有户籍，宗主借此隐瞒控制人口，或百室合户，或千丁共籍，逃避赋税、徭役，国家无法征调。农民名义上依照财富多寡承担数额不等的赋税负担，实际上地方官吏并不能约束宗主。纵富督贫，避强侵弱，一遇灾年，穷苦之苞荫户，更是雪上加霜。

想到这里，李冲更无睡意，望着彤红的天空，他的思绪飞过白雪断崖的太行陉，回到荥阳。往事又上心头，不由想起勇士鏖战之虎牢关，想起忠心救主的纪公，想起先生壬力……

《壬力策》！

李冲抖抖貂裘之上的雪花，急忙返回屋中，找出《壬力策》，打开《改革》一章，细细读来，豁然开朗。腾儿侍候一旁，拨旺炭盆，挑亮灯火，李冲展开素纸，又将姑臧所获之凉州旧年档案《计口出献丝帐》《计资出献丝帐》《资簿》誊抄本找出，于灯下奋笔疾书。一夜不曾歇息，至黎明时，写出《计口征税疏》。

望望窗外，大雪还未停，低头看看，已经老得不愿多挪动半步的雪爪，卧在炭盆旁，蜷起身子，睡得正酣。

这一日，李冲正于府中读书，听得腾儿、秋官在外语声喧哗。话语声中，腾儿、秋官领着几个人来见李冲。原来是力罡带着妻儿来到平城，投奔李冲。

李冲忙让他们进来，起身端详，只见他一家五口，衣衫褴褛，满面饥寒之色。

"李大人，荥阳连年大旱，民不聊生，故而投奔大人。还望大人接纳。"说着，力罡叫过妻儿，便要下跪。

"莫要多礼，快起来！先在这里安心住下！"李冲扶起力罡，先前魁梧健壮的力罡，手臂已瘦了许多，脸也消瘦了，面前一家，都蓬头垢面，有气无力，可知回平城这一路之艰难。

"快去收拾客房，安排饭食。"

李冲命秋官带着力罡一家，去安顿他们饱餐、沐浴、住下。

待力罡一家安顿好，李冲请力罡来书屋一叙。

二人坐下，腾儿和秋官在一旁拨火煮菽，也笑吟吟地看着力罡。

"多年不见，力罡先生，如今我们能在平城相聚，真是难得！荥阳之年馑，我亦知晓，正想与力罡先生聊聊，如何使民有田，田有产，产可温饱，先生有何高见！"

"大人不弃，力罡知无不言！"

力罡施礼后，正色说道："坞堡不除，恐成大祸。堡主田连阡陌，苞荫户却无立锥之地。如今户籍混乱，堡主隐藏大量人口，已成独立之国。可恨那荥阳郑氏坞堡……"

和自己担心的一样，李冲听到这里，不由摇摇头。

"如今又颁布俸禄之制，每户又增加了不少赋税。如此一来，摊派到苞荫户头上，苦不堪言，坞堡堡主哪管苞荫户死活，正因如此，苞荫户纷纷逃离，饥民四处哀嚎……"

"大人，须想想办法，一力改之！"

李冲皱起眉头，陷入沉思。

故人相见，力罡与腾儿、秋官欢言不断，力罡之妻又与张氏忆旧絮语，郑氏见状，便与李冲商议，慰留力罡一家在府中多住几日。

在平城宫中忙碌一日，回到家中。李冲依然苦思民生之事，踱步庭中，听得府中一处屋内机杼声声，人语隐约，推门进去，郑氏正与张氏、力罡之妻绩麻、织布。张氏取麻皮将枲(麻类植物的纤维)一丝一丝分开，分成细如头发般的麻丝，再将其搓捻接续成线，力罡之妻将其缠绕成团。李冲的几个女儿李长妃、李伸王、李媛华也在母亲郑氏身边，学着绩麻，捻线。

见李冲进来，又面露疑问，郑氏说道："夫君，尝闻古人之语：上为之，下效之。太皇太后如今减去用度，宫中侍女们绩麻织布。府上亦自应当一力节俭，我便教家中女眷自己动手，织布贸易，或可贴补家用。"

见李冲笑着看几个女儿像模像样地绩麻，郑氏又说："十三能织素，十四学裁衣。女儿们日见长大，女红亦不能误得。"

李冲点点头。

"可将家丁婚配？"

"已将林三妹配给库狄姵。"

自己忙着公务，未曾过问许多事，见郑氏操持安排家中之事甚是妥当，李冲满意地点点头。

一旁的女儿李媛华此时举起手中麻线："阿姆敦，为何我的麻线总是断掉？"

"媛华，一丝麻线不堪扯，三绺麻线难扯断……"郑氏坐在机杼前，停下手中之筘(织机机件，其作用为把纬线推到织口，经线从筘齿间通过)笑着摇摇头，手把手地教女儿将三绺麻线捻作一丝，媛华高兴地接过麻线重新搓捻起来。

李冲见状，生出好奇，仔细拿起一根麻看了起来。麻线单根，一扯即断。他又俯身看看女儿李媛华手中搓好的麻线，三绺紧紧搓捻在一起，结实了许多。

郑氏察觉，起身解说，"麻丝短，需细细捻过，接数根为一缕，才能上机，此即是绩。"李冲转目向织机，郑氏又说道，"我这所织的是缣，双经双纬，即并丝之缯。是常见织物平纹绢。"

"哦？还有何等织物？"

"素，乃白色生绢，较之缣，要好一些，只是亦属平常。"

"亦属平常？"

"平城寒冷，无桑无蚕。昔年在荥阳时，我曾与母亲、家仆一道采桑浴蚕，张机织罗。也曾学得三经绞罗……"

"三经绞罗？"

"是啊！取三根经丝成一组，相绞为地，织就花罗。"

"三根一组？"

"是，每组经丝中有一根绞经、两根地经，绞经在地经左右两侧盘旋绞转。三经相绞，方可起平纹花、斜纹花和隐纹花……"

李冲听罢，心头一亮，转身疾步向书房走去。

郑氏见此，亦随之而至。

只见李冲在书架中寻找什么，郑氏问道，"夫君，要找什么？"

"我记得班固在《汉书》中亦有同理之述，惜乎如今脑力不济！"

郑氏笑笑，自书架一隅，抽出一卷书来，递给李冲："夫君，可是此书？"

李冲欣喜地接过，翻出其中《百官公卿表》一章，读到："大率十里一亭，亭有长。十亭一乡，乡有三老、有秩、啬夫、游徼。"

"有办法了，我这就上疏可汗，修正均田之制。"

"夫君，急不得！不曾听过《上山采蘼芜》吗？"

"如何说得？"

"新人工织缣，故人工织素。

织缣日一匹，织素五丈余。

将缣来比素，新人不如故。"

李冲定下神来，"那该如何？"

"万事多艰辛，需徐徐图之。如这捻麻织缣一般，一天织一匹已是不易。夫君所急之事，关乎民生国计，不妨先试一试是否可行，若是亦如今日均田之制，错漏尽出，岂不劳民误政？也辜负圣上之托！"

李冲听罢，不由一笑，"我有夫人这良人，何愁缣素？此生更有何求？"

郑氏低眉含羞，脉脉不语。

李冲又翻开姑臧所获之凉州旧年档案《计口出献丝帐》《计资出献丝帐》《资簿》，想着绩麻之情景，打开《计口征税疏》，一番修改，成《三长制》。

晚间，李冲与力罢叙过旧情，聊罢稼穑，问力罢：

"我意安排你去平城外方山下之永固县，与你拨出田亩，一处农舍，同百姓一道种田收麦，从此不受饥寒，世代安居，可好？"

"好啊！力罢愿意！"

三长制

太和五年（481）之时，冯太后与拓跋宏游于方山，顾川阜有终焉之志。因谓群臣曰：

"舜葬苍梧，二妃不从，岂必远祔山陵，然后为贵哉？吾百岁后，神其安此。"

拓跋宏随即诏有司营建寿陵于方山，又起永固石室。因山堂之名于方山之下设永固县，如浑水穿永固县而过。

库狄㳽自那时起便被李冲派去，做为守陵之官，如今已带着全家在永固县安住下来。

这几日，李冲一边思索新法以弥补均田制之不足，一边命腾兒前往永固县，与库狄㳽通信。力罢与妻儿，在李冲府中暂住几日，等待李冲安排前往永固县。

太和殿中，冯太后近来精神尚好，正与王遗女等内侍闲坐说话，李冲前来求见，入得殿中，李冲将自己所见，及力罢所述细细讲来，冯太后听得亦十分细致。

李冲说道："臣想请太皇太后允准，拨永固县，试行三长之制，以观成效。

若可行之，请诏布天下施行，以解民众之困，以盈国库之虚！"

冯太后略一思忖，点点头。"坞堡，也是该下手的时候了！可！放手去试，若事不成，亦无大碍，我来为你收拾。"

永固县中。

视察完永固石室、凿山建陵工程之后，李冲带着力罡一家，腾儿、秋官紧随左右，来到库狄洳家中。

暮色渐浓，方山却照耀着太阳的光芒，发出耀眼的金晖。脚下的永固县，已渐渐安静下来。一处低矮的土屋前围满乡民，他们探头望着屋里，想听听里面说些什么。屋里，点起了几盏灯，里面坐着几位年纪大的乡民，后面站着的是一些壮年的男子，李冲坐在屋子中央，正与众人商议自己所设想之三长之制，听乡民说起各自的田地、生活。

谈到如今的九品混通（旧时赋税征收制度，将民户按照贫富分为九个等级，根据承受力的不同，承担不同的租调任务。即"上三品送京师，中三品入他州，下三品入本州"），人们便都抱怨起来。

一个壮年乡民说道："每户租调是帛二匹、絮二斤、丝一斤、粟二十石。现如今，又行俸禄之制，每户再增加了帛三匹，谷二斛九斗。如此一来，摊派到每户的租调日日加重，谈何公平合理。"话音未落，又一个男子接着说道："豪强之家最终将重负转于我们这些无依无靠的穷苦人家，实实让人难以承受。"

库狄洳说道："还有不少浮民，他们没有土地和户籍。缴纳租调无从谈起，有的只好四处流浪，有的只能成为豪门大族的苞荫户，这些都与大魏之政背道而驰，更违背可汗圣意。"听到这里，力罡叹一口气，几个孩子赶忙躲在父母身边，力罡之妻将他们紧紧护住。

"依众位之见，如何可减轻赋税，让民以利？"

一位老人家看了看众人，说道："检括户籍，清查隐冒之民。使田地均分至每家每户，方可人人出力、户户纳税，人多，户清，自然赋税减轻。"

不少乡民也都纷纷附议："原来三十、五十家为一户者，故租税不均，重者愈加之重，轻者愈无所负。"

"是啊，按户纳税，减轻租调。"众人交口呼吁！

李冲笑笑，"这些都可。各位所说句句我都记下，择其正理，即时便可纠之。即日起便可查检登记户籍造册，清理隐冒之户，按户均分田地，并与众位商议制定可交之税赋。"

"好！""好！"

众人听到这些，叫好不绝，欣喜十分。一时间，小小的屋子里，人声欢腾，你一言我一语，争着向李冲诉说为民之艰难、耕作之劳苦，都盼着能早日变革如今各种弊端，早开民富之路。

李冲待众人安静下来，说道："众位，正是之前田亩赋税制度并不合理，我才要变通其法，此事离不开众位的鼎力之助，然，口说无凭，我今日要与众位签个生死之状，于永固县中试行三长，众位敢不敢与我写下这状？"

众人听到这个，低声议论，不敢发话。

"众位，同心方可成功！定民户之籍，却无乡党之法，亦不能成其事。故而，我欲行之三长，须编组成里，互为协力，众位需在三长之下，遵国纪，安本分，乐耕织。"

众人此时屏息凝气，听李冲安排："依我之计：五家立一邻长，五邻立一里长，五里立一党长，三长负责清查户口，征收租税，征发徭役兵役……"

听到这里，一个壮年的男子忽然起身，一字一句地说："我愿意签！只要让我们一家人能每天吃饱，我不惧这生死！"

"是啊！我也愿意签，有三长邻里，怕什么！"

"跟着李大人，有饱饭吃！"

"我也签！"

"好，五家立一邻长，谁来担当？"李冲问道。

"我来！"一个壮年的汉子挥臂领命！

随后，几位邻长也都有人愿担当。

"五邻立一里长，谁来？"

厍狄顸此时举手，"大人，我愿意！"

"好！"

"五里立一党长……"

李冲看看座中几位长者，此时，众人纷纷推举那位年高望重的老人。

"好，有劳各位！"

李冲起身，向着老人，各位邻长、里长深深一拜，"诸位君子，此事成败，在乎你我诸位！万望各位勠力同心，切切！"

众人亦受此一拜，群情振奋！

李冲命秋官取来纸笔，写下生死之状：

　　一者试行三长制，五家立一邻长，五邻立一里长，五里立一党长；

　　二者三长需使所辖民户不流失，征收民户之租课。

　　三者将永固县之民户清查到户，登记在册；

　　四者均永固县可耕种之田到户；

　　五者依年中耕种之实情，算其年终应纳之租调；

　　六者不论丰歉，年终不免除赋税；

　　……

屋里荧荧灯火虽然不甚明耀，却映红了每个人的脸庞，他们激动的眼神里跳动着微弱又明亮的火苗，闪着兴奋的光芒。

"大人，若有官府中人来，指责我等行此新法，又以刑罚加之我等之身，如何是好！"

"若有人来，你就问他可有办法让你吃饱饭，让你按时交够赋税，他若不能，我来帮你打这官司！"况且，此法是皇上与太皇太后所允，诸位大可不必担心。

令众人签名画押，李冲又命腾儿取来水酒，搬来布帛。

与众人一人一碗，盟誓而饮，又将布帛分给穷苦之民，用作劳资。安顿库狄骁，将力罡一家安排房舍田地，编入永固县户籍之中。

出得门来，一个佝偻身子的老人，坐在院中石上，颤颤巍巍地看着李冲，欲言又止。

"老人家，你有何事？"

老人半天说不出话来，只是伸出一个指头。

库狄骁说道。"这位老者孤苦一人，无人赡养，更无力气耕田种地，只靠众人接济。"

李冲听罢，对老人说："老人家不必担心，我自会安排，管你每日吃饱，有人照料。"

李冲安顿力罡、库狄骁好加照料老人。又命腾儿将些布帛谷米交给库狄骁以作赡养照料老人之用。

老人嘴唇颤抖着，浑浊的眼睛泛出泪花，以袖擦拭，嘴里不住说着什么，又不住拱手向李冲致谢，李冲回头命秋官记下此孤老无依之事。

清晨，盥洗完毕，李冲早早来到平城宫中。秘书省里，昨夜值守的几位秘书郎，正兴奋地围在一起议论着什么，新任秘书丞的李彪，见到李冲，忙恭敬地行礼，并将手中的奏疏递给李冲看："中书大人，这封奏疏请您过目！"

李冲打开一看，是给事中李安世所上的奏疏——《均田之制疏》。

疏曰：

> 臣闻量地画野，经国大式；邑地相参，致治之本。井税之兴，其来日久；田莱之数，制之以限。盖欲使土不旷功，民罔游力。雄擅之家，不独膏腴之美；单陋之夫，亦有顷亩之分。所以恤彼贫微，抑兹贪欲，同富约之不均，一齐民于编户。窃见州郡之民，或因年俭流移，弃卖田宅，漂居异乡，事涉数世。子孙既立，始

返旧墟，庐井荒毁，桑榆改植。事已历远，易生假冒。强宗豪族，肆其侵凌，远认魏晋之家，近引亲旧之验。又年载稍久，乡老所惑，群证虽多，莫可取据。各附亲知，互有长短，两证徒具，听者犹疑，争讼迁延，连纪不判。良畴委而不开，柔桑枯而不采，侥幸之徒兴，繁多之狱作。欲令家丰岁储，人给资用，其可得乎！

见疏中所论切中时弊，李冲不由连连点头。再看此疏：

愚谓今虽桑井难复，宜更均量，审其径术；令分艺有准，力业相称，细民获资生之利，豪右靡余地之盈。则无私之泽，乃播均于兆庶；如阜如山，可有积于比户矣。又所争之田，宜限年断，事久难明，悉属今主。然后虚妄之民，绝望于觊觎；守分之士，永免于凌夺矣。

李冲见李安世上奏请行之均田制，将无主荒地授给农民，令其迁于宽乡耕垦。其中，更定下：

一则，男子十五岁以上受露田（不栽树者，或曰只种谷物，谓之露田。）四十亩，妇人二十亩。若是两年休耕一次之地，露田加倍（男子八十亩，妇人四十亩。），三年休耕的加两倍授田（男子一百二十亩，妇人六十亩。），是为倍田。露田不准买卖，民皆到纳课年龄受田，七十岁免课，身死还官（归还官府。）；奴婢与平民一样受露田，奴四十亩，婢二十亩。壮牛一头受田三十亩，限四牛。奴婢、牛随有无以还授；

二则，男子每人给桑田二十亩（桑田二十亩，可种桑五十株、枣五株、榆三株，但限三年种毕。不毕，夺其不毕之地。），作为世业，终身不用归还。初受田时，无桑田者，依制受田，原桑田不足者，依制补足。桑田可买卖，作为世业，不还官；

三则，土不宜桑之乡给麻田（种麻的田。）。男子十亩，妇人五亩，还授法与桑田一样。

四则，有新居者，三口给宅田一亩，奴婢五口给宅田一亩。

五则，地方官吏各随在职地区给公田。刺史十五顷，太守十顷，治中、别驾八顷，县令、郡丞六顷，离职时，新旧任相交接，不得转卖。

六则，地足的地方，任力衡垦，不受限制，不得无故迁徙。土狭民稠的地方，可迁移至土广人稀之地方，愿意迁徙者，任到空荒之地耕垦，赋役不免。百姓因犯罪流放或户绝者，其田还官，做均田之用。

均田之制看来详细，严密。李冲读罢，对李彪说："将《均田之制疏》呈报给皇上与太皇太后！"

太和九年（485），颁布均田制。

冬十月丁未，诏曰：

朕承乾在位，十有五年。每览先王之典，经纶百氏，储畜既积，黎元永安。爰暨季叶，斯道陵替。富强者并兼山泽，贫弱者望绝一廛，致令地有遗利，民无余财，或争亩畔以亡身，或因饥馑以弃业，而欲天下太平，百姓丰足，安可得哉？今遣使者，循行州郡，与牧守均给天下之田，还以生死为断，劝课农桑，兴富民之本。

李冲领命。诏下，命李冲做为使者，带着几个手下循行州郡。

月余回到平城，李冲入宫觐见皇上。

"中书，此番循行，均田之制施行如何？"

"皇上，臣不敢隐瞒！均田之制，尚有弊端。"

"哦？快快说来！"拓跋宏坐直身子，认真倾听。

"一者，均田无田。土地兼并之症并未消除。可授受之土地只是无主土地和荒地，数量有限。因而均田农民受田，大多达不到应受额。且分田虽定下年老、身死田地入官，然其可还官土地极少。日久，人口增多，堡主豪强又施展手段打通关节，将大量公田据为己有，能够还授的土地就越来越少。均田农民土地不足，财力脆弱，每遇灾荒，老百姓就被迫出卖土地，或破产逃亡，四处逃散，良田便为堡主强占。圣上，可派人暗中探查，如今朝中不少官员逼买田地，广兴地宅，百姓患之。"

听到这里，拓跋宏攥起拳头。

李冲继续说道："二者，均田不均。制中只见授牛以田，授奴婢以田，无视堡主豪强手中之大量土地。却仍按权力授田，只能使田地更为堡主豪强占据。日久必定田地不均，届时国家之土地在豪强手中，此时恐会生变。"

见拓跋宏一脸沉重之神情，李冲赶忙奏道："圣上，臣有一事，还望饶恕。"

"何事？"

"臣于均田之前，试一新法，如今已见成效，施行之，可补均田之不足。"

"哦？何时行之，是何新法？"

"今春，臣于永固县试行三长制。如今年丰大收。"

"三长制？年丰？好啊！天下太平，百姓丰足，何罪之有！"

太和年

永固县里，各家各户迎接着一个岁丰之年。

自三长制在此试行以来，各户勤奋劳作，借牛借犁，互助互帮，乐业安居。早早就完成了冬耕、春种、夏耘，连荒地、田角都开垦了出来种谷种麻。

这一年，谷粟丰收，粮食总计是往昔数年之和。

平城的秋天，清凉宁静，湛蓝的天空，大雁南飞。

永固县的田野中一片金黄，库狄旃和力罡带着乡民们收割庄稼；打谷场上，谷穗饱满，浮光跃金，人人脸上洋溢着久违的笑容。

夜来，炊烟四起，永固县中，力罡之妻与村庄中的妇女们，在月光下，铺开葛麻织就的布帛，轻轻捶打，使之松软平整，家家捣衣之声，户户鸡犬相闻，一片太和升平景象。

太和十年（486）。太华殿。

李冲上言：

> 宜准古，五家立一邻长，五邻立一里长，五里立一党长，长取乡人强谨者。邻长复一夫，里长二，党长三。所复复征戍，余若民。三载亡愆则陟用，陟之一等。其民调，一夫一妇帛一匹，粟二石。民年十五以上未娶者，四人出一夫一妇之调；奴任耕，婢任绩者，八口当未娶者四；耕牛二十头当奴婢八。其麻布之乡，一夫一妇布一匹，下至牛，以此为降。大率十匹为公调，二匹为调外费，三匹为内外百官俸，此外杂调。民年八十以上，听一子不从役。孤独癃老笃疾贫穷不能自存者，三长内迭养食之。

皇上令李冲细细道来。

李冲说道："皇魏连年之饥馑，非为天灾，实乃人祸！"

此言一出，太华殿中，众臣皆惊。

李冲接着说："皇魏立国以来，各地皆行宗主督护制。地主豪强将宗族、佃客网罗一处，修筑坞堡，割据一方。农民逃避战乱，无处可去，亦投奔其中，成为苞荫户。这些坞堡中的宗主，代管征收赋税和徭役。苞荫户虽终年劳作，然而一年辛苦所获，却被宗主掠走大半。宗主欺上压下，往往隐冒户籍，将五十、三十家编为一户，借此逃避赋役。因而，民虽辛劳却衣食无着，国虽有宗主，却税收寥寥。"

皇上扫视殿上众臣，只见有的大臣点头认同此说，有的面无表情不置可否。

李冲又将三长制之构想慢慢道来："圣上，臣所奏之三长制，便是要先检括户口，建造户籍，将以前隐冒于大族的苞荫户清查出来。只有廓清这些荫附于豪强的荫户，使其成为国家编户，皆为国家出力纳税，才能国富民安！"

皇上点点头："中书细细说来！"

"三长之制，五家立一邻长，五邻立一里长，五里立一党长，推选乡中德隆望重之人担任，三长可免役，邻长免一丁，里长免二丁，党长免三丁，三年没有过失，升等录用。"

"三长之责其一检括户口，此前，我朝就曾多次检校户口，显祖时即以五州民户殷多，编籍不实，令韩均检括，此次检括，发现隐户十万余，也见全国还有更多隐户。太和三年亦曾诏遣使者十人循行州郡，检括户口。如今，颁布三长制即为清查检括大量隐没未出之农户。各州郡户籍底数明了，才可协助均田制的推行；其二，三长直属州郡，担负州郡催督征收租调、征发徭役兵役之事务；其三，若朝廷颁布政令，三长可负责政令在县乡中施行；其四，《后汉书》载：亭有亭长，以禁盗贼；里有里魁，民有什伍，善恶以告。三长之制可在民间表率德行、敦化风俗、平息讼争。施行三长之制，既是准古，又是当今大势所趋，乃必行之法，故事不宜迟，应尽早颁布全国推广施行！"

中书令郑羲听李冲说罢，奏道："李冲所求立三长之事，想要以此一法用之于天下。言似可用，事实难行。不可，不可！"

秘书令高佑也说："正是用祖宗之制，皇魏才隆盛如今，故法不可轻变，宗主督护之制亦不能废！"

李冲自袖中取出一本账簿呈给皇上。

"这是？"拓跋宏问道。

"这是为臣昔年与兄长在荥阳所获,荥阳郑氏一族乃当地一霸,那郑连山据坞堡而为害一方,此即郑连山坞堡之账簿,户籍。"

拓跋宏翻看了几页,瞪大了眼睛。"坞堡一年所得数倍于公赋!可曾如实上交国库!"

李冲答道:"可问中书令郑羲便知!"

郑羲一时语塞,不知如何作答。"圣上,这个……恕臣不知!"

李冲冷笑一声,"郑大人何时关心过百姓生计。"

郑羲此时语气不似先前,只是说道:"若是不相信我说的,不妨请李大人试行一番,此法失败之日,便知在下所言不虚。"

"圣上,坞堡存之,国之大害!"

李冲扫了郑羲一眼,"郑大人,难道你与郑连山亦有瓜葛?我曾见郑连山私绘《荥阳虎牢关图》,郑大人与他同族,想必亦知其事!"

郑羲面色大变,赶忙说:"我与郑连山并无来往,其人其事一概不知!"

太尉拓跋丕见状,说道:"为臣看来,此法若颁布施行,于公于私皆得利益,只是众人皆道如今之时,政务繁忙,与此时便校比核查户籍,恐怕新户旧籍一时难以分清,必然劳民致怨。臣以为,不如过了今年秋天,至冬天闲暇之月,派人慢慢施行,这样,是否更好一些。"

李冲说:"民者,冥也,可使由之,不可使知之。要实行三长制,须趁农忙时节为好。如不趁征收赋税之机办理,乡民只见清查校正户籍之繁琐,不见减免赋税之利好,难免怨恨抵触。反之,农忙时,立时可知三长制减赋轻徭之利。乡民既已明此理,又得了好处,立三长自然不难。如此一来,既利稼穑,又增租调,还可清查出大量的隐匿户口,有何不可?

著作郎傅思益进言:"民风民俗各地迥异,推行此法在各处必定有难有易,先前九品差调(九品混通)之法,施行已久,一旦改法,只怕会造成恐慌混乱。"

李冲赶忙解释:"圣上,三长制古来即有。秦汉时,各地治政自上而下,有县、乡、亭、里,其亭长、里魁、什伍维护治安……有秩、三老、游徼执掌教化。"

太尉拓跋丕问道："三长颇有特权，可有制约三长之法？"

李冲答道："有！若百姓所交之绵麻，有不切实的状况，一匹之滥，一斤之恶，则鞭（古同鞭）户主，连三长，三长要同户主一并受罚。"

拓跋宏问道："三长之制，是否还有未尽之言？"

"圣上，既行三长，一并在县中立讲学之所，于党中，立小学推行之。令一家之中，自立一碓；五家之外，共造一井，以供行客。"

郑羲又发问道："三长制既可，可曾想过，检括户籍，编户之后，那无力劳作之孤老、病夫、残疾之人，如何过活？"

听到这话，众臣交头接耳，议论纷纷。

李冲并未迟疑，答道："民年八十以上，听一子不从役。孤独癃老笃疾贫穷不能自存者，三长内迭养食之。"

郑羲闻之，愣了一愣，不再言语。

李冲继续说道："三长制既是使国家征缴赋税、农民上交赋税皆有定有准，更使先前荫蔽于世家大族的农户可收归国家管理！圣上！国库无有足够之资，办不成大事啊！"

听到这里，拓跋宏坐直身子，"中书，只是颁布新令事关全国，需慎之又慎！"

李冲接着说道："三长制之外，臣请厘定调法！"

"哦？讲来！"

"厘定调法在于均徭省赋，应与三长制一同实施。厘定调法，即为百姓看到赋役变轻之利，此前九品混通，每一户二十石之粟，尚须调帛二匹，絮二斤，丝一斤，调外之帛一匹二丈。制禄后又增粟二斛九斗，帛三匹余。若行三长制，则先前三十、五十家为一户者，改为按一夫一妇纳帛一匹、粟二石。"

著作郎傅思益问道："那些未娶之人，如何处之？"

"民年十五以上未娶者，四人出一夫一妇之调。"

太尉拓跋丕提醒李冲："那些坞堡宗主，家中奴婢难道也要计口征税？这恐怕……"

李冲答复："奴任耕，婢任织者，八口当未娶者四。耕牛二十头，当奴婢八。"

太尉拓跋丕略一思索，慢慢说道："奴婢受田与一般的编户相等，然而八个奴婢所交的租赋才相当于一夫一妻的租赋，这样一来，坞堡的宗主也该不会反对。"

拓跋宏问道："可曾计算过，若行三长制，并厘定调法，可为民均徭省赋多少？"

李冲答道："圣上，新的租调法与九品混通之旧制比起来，足足相差十八倍。"

"十八倍？"众臣闻听此言，皆议论起来。

"圣上，只有让利于民，才可休养生息，国库充盈！更何况，新的租调看似每户所交之赋减轻不少，实则，经三长检括户籍，民户数不知要增长多少！故而，不足虑之！"

拓跋宏似乎意下认可，点点头。见众臣还在议论，连忙止住："好，众位各有高见，前有均田之制可鉴，三长之制需从长计议。各位无事可回！"

众人退出大殿，李冲却不肯走。

"圣上，还记得《饥民图》吗？臣几次领命循行，目之所见民瘼，不忍直视，施行三长之制，再不能迟疑了！"

见皇上沉默不语，李冲又说道："诸州户口，籍贯不实，包藏隐漏，废公罔私。"

翻看着方才李冲递过之郑连山坞堡中账簿、户籍，拓跋宏问道："中书所讲之《荥阳虎牢关图》，又是何事？"

"圣上，臣在荥阳时，曾潜入坞堡救人，不料发现郑连山私绘荥阳虎牢关图。圣上应知，荥阳之南，即是宋国，郑连山据坞堡集敛财物，欺压百姓，又绘地形图，其不臣之心昭然！"

听到这里，拓跋宏神情不安，自榻上站了起来！

"圣上，中书令郑羲为荥阳大族，权高势重；秘书令高祐乃渤海大族；傅思益为清河地区大族，这几位大人皆家族显赫，其在荥阳、渤海、清河皆有族人，掌握大片土地、控制大量人口，其世代因袭，势力盘根错节。据坞堡而挟民自重，与民争利。"

拓跋宏皱着眉，想着什么，在榻前来回踱步。

"圣上，臣于此前，正是顾虑三长制是否可行，便于永固县中试而推之。圣上，眼见为实，臣请圣上一去，至永固县中，实地勘察，便知臣所请之制是否可行！"

"好！中书，明日我与你便服前往永固县一游，只带各自随从，不可告知他人。"

"处！"

第十五章　群燕辞归鹄南翔

黄花生后园

一早，空气清冽，二人轻骑便装，策马一路北行，赶往方山脚下。

刚刚下了一场冬雪，平城外的田野一片萧索，所见村落皆无声息，偶见农民，皆衣衫破旧，神情恓惶。

再行之，一片晨雾之中，永固县和乐安宁，鸡犬声声，村舍俨然。

村口，几个儿童玩耍，叫着嚷着争当里长，乡长。

拓跋宏闻之，恐自己听错，勒住马缰，听得这几个孩童，像模像样地当起里长、乡长，还学着大人的样子，管理着"平民"，转头看看李冲，十分震惊。

入永固县中，街衢齐整，秩序严明。村口有人值守，见是李冲，才笑着放行。入得村中，只见，每家院中各设谷仓存放丰收之粮食。各家房屋修整得干净整洁。

听得有小儿相互召唤，拓拔宏为之吸引，循声望去，又见一户农家，几个小儿扫开一片雪地，将丰收之谷，撒于地面，支起笸箩，捕雀玩耍。见有人来，一个小儿连忙示意拓跋宏和李冲放慢脚步，不要惊了他捕雀，可汗不禁被这稚子逗笑，停下脚步，开心地看着他们卧在屋檐之下捕雀。只见其中一个机灵的小孩，手中牵着麻线，另一头拴在一根短树枝上，树枝撑着的笸箩下，几只雀儿正叽叽喳喳呼唤同伴分享谷物，几个孩童屏息凝气，待雀儿正自顾吃食之际，一拉麻线，将雀儿捕得，又有迟疑未食，逃脱之雀，喳喳惊飞。几个孩童立刻欢叫着跑上前去，拓跋宏也高兴地笑了起来。

阳光忽然从雪云中破罅而出，永固县一时间沐浴在金色的光明之中。

在永固县中，李冲陪着踌躇满志的少年天子各处走走，皆是一片太平和美景象，时近中午，两人往力罡家中走去，院中，力罡正与厍狄旎打麻绳，见李冲进来，正要招呼，又见李冲身边一个年轻的贵客，器宇不凡，二人连忙放下手中之麻，肃立不语，李冲低声告诉他们，圣上私访。又将二人引荐给拓跋宏，二人赶忙行礼，将贵客让入屋中。

入屋坐定，拓跋宏四处审视，见家中整洁，还有不少已完未完之家具，笑着问道："这些是你自己动手所做？"

力罡赶忙答应，"是的，草民闲暇无事，便自己盖屋、修缮、亦好动些手工，这些都是草民手工做成！"

"好一个灵巧的力罡！"拓跋宏笑着点点头，又问起永固县中民事民生，力罡与厍狄旎的话一时多了起来："圣上，自李大人试行三长制，永固县今年丰收，户籍也都编制清楚……"

"李大人又依各户实情，定下徭役赋税，较之从前，我们的租调减轻不少，李大人，各家的租调已经早早备好。"

"如今农闲，做些什么？"

"我二人无事，相约做些车犂套绳，牲口缰绳，妇女们绩麻纺线。"

见此年丰人乐之景，拓跋宏心中欣慰。

时近午时，李冲请示皇上是否赶回平城。

拓跋宏却说："不回去了，我们就在这里吃一顿农家丰收之餐饭。"

力罡夫妻二人，听到皇上这么说，忙不迭地来到灶前生火做饭。

见力罡忙碌，拓跋宏踱到灶前，将待煮的谷子取了些放入口中，慢慢咀嚼，谷子的清香甘美，令拓跋宏喜悦十分。

力罡之妻取鸡子数枚，打破在小瓯里，放入一些盐，倒在锅铛上，用膏油煎好，成一鸡子饼。

力罡忙着盛一盘焦白肉（煮），拓跋宏初次见农家之饭食，问道，"这又是何美味？"力罡对皇上说："这是家中所养之猪肉，用盐、豆豉煮好，将熟时，切为薄片，再换水腤煮（烹煮。用盐、豉、葱与肉类同煮的一种烹调法），放入整条的葱白、小蒜、盐、清豉汁。便可食之。"

力罡妻子则又忙着煮水，要为皇上做馎饦（水煮面食），只见力罡之妻将所制之面按成大拇指般粗细，切为两寸（北魏时长度，于今制不同）长短，浸入一旁的水盆之中，用手取之，于盆边按捺成薄薄的面片，放入沸水之中煮熟。力罡一旁又取出一个菘根，清洗干净，切为长条，粗细长短如箸子般，长三寸许。放入开水之中，片刻就用笊篱漉出，调上盐和酢，置于碗中。力罡自釜中又取出几个煮好的猪蹄，擘（掰）去大骨，放入葱、豉汁、苦酒、盐，边调制，力罡边用筷子尝尝味道，觉得正好，便备在一旁。

"力罡竟做得如此美食？"拓跋宏看着，笑着和李冲夸赞。

不一时，力罡和妻子就做好了一顿家常之餐，黄澄澄的谷米，散发着丰收的香气；油亮亮的鸡子饼，引人垂涎；齐整整的焦白肉，间有绿绿白白的葱和小蒜；白生生的菘根则码放在碗中，清清爽爽。

馎饦也做好了，热气腾腾地端上来，滑溜洁白，再调上力罡另做的猪蹄臛浇（肉羹），拓跋宏赞不绝口。几人边吃边聊，说起一年来永固县的稼穑耕织，又谈起三长制的得失，饭菜可口，农事宽怀，一时酸酸甜甜，各味入口，拓跋宏吃得听得满心欢喜。

放下碗箸，举起力罡自酿的酒，拓跋宏说道："这农家之饭清香可口，醇厚有味！是我平城土地的味道，是我太和之年的滋养！"说罢，一饮而尽。

看罢人世间的清欢，吃罢永固县的物产，又尝过力罡家的土饭，拓跋宏胸中，火般一团温暖，转头对李冲说："中书，三长制，依我看来，甚好！我们回去就向太皇太后禀报！"

"处！"

回到宫中，二人前往太和殿中，殿中，王遗女正指点几个年轻的内侍将红小豆倒入投壶之中，再将两尊投壶摆好，冯太后示意，将箭矢分别递给拓跋宏和李冲。

"近来天气寒冷，本意出外走走，又恐风寒，续博士送来投壶，便在宫中以此健身娱乐。"

"太伊姆近来气色大好！"

"你二人来必有事要与我商议，还不说来？"

拓跋宏忙躬身施礼："太伊姆，中书李大人所议三长之制，可否施行！"

冯太后拈起几枝箭矢，说道："立三长，则课有常准，赋有恒分，苞荫之户可出，侥幸之人可止，何为而不可？"

拓跋宏说道："群臣争论纷纷！"

手中箭矢几投不中，拓跋宏摇摇头，看着李冲，李冲手中之箭矢尽皆掷出，亦投之不中。

"群议虽有乖异，然惟以变法为难！"冯太后将手中之数矢接连轻轻投出："此时正是时机！"

只见那几枝箭矢如数道流光，在空中划出弧线，一一落入壶中。

"全壶！"殿中众人发出欢呼！

太和十年（486）二月甲戌，初立党、里、邻三长，定民户籍。

三长制施行，几年间便检括出大量户籍，原先隐冒之"荫附"也越来越多，因此，几年来不断分置州郡。

同年，复置驴夷县（肆州永安郡）、新置龙城县（枹罕镇临洮郡），计置二县。

太和十一年（487），复置平阳、临汾（东雍州平阳郡）……新置瀛洲、广宗郡（冀州）……改置濮阳郡（由隶兖州改隶齐州）、平原郡（由隶冀州改隶济州）……废罢石堂郡（泾州）。计置二州、五郡、二十二县；二郡改隶属，三镇改州，一郡改名，废一郡。

太和十二年（488），复置汲（相州汲郡）、毋极（定州中山郡）……新置化政郡、阐熙郡（夏州）……改置汾州、梁州（镇改州）……计置二郡、五县，二镇改州、一县升郡、一州改名。

太和十三年（489），复置壶关（并州上党郡）、广阿（定州南巨鹿郡），新置侯城（相州清河郡）、埋阳（洛州中川郡），改置郢州（郡升州）。

计置四县，一郡升州。

太和十四年（490），新置唐郡（定州），改置凉州（镇改州）。计置一郡，一郡升州。……

共计置二州、八郡、三十一县、一县一郡升级；二郡改隶属；六镇改州；一州一郡改名；废罢一郡。

太和改制，国库丰盈，百姓乐业，大魏一派繁荣景象！

太和十四年（490）。

冯太后身体时好时坏，常常叫李冲来与她坐坐，聊些往事，偶尔提及政事，冯太后只是听着，不再如往常一样说话，议论，她对李冲说，"皇上已经长大了，我也该坐在太和殿静静心了。"

这一日，李冲又来与冯太后坐着，说起："方山之上的思远佛寺壁画刚成，怡安，我们去看看吧！"

"哦，方山……壁画是谁来画的？"

"中书博士蒋少游。"

冯太后点点头。

此时正是六月，平城被一场雨洗过，天地清朗，凉风流动。

坐在车子上，冯太后命将帘子都卷起，李冲骑马紧随车辇，那风吹着冯太后的步摇，吹着李冲的衣袂，远处的方山，被一团烟雨笼罩着，说不出的神秘。

思远佛寺的主法师，乃统辖天下僧徒之沙门都统僧显，他和蒋少游，早已在山脚之下等着冯太后和李冲，冯太后换乘步辇，众人随同，穿过潮湿的烟雨，来到思远佛寺。

思远佛寺里，雾蒙蒙的，冯太后走至思远灵图下，仰头，那宝瓶、承露盘和塔刹都隐没在白色的雾中，竟看不分明。

冯太后有些失落，与众人绕着回廊，转塔数周，问道："龙城之思燕浮图可曾精心维护？"

法师僧显答道："日常均有沙门值守。"

说罢，引冯太后入佛殿之中，却见大殿里四壁素白，并无彩画。

冯太后回头看看李冲，李冲笑着并不说话，一旁，转出蒋少游，蒋少游手捧一碗清水，双手奉给冯太后，又递过几枝杨柳，冯太后略一思索，以杨柳枝蘸取碗中清水，施洒在粉壁之上，众人随之惊叫起来，却原来，那粉壁沾着清水，现出五色图案，只见成"维摩问疾"变相之图。金粟纶巾，鹙（维摩居士。其前身为金粟如来）子衣（袈裟）上一花，色愈鲜艳。

冯太后对着壁画，边走边轻轻洒着清水，四壁的图画慢慢都显现出来。

"又是你从凉州学回来的幻术吧！"

李冲只是不语。

又一处壁画之上，绘着一人提灯寻觅什么，只见蒋少游手持一支蜡烛，递给冯太后，冯太后愣了一愣，将蜡烛之火对着壁上的灯芯处一点，壁上的灯竟真的燃起灯火，那灯火忽明忽暗，摇摇曳曳，冯太后看着这神奇的壁画和火苗，满面的惊喜。

"这又是怎么做到的？"

李冲这才一一解开谜团："画壁需预先用五倍子水、碱水、白笈水绘图，等到干时并不露痕迹。太皇太后手中的清水，是用皂矾、姜黄水调成，淋洒在墙壁上，就会现出五色图案。那灯芯，是浸了脂油，预先置于壁上，故而一点便着。"

众人此时方大悟，交口称赞。

走出大殿，转入后院，忽然眼前一片金色，原来是种满了平城特有之萱草，"焉得谖草，言树之背？"看着满园黄花，冯太后眼中闪着泪光。

"萱草可以解忧，太皇太后常常思念母亲故地，故而我命人于这思远佛寺遍植萱草，以解太皇太后思亲念旧之忧。"

"你还是和当年一样，哄我开心……"冯太后拭去泪花，动情地看看眼前的李冲。眼前的李冲，刚刚四十岁，却依然还是体貌健美，"你们都退下吧，我与中书有事商议。"众人退下后，见李冲的鬓角有发丝不整齐，冯太后抬手将那绺头发帮李冲别好。

看着满园黄花，冯太后说："此心安处，即是吾乡。我很喜欢！"

李冲远望寿宫，问道："怡安，要去看看吗？"

望着方山之巅那高高的封土，冯太后淡淡地说："不去看了，还是奢靡了些……人这一死，气化清风肉化泥。一切皆为虚妄。"

"怡安，为何又说这不欢喜的话？"

见冯太后消沉，李冲赶忙说道："这些日子，正在凿刻门楣，我意刻金刚力士……"

"不要！"

李冲问道："怡安，你的意思？"

"刻迦楼罗！"

"为何？"

"迦楼罗乃护持佛的天龙八部之一，金身庄严种种宝像，头生如意珠，鸣声悲苦，每天吞食一条娜迦和五百条毒蛇，日久，那迦楼罗体内毒气聚集不能消解，无法进食，至死之时毒气发作，上下翻飞七番，飞往金刚轮山，全身自焚，只剩下一颗纯青琉璃心。"

李冲不敢多说，低声回答："记下了。"

冯太后笑一笑，烟雨云雾已经散去，她翘首远眺平城，微微笑着："好一座太和平安之城！"

"怡安，我陪你走走？"

"每日愈觉身体沉重，我真是走不动了。"

"怡安，我背着你。"

冯太后怔住了，接着莞尔一笑，"你还是像那年轻时调皮！"

李冲却不管那么许多，便把冯太后背了起来。伏在李冲宽厚的背上，冯太后笑道："思顺，以后我老了，你还这样背着我，到处看看……"

"好啊，只要怡安不怕我失足摔倒！"李冲开着玩笑，逗冯太后。

此情此景，何其熟悉。冯太后想起当年在宫中，自己的爱人，可汗拓跋濬不也是这么背着她吗？鼻子一酸，不由流下两行清泪。

冯太后哽咽着说："你若失足摔倒，我也不怕！"

李冲大声道："不许哭！不论摔倒，死活，我都背着你！"

冯太后说："思顺，我若死后，你要有三可三不可……"

"怎么又说这丧气的话！"

"你听不听我的？"冯太后嗔怒起来。

"自然要听。"

"每至月圆，我要你吹起觱篥，莫负了平城的一片月色，却不可吹那凄惨的《企喻歌》；我要你常来方山，只许你独自带一束黄花萱草来陪我看看山色，看看平城，却不可因了他事，忘掉我；我还要你常常想起我，却不可……因此误了家事国事。"

李冲伤心地默默流着泪。

"你答应我！"

"嗯！"李冲用力点点头。

"思顺，也不知万千年之后这里会发生什么……"

"实难预料！"

"你说，会不会有人为你我记事立传！"

"自然会有相知之人……"

归来见天子

太和十四年（490）。

太和殿。里里外外人们都在出出进进忙碌着，几个年轻的侍女神色慌张，郭氏与王遗女见状，忙用眼神制止。

"何故如此惊慌？"郭氏低声喝道。

"不知为何，太华殿前落了好些雄雉。"年轻的侍女说话间还满面惊恐。

"我去看看！"王遗女走出太和殿，朝太华殿前疾步走去。

天空上盘旋着不少雉鸟，王遗女抬头看看，见这些雉鸟正朝着太华殿落下。

走至太华殿前，王遗女被眼前的异相惊呆了。

太华殿顶上落着一只目光凌厉的雄雉，俯瞰着殿前的平台，平台上集聚着数十只雉鸟。

王遗女赶忙回身，奔太和殿而去，她要让侍女们关住太和殿的大门，不要让太后知道这事。谁知，就在她转身之时，太华殿顶的那只雄雉，张开羽翼，竟跟着她朝太和殿而来！

王遗女有些慌张，边加快步子，边回头去赶那雄稚，那雄雉却跟着她飞到太华殿前，落了下来，静静站着，看着大殿之内的卧榻。

王遗女连走带跑地踏进大殿，正要将大殿之门紧紧关闭，躺在榻上的冯太后慢慢抬起手制止。冯太后又指指案几上的膏环，郭氏明白。端了膏环来到大殿之外，将膏环按碎，撒在殿前高台，雄雉却并不取食，只是慢慢朝着大殿走来。冯太后让王遗女扶她坐起，无力地靠着王遗女，看着雄雉向着殿中如颔首鞠躬，径直走入殿中，慢慢踱到榻前，王遗女忙把膏环递给冯太后，冯太后伸出一只手来，并拢手指，将掌心收为勺状，王遗女会意将膏环碎屑轻轻放在冯太后掌心，冯太后用温柔的眼神看着那雄雉，示意它靠近，那雄雉竟如同解得冯太后之意，无惧大殿中众人，一步一步走向榻前，冯太后见雄雉来到面前，将手中膏环之屑一点一点撒在榻前，那雄雉侧首看着冯太后，眨眨眼，与冯太后对视良久，忽然发出一声鸣叫，张开翅膀抖抖羽毛，就像在施礼一样，之后，才俯首就食，吃一会儿，抬头又看一会儿冯太后。殿中所有人屏息凝气，不敢出声。

听得殿外扑棱扑棱的声音，自天外而来的雉鸟越来越多飞到平城宫，聚在太和殿之外的太华殿前。冯太后看看眼前这只雄雉，用微弱的声音说道："去吧！你该回去了！"

那雄雉又如鞠躬一般，点头颔首，随即振羽飞起，羽翼扇起风来，殿中侍女有的低声发出惊呼。王遗女轻声对冯太后说："太华殿外的平台上，屋脊上，树枝上，聚着更多雉鸟。"

此时，只见那雄雉振翅飞出太和殿，在太华殿的上空盘旋鸣叫几声，便见不知数目的雉鸟从大殿的屋檐之后飞起来，绕飞数匝之后朝北而去。

"宏儿什么时候来？"冯太后问道。

"已派人去禀告！"

冯太后微微闭住眼睛，"李大人呢！"

"一直在候宣！"

皇上与李冲赶至太和殿，冯太后已气若游丝，仍努力说出遗旨：死后，逾月即行安葬，务行俭约；其幽房设施、棺椁修造，不必劳费，不得用贵重木料做棺椁；陵内不设明器，不用殉葬之素帐、缦茵、瓷瓦等器物……

嘱咐完这些，冯太后嘴里又嗫嚅着，只听得她呼唤了数声"木兰……木兰……"慢慢合上了双眼。

太和十四年（490）。冯太后崩于太和殿，时年四十九。谥曰文明太皇太后，葬于永固陵。

冯太后去世，拓跋宏哀思缠绵，心神迷离恍惚，无力处理国事。政事一概交由李冲等心腹之臣暂时处理。

李彪有事无事便来李冲府上拜见，李冲并未留意。

一日，李彪正与李冲又说起朝中政事，瞥见李冲案头《壬力策》。

"大人，此是何书？"

李冲笑笑，"是我旧年于荥阳求学，先生壬力所著之书。"

"可否让小人看看？"

李冲迟疑片刻，笑着递给李彪："有何不可？"

李彪看了几篇，便啧啧称赞："奇书！奇书哇！"

李冲笑笑，低头批阅文书。

"大人，此书可否借给学生一阅，若能得以细阅，此生无憾。借之当惜之，绝不污损。阅后不日便及时归还。"

李冲未多想，念及李彪实乃好学有识之才，便点头答应了。

太和十五年（491）春，正月丁卯日，拓跋宏方在皇信东室处理政事。

夏，四月。

皇帝召见李冲、李彪。

"中书，太和十年（486）我便提出要建造明堂，如今时机已经成熟，速速兴建明堂，改建太庙。"

"李生（拓跋宏对李彪之尊称），过些日子，你与尚书郎公孙阿六头出使南齐。"

"处！"二人听命，退出皇信东室。李彪又请李冲留步，"中书大人，一直忙于政务，竟忘记归还大人之书，如今完璧归赵。"

见李彪自袖中取出《壬力策》归还，李冲亦不多问，接过放入怀中。

回到府中，因修建明堂之命，李冲自然想到一个人，连忙让腾儿去请蒋少游来府上商议。

坐于案前，翻看《壬力策》，李冲苦苦思索，书中尚有"迁都"之策，李冲无心细看，尽皆翻至书后，露出《日月图》。

李冲放下手中之书，这多时日，冯太后去世，李冲又怎能释怀轻忘。

想到温泉宫内流水淙淙的初遇……

想到太华殿前月华如银的夏晚……

又想到平城夜里幂篱相随的携行……

李冲更是无限悲伤，眼含清泪，不能自持。

忽报蒋少游来见。连忙拭去眼泪。

"思顺，叫我来，又有何事吩咐？"蒋少游还似当年，留有天真。

"少游，皇上命建造明堂、太庙。我想拜托你来设计。"

"明堂？这……从未见过，这该如何设计？"

"我可为你安排传车（古时驿站专用车辆），你随传车南下洛阳，量定魏晋基址，以此为准，营造平城明堂。我在平城准备石料，做些开工前之准备。"

"好，这也不难。"蒋少游答应下来。"只是你要如何谢我？"蒋少游一如从前，歪着头问李冲。

李冲笑笑，捋着胡须，说道："我刚得顾虎头（顾恺之）真迹，你若功成，便送与你！"

"此话当真？"

"我何时说话不曾当真？"

说罢，李冲无奈地摇摇头，蒋少游却拍手欢喜。

低头，见案上展开之《日月图》，蒋少游拿起来翻看，问道："此书你竟也有？"

"何谓也有？此书是壬力先生所著，我离开荥阳时赠予我的！"

"李道固李大人家中亦有此书！"

"哦，前些日子他借去一阅……"

"借？"

"怎么？"李冲见状，问道。

"思顺，李道固想来不知你我熟络，前些时日他四处寻找抄书绘图高手，誊抄此书，书后的《日月图》，是请我摹写的！"

"竟有此事？"李冲皱起眉头。

蒋少游点点头。

明堂之制，只见于典籍中，蒋少游赴洛阳勘察测量之时，李冲于古时书中，查找明堂之规制，自《孝经》《桓子新论》中觅得一些痕迹。蒋少游随传车归来，李冲与他细细商议："少游，我见古人书中说，王者造明堂，上圆下方，象天地，为四面堂，各从其色以效四方。你可先拟个样子来？"

蒋少游依所测魏晋之基，又将上圆下方，天地之意融于其中，绘出草图。李冲又几番修改，于国都平城之南，三里之外，七里之内，福德之位，丙巳之地开工营造。

冬，十月，明堂落成。

平城明堂上圆下方，四周十二堂九室，而不为重隅也。室外柱内，绮井之下，施机轮，饰缥碧，仰象天状，画北道之宿焉，盖天也。每月随斗所建之辰，转应天道，此之异古也。加灵台于其上，下则引水为辟雍，水侧结石为塘，事准古制，是太和中之所经建也。

太和十六年（492）春，正月二日，拓拔宏于明堂祭祀父亲，后登上灵台，观云物天象，入青阳堂左室布政理事。

这一年，征西大将军、阳平王拓跋颐与巨鹿公陆叡集三路将领击柔然。三路军中，东路大军直攻士卢河，中路大军取黑山，西路大军奔袭侯延河，渡沙漠，破柔然，大胜还朝，天子于明堂召见赏赐有功之将士。凯旋归来的壮士们在雄伟的明堂之外等候天子召见，欣喜难言，他们交头接耳，身佩之宝剑叮当作响。

李冲见策勋（记功勋于策书）之上有花五郎之名，忙向圣上禀告："花将军乃太皇太后故人，燕国慕容皇族之公主。"

明堂之上，可汗戴冕旒，穿衮服，威仪棣棣。头顶绮井缥碧，星宿列张，俯瞰座下众臣，不怒自威。

"花将军，身经百战，十年而归，可谓劳苦功高！"

"我赐你金帛百千，入朝为尚书郎！"

"皇上，臣不愿做官！"

"哦？那你是要？"

"臣只想在家乡做一个平民，了此余生！"

"花将军！你是故燕国慕容皇族之后，若要回故燕国龙城，我这里有千里宝马。愿驰千里足，送儿还故乡……"

"皇上，臣名叫花木兰，生于平城，长于平城，此处即是花木兰之故乡，不知其他！"

见木兰意志坚定，天子微微颔首，"好！与花将军赐金帛！"

"皇上，臣还有一请！请允臣落户永固县，臣愿为太皇太后守陵终生！"

拓跋宏沉吟不语，亦为木兰感动，片刻之后才点头应允："中书可在？"

李冲出列回答："臣在！"

"你为花将军安排永固县所需一切！"

"处！"

永固县，一处安静的田舍里，满院开满萱草黄花。木兰的家人已经被李冲接来。爷娘相扶，阿姊帮着木兰理妆。邻家库狄媦的小弟，磨刀霍霍，屠猪宰羊。永固县更多的乡民们赶来，一睹花将军的英姿。

脱去一身戎装，换上旧时女装，阿姊伴花木兰走出屋外，同来的军士们，牵着马匹，不敢相信，眼前女子竟是与他们征战十多年，上马可杀敌的花将军。只见木兰穿着白色裙子，外罩右衽绛衣，腰间系宽带，梳着一个十字髻。一时让人想不起她先前模样。

李冲自院中采摘下一朵萱草，递给木兰："太皇太后临终还在呼唤你的名字……"李冲哽咽着说不出话来。

花木兰接过那朵萱草，双手捧在脸颊摩挲，仿佛那舒展开的叶片是冯太后柔软温暖的手指，眼泪却止不住地滑落脸颊。"木兰，泪水打湿了妆容，回屋去吧！"阿姊扶她转身回到西阁。坐在床前，对镜理理云鬓，木兰止住泪水。阿姊自妆奁中取出花黄（古时面饰。用黄金色的纸剪成各式装饰图样，或是在额间涂上黄色），递将过来，木兰轻轻推开，却取来一把银剪，将那五瓣七蕊的萱草一点一点剪开，对着镜子，贴于额前眉间。复又用小指尖揉碎花蕊，将那花粉一点一点，点在额角。

镜中的花木兰额贴黄花，泪水又奔涌而出。

李彪自南齐出使而返，声名远播。回来数日并未来拜访李冲，李冲忙于同蒋少游将太华殿拆掉，营建太极殿，亦无暇顾及。

蒋少游说起："李彪如今十分严酷，听说他制一刑具，名曰木手，往往以此击打罪人胁腋，罪人气绝之后又定其罪，如此之事时有发生。还听说，他抓到凶顽的人，鞭打面部而致其死亡。"

李冲听闻，半信半疑。

蒋少游问他："你难道不知他如今任中尉，兼任尚书，是皇上倚重之人？如今他更是屡屡弹劾纠肃朝臣，人人闻之胆战心惊。我与他出使南齐，他更说过，他并不是凭借思顺你才上来的。"

李冲听到这里，有些不快。

几日后，李冲前往永乐宫向皇上禀报太极殿营造之事，见李彪正在与皇上谈论什么。李彪举止已和之前大不一样，见到李冲并无谦恭之貌，只敛袖作揖，亦不与李冲交谈。

李冲见状，也不便多说，向皇上禀告完毕，正要离开，见皇上案上一图似曾相识，是《日月图》！

李冲心怀疑惑，出得永乐宫，见中黄门刘腾侍立门外，李冲问道："刘大人，李彪和皇上说了些什么？"

"这个……"刘腾边说边跟着李冲。

走出宫外，李冲自袖中取出几枚萨珊国的金币，递给刘腾。

"大人，老奴听得李彪提议皇上迁都，又献上一幅边境地图，皇上意欲南下攻打齐国。"

"什么！李彪误国！李彪误国！"

李冲大怒，一口鲜血自口中喷出！

我是汉家儿

大魏皇帝亲政几年来，面对三长制后繁荣的大魏，万众归心，国力充盈。年少的心已经筹谋更大的壮举和事业。

太和十七年（493）夏。

六月，皇帝召李冲入宣文堂议事。

堂中，拓跋宏神采奕奕，雄心勃勃。"中书，快来看，李生所献这《日月图》，山水地理标注分明，真是天助我也！”

李冲瞥一眼堂上李彪，不由怒从心头起。“李彪，这图从何而来？”

皇上只顾低头细看图卷，并未留意李冲所说。“是李生出使，暗中绘就。李生有心了！”

李冲瞪着李彪，正要痛骂，胸口一疼，一口鲜血涌出喉咙，李冲连忙忍住咽下，嘴里却满是咸涩。

李彪扭过脸去，装做整理衣冠，并不正眼看李冲。

李冲忍住怒火，上前说道：“圣上，此图名为日月图……”

“此图名为日月图，南国地形纸上录。哪是山哪是水哪是通路，一处一处都清楚……”李彪却抢着说道。

“李生，快快说来！”

“这里悬崖陡壁……此处水流湍急，皇上，这是五里长一段峡谷，能进不能出……每一处都用小字加了注……”

“好啊！何愁不能破其壁垒，攻其城池？”

李彪连忙接着说道：“可汗英武！我皇魏一同天下，指日可待！”

看着眼前得意的李彪，意气如锋的天子，李冲不再说什么。

六月七日。拓跋宏筹划兴兵南征，当日便下诏架设黄河大桥。十日，下诏免征徐、南豫、陕、岐、东徐、洛、豫七州军粮。二十八日，军中大点兵。又作《职员令》二十一卷，以决当下事务。战前立皇子拓跋恂为皇太子。

见阻拦不成，李冲日夜焦心。又听到皇上决意迁都洛阳。

李冲五脏郁结。

太和十七年（493）八月，加李冲为辅国大将军。九日，拓跋宏拜辞冯太后永固陵。十一日，亲率百官，步骑百余万从平城出发，兴兵南下。这些时日，淫雨不绝，拓跋宏不惧风雨，命大军即时开拔。正是英年的拓跋宏身披裲裆，胯下宝马，扬鞭冲向南方！

然而，正是一个多雨之夏，一路苦雨，道路难行，百官及大军皆苦不堪言，群臣拦住御马，叩头劝阻。

李冲进谏："臣等不能运筹于帷幄之中，坐而制理四海之内，而使南方有患，实乃臣等之过。如今天下尚未统一，圣上以万金之躯，亲征南方，臣等诚思亡躯尽命。然而，自离平城之后，淫雨连绵，士马困弊。离开国都平城，前路尚遥，雨水正多。洛阳境内，小小的河流即成阻碍，何况长江浩瀚，远在南方。若造舟船，则必停滞，势必军队疲惫，粮食缺少，进退两难。故而，臣请圣上回銮！"

前南安王拓跋桢进奏说："夫愚者暗于成事，智者见于未萌。行至德者不议于俗，成大功者不谋于众，非常之人能行非常之事。"

李彪进奏："廓神都以延王业，度土中以制帝京，周公启之于前，陛下行之于后，固其宜也。且天下至重，莫若皇居，人之所贵，宁如遗体？请上安圣躬，下慰民望，光宅中原，辍彼南伐。此臣等愿言，苍生幸甚。"

拓跋宏此时才露出笑脸。李彪高呼"万岁"，群臣随之山呼。

李冲见此，指着李彪气得说不出话来。

九月底，拓跋宏带着百官大军抵达洛阳。时值深秋，阴雨连绵，一路行进，人马疲惫不堪，群臣及王族虽不愿内迁，但更畏惧南伐，故只得相从，不敢再提出异议，遂定迁都大计。

太和十八年（494）。拓跋宏正式宣布迁都洛阳。

迁都之后，李冲依然忙碌于营造新都，制定礼仪，改服易姓。却听闻皇上又要车驾南征，还任命他兼任左仆射，留守洛阳。

听到这消息，李冲知道还是李彪的主意，心急如焚，连忙劝说：

"圣上，秦州地理险厄，往往路如羊肠，人不能行……古人有言：虽鞭之长，不及马腹，南郑对于皇魏，就如马腹。臣以为应待我魏大开疆宇、广拔城池，多积资粮，足以对付敌人之时，再行置邦树将，并吞之举。而今钟离、寿阳，近在眼前却未拔除；赭城、新野，一步之遥却未降归。已攻克之城池舍弃而不取，已投降的士卒抚慰之后旋即被杀戮！今在中原建都，地接敌寇疆城，正需大收勇士，平荡长江以南。何必轻率派遣单寡兵力，攻守西方孤城……"刚改汉姓的元宏见奏，斟酌再三，从之。李冲这才稍稍安心。

正说话间，外面传李彪与京兆尹元志来见。

进得殿来，二人皆面带怒色，原来，京兆尹元志，坐着车子正在街上走着，遇见李彪的车子迎面过来。见对面是洛阳一个地方官，居然不肯让道给他，李彪便当众责问元志："我是御史中尉，官职比你大多了，你为什么不给我让路？"元志向来瞧不起李彪，更看不惯他的作派，偏不相让，反驳他："我是国都所在地的长官，住在洛阳的人，都编在我主管的户籍里，你不过是洛阳的一个住户，哪里有地方官给住户让路的道理呢？"

李冲看着李彪无理取闹之态，满心厌恶。

皇上听他二人各说各话，不肯相让，元宏止住说道："洛阳，我之京城，你二人自应分路扬镳。"

李冲见争吵平息，又见李彪之举止不端，告辞退下。

连日往返于各个新建的宫殿，里坊之间，李冲体力不支。加之近来心事不绝，咳嗽亦不见好。便告假在府中休养。

"李大人近来微恙，可好了些？"元宏在殿中问道。

侍御师徐謇回答："此病需慢慢调养，不可劳累，然李中书……却日夜忙于事务，不肯休息。昨日又彻夜为新都之事忙碌，臣今日去问诊，病……又重了些……"

"药剂需时时因病而施，不可延误。"

"处！"

待徐謇退下，李彪在一旁对皇上进言，"李中书近来一心忙于政务，未见少歇，可谓尽忠。"

元宏赞同地点点头。

"圣上，如此忠臣，应加温恤，满朝文武方能见此而感圣上之君恩，奋而报国。"

"哦？我近来对李中书屡有赏赐，难道还不够吗？"

"圣上，李中书，善觿篥，通音律。"

"嗯，你的意思……"

"圣上，近日自平城慕向而来新都的臣民络绎不绝。昨日，臣与自平城来的巨贾刘宝遇见，他自平城带来三位女子，歌舞甚佳。市井人传唱——车前女子年十五，手弹批把（今谓琵琶）玉节舞。何不将这三位女子赐与李中书，命其每日为李中书歌舞片刻，可让李中书得暇休憩，赏些歌舞，也可愉悦身心。"

"嗯，好吧。就依你，尽快将她们送至李中书那里。"

"处！"李彪连忙答应。

这一日，李冲正在批阅文书，忽听得庭中响起批把和咚咚鼓声，批把嘈嘈切切，鼓声沉沉急急，突然都停了下来，一段清亮的歌声响起：

> 青台雀，青台雀，
> 缘山采花额颈著……

"青台雀！"李冲心中一动，扔下手中的笔，起身急切地跑入中庭。

庭中三个绝色的女子，正在轻歌，起舞。

> 青台雀，青台雀，
> 只怕郎情比云薄……
> 青台雀，青台雀，
> 念君织机时时错……
> 青台雀，青台雀，
> 珠绳络翠春衫薄，
> 青台雀，青台雀，
> 丹履划却碎金箔。

李冲已是泪流满面。

他走到那唱歌的女子面前，女子轻轻唱着：

> 青台雀，青台雀，
> 平城山头寒落索。

李冲听到这一句，泪水掉落下来，滴在女子的绿袖之上，女子停住了歌声。他盯着女子仔细端详着。

"你叫什么？"

"阿班……"

女子娥眉淡扫，如云的青丝绾起一个芙蓉鬟，李冲伸出手，轻轻托起女子的脸，女子抬起眼睛，那是一双有着秋水般明净和忧伤的眼睛，这美目里，有他熟悉的神情，李冲边端详女子，泪水边不停流下来。

"是谁让你唱这歌的？"

"无人，阿班自幼便会吟唱。"

女子见李冲如此，眼目闪过一丝惊惧和无助，更令人怜爱。

"又是谁让你来到这里的？"

"大人，是圣上……"一旁的秋官说道。

旁边的中黄门刘腾拱手禀报："李大人，圣上念您宵旰忧勤，特赐三位美姬给大人。"

"多谢圣上圣恩。"李冲回礼，"刘大人请入府中一坐。"

"宫中还有要事，小的这就要回去，大人不必多礼。"刘腾回答。

李冲想要说什么，看看这三位女子，没有说出来，拱手还礼。

"秋官，给刘大人带些买酒的零用。"

"处！"

"李大人，小的这里谢过！"

李冲拱手送走刘腾，转过头来，细看另两位女子。

"你们叫什么名字？"

"阿樊。"

"阿殷。"

那阿樊，头发绾成螺髻，高耸在头顶之上。发间饰着金银笄、玳瑁钗，有的如斧、钺、有的又似戈、戟。她一手持拨子，另一手横抱着曲颈批把，曲项批把梨形，四弦、四相。李冲细细看那批把，阿樊似乎有些不安，将批把往怀里抱了抱。

阿殷梳着十字高髻，在头顶正中将发盘成十字形，前面插着一把金梳篦。余发盘成环，垂在两边耳侧。阿殷妙手如葱，腕上戴金跳脱。方才那鼓声，正发自她敲打的——胸前那只毛员鼓。

李冲又回过头看看阿班，三人皆才艺绝佳。

"今日就不要弹唱了，让秋官安排你们住处，好生歇息。"

"遵命。"三个美人低头回礼，随秋官退出。

三位美人来到屋中，待秋官离开，阿殷忙将门户关好。"阿姊，如今该如何处之？"她问阿班，娥眉随之轻轻挑起。

"那物件呢？"阿班问阿樊。

阿樊拿起批把，将批把颈上的轸子（用来上弦和调音用的弦轴）拧开。从中取出一个纸包。三人互相看看，又都悄悄看看四处，阿殷快步走至门前，侧耳听听，向阿班、阿樊轻轻摆摆手，示意无人。

阿班将纸包打开，里面是一包药粉。

她招手叫阿殷过来。

"阿姊！"阿殷轻轻问道。

"各自留心，莫露出破绽，我们择机行事！"阿班叮嘱道。

阿樊、阿殷点点头。

沿着方才所经之路，阿殷走至廊下，李冲正与腾兒在说着什么，阿殷靠近屋门细听："大人，这三个女子并非宫中之人，而是平城巨贾刘宝带来的。"

门外阿殷身子微微一动。

"李彪素与刘宝有来往，这三个女子……"

听得有脚步传来，阿殷连忙疾步走开，闪身躲在一角。

客房中，阿班和阿樊正将药粉倒入一个漆碗之中，阿殷推门而入。

阿樊连忙起身挡住几案。

"阿姊！"阿殷神色慌张。

"阿妹！莫急，慢慢说来！"

阿樊拉住阿殷的手，来到阿班面前。

"探听到了什么？"阿班问道。

"李大人已经知道我们是李彪李大人派来的了……"阿殷声音有些发抖。

"阿姊，这可如何是好！"阿樊也有些着急。

"如今，只好依计而行了！"阿班看着她二人说道。

三人互相看看，又都十分惊惧，皆不言语。

"阿殷，你去热些水来！"阿班定定神。

扭头，阿殷已是坐在一旁怔怔发呆。

"我来吧！"阿樊走至一旁，自客房一隅，找出小火炉，点着，又将鐎斗注满水。

书斋之中，李冲一阵猛烈的咳嗽，口中咸涩，用手一抹，却是殷红的鲜血，阿班正端着热莼进来，见状忙把漆盘放下，"李大人，李大人！"

李冲使个眼色，"莫让他人知道。"

阿班回头看看，并无他人，赶忙取出手巾，帮李冲擦去嘴角的血痕。

"大人，我去唤秋官来？"

李冲摇摇头。

"那是？腾儿？"

"不必了。"李冲缓缓说道。

"大人，喝点热莼吧。"

阿班转身要端漆盘，李冲一把将她拉住。

阿班一惊，回过头来，看着李冲，手微微颤抖。

"阿班，我安排你们离开洛阳，从今后，你三人都过平常人的生活，不要再受人左右。"

阿班先是一惊，转而又笑着说，"大人，我姊妹三人就是来陪伴大人的，从无想过要离开这里。大人且自宽怀！"

"不……"李冲一阵剧烈的咳嗽，鲜血又将手帕洇湿。

"你们都是良家的女子，为生计所迫，身不由己，既遇到我，我当助你们永脱乐籍。"阿班听到这些，瞪大了眼睛。

"离开这里！"

"李彪之意，我岂能不知？你们又何尝不是他手中的棋子，棋局输赢，你们都是弃子啊！"

听到这里，阿班已是泪水莹莹，"大人！"

李冲自怀中摸索着掏什么，只见他掏出一支骨笄，唤过阿班，插在她的发间。

阿班悄悄伸手，假意以袖拂倒杯子，热羹打翻在漆盘中。

李冲挥挥手让阿班退下。

"阿姊，如何了？"回到屋中，阿樊、阿殷关闭屋门，急急问道。

"李冲大人，是个君子，我们险些害了他，又葬送了自己！"阿班眼中泛起泪光。

阿樊和阿殷互相看看，"阿姊，何故如此？"阿樊问道。

"李冲大人，虽已知我们身份，却并无报复之心，还要送我们离开这里。"

"什么？真有此事？"阿殷问道。

"我总是不信！"阿樊说道。"你们在这里等着，我去探听探听。"

阿樊端来漆盘，自顾前去。

李冲屋中，已是前将军、兼将作大匠、都水使者的蒋少游刚刚坐下。

"思顺，何事如此匆忙？"

"少游哇，我要托你办件事。此事不可轻泄。"

"哦？何事？"

"我要你自水路送几人离开洛阳，远去南方！"

"思顺……"

李冲喘着气，又咳嗽不止。

"你也知道，如果越境而去，这……"

"你来安排，有何事我自来承担……"说着，李冲又咳起来。

"几人？"

"四人，腾儿护送三个女子。"

"容我想想办法……"蒋少游捻须沉吟。

"几日后，于淮水之上试船，我来安排。"

"好！必要万无一失！"

阿樊在屋外听到这些，这才放心，转身回到客房。

阿班、阿殷见她进来，忙问："你可听到了什么？"

"阿姊说的没错，李大人实乃良善之人。他已经求蒋少游蒋大人想办法将我们送去南方……"

"可是，道路迢遥，即便是到了边境，那淮水茫茫，如何渡过？"阿班问道。

"近日蒋大人要于淮水试船……"

三人听此消息，亦喜亦忧。阿班带着阿樊、阿殷来到李冲面前。

"李大人！"三人解开自己裙带，李冲一愣。

阿班将裙带递上，秋官接过来，递给李冲。

李冲细细看过，只见裙带之稍，各藏着一颗小药丸。

"这是？"

闻到香味，李冲忽然情动，知是迷香。

"此是慎卹膏。"阿班不敢抬头。

"快将此药拿开！"李冲克制着自己。

阿班连忙起身将药丸毁去。

"李大人，我等皆受李彪蒙蔽，险些害了大人！"说罢三人痛哭起来，伏地稽首。

"不关你们的事，这浮沉人世，谁又能主宰自己的命运……"李冲说着，又咳嗽起来。

数日之后，入夜，秋官带着三个家仆装扮的人，从李冲府中出来，走到府门之外，秋官看看四下无人，口哨一声，腾儿从暗处转出，招呼三人，秋官与腾儿打个手势，转身疾步回府。

在蒋少游试船的车骑中，腾儿护着一辆垂帘的车子，一路赶往淮水。

李冲在府中，闭上眼，仿佛看见阿班坐在船上，不，是怡安，轻轻地哼唱着：

青台雀，青台雀，

缘山采花额颈著……

洛阳，傍晚下起一场急雨，李冲自龙门石窟（伊阙）回来。拖着疲惫的身子，独坐在屋子里。

他睡着了……

那还是在太华殿，那场铺天盖地的雪，怡安正递给他那枚红红的橘子……

恍惚又在那大傩之礼，怡安在万人之前，熊熊火光中，步摇轻轻摇曳着点点金辉……

还有，是水声，是那熟悉的水声，他正为怡安轻轻脱去衣服，抹上澡豆……

急雨从四面八方迅疾涌来，一时檐雨如绳。

一道电光自洛阳之北，天极高处亮起，照亮天宇，李冲翻身，枕席之侧一片清冷，怡安并不在身边。洛阳的夏夜溽热难耐，雨已从洞开的窗户洒进来，打湿竹席，席之四角的鹿镇在雷电中闪着清光。

李冲脸上湿湿的，仿佛是窗外漂溅的夜雨？分明不是，是泪水……怡安，你在平城之北，在方山之巅，在永固陵中，还好吗？望着北方，雷电照亮了李冲脸上的泪痕……

太和二十年（498），在拓跋宏南征途中，李冲因病暴卒，年四十九。皇帝元宏为之举哀，赠司空谥文穆。

鹿苑的惊鸿一瞥，中书省貂裘温香和暖的平城雪夜，满园黄花金萱中你的笑颜……回首往事，怡安，你是否与我一样流连这份无助的爱与这悲伤的人世？是我不该遇到你，还是你不曾中意我？山河远阔，人间物我，无一是你，无一不是你……我把心留在了平城的萱草花蕊中。怡安你去看看，这颗如朝露般的琉璃心，是否有哪一刻曾辜负过你？

李冲大事年表

李冲，原名思冲，字思顺，孝文帝替其改名冲。

太平真君十一年（450）出生。

和平六年（465），随兄李承至荥阳。

献文末，皇兴三年（469），为中书学生。

孝文帝拓跋宏初，延兴元年（471）按常规升为秘书中散。任内秘书令、南部给事中。迁中书令，加散骑常侍，仍兼给事中。随后转南部尚书，赐爵顺阳侯。

太和十年（486），李冲提出废除宗主督护制，创立三长制，

太和十四年（490），文明太后崩后，高祖居丧引见，待接有加。亦深相仗信，亲敬弥甚，以李冲参定典式，封荥阳郡开国侯，食邑八百户，拜廷尉卿。寻迁侍中、吏部尚书、咸阳王师。

太和十五年（491）夏四月，诏李冲领将作大匠，与司空、长乐公亮共监兴缮。"经始明堂，改营太庙。……冬十月……明堂、太庙成"。

太和十七年（493）七月，孝文帝立拓跋恂为皇太子。拜李冲为太子少傅。

太和二十年（496）十二月，孝文帝将皇太子拓跋恂废为平民，李冲罢少傅。

太和二十一年（497）至二十三年（499）孝文帝车驾南伐，加李冲辅国大将军。以李冲兼左仆射，留守洛阳，迁尚书左仆射，仍领少傅，改封清泉县侯。

太和二十二年（498），李冲去世，时年四十九，获赠司空，谥号文穆。